华中村治研究丛书

丛书主编：贺雪峰

半城市化

农民进城策略研究

SEMI-URBANIZATION

RESEARCH ON PEASANTS'
URBANIZATION STRATEGY

陈文琼 著

社会科学文献出版社

SOCIAL SCIENCES ACADEMIC PRESS (CHINA)

"华中村治研究丛书"总序

一

2002 年发表《村治研究的共识与策略》一文，我们提出了村治研究的三大共识，即"田野的灵感、野性的思维、直白的文风"，这三大共识是华中村治学者多年研究所形成的基本共识，一直以来也指导着华中村治学者的研究实践。

"田野的灵感"强调华中村治研究中的经验优先原则。当前中国正处在史无前例的巨大变革时期，经验现象十分丰富，从经验中来，到经验中去，以理解中国经验与实践作为出发点和归属，在理解经验与实践中形成对经验与实践的解释，是华中村治研究的显著特征。

"野性的思维"强调华中村治研究中理论与方法的多元性。只要有利于增加对经验与实践的理解，任何理论与方法都是好理论和好方法。正是在用各种理论与方法来理解和解释经验与实践的过程中会形成各种提炼与概括，会形成基于中国经验与实践的具有主体性的中国社会科学。"野性的思维"另外一层含义是，不拘一格，大胆假设，不怕出错，敢于探索。

"直白的文风"强调华中村治研究要能容纳多学科、经验性与原创研究的特点。经验研究看起来没有进入门槛，真正深入进去却需要长期积累和学术功力。"直白的文风"反对雕琢文字、闭门造车，注重想事说事，注重研究向大众开放，注重多学科研究对话。开门搞研究而不是关门自我循环，是华中村治学者的一个基本准则。

中国是一个大国，有 5000 年文明，14 亿人口，陆地国土面积 960 万平方公里。按购买力平价计算，中国 GDP 已是世界第一。中国正处在史无前例的伟大变革时期，农村人口迅速城市化。中国正由一个传统国家变成一个现代甚至后现代的国家。如何理解巨变中的中国经济、政治、社会、文化和历史，在这个理解与解释的过程中形成有主体性的中国社会科学，并转而指导实践和改造实践，就成为当前中国社会科学的伟大使命。

立足中国经验和实践的中国社会科学一定是伟大的，是具有中国主体性的，是饱含中国民族性和地域特色的。社会科学研究的目的是改善我们观察和理解实践的视野，而不是屏蔽我们的视野。脱离中国实践的语境，套用没有经过中国实践注解和浸泡的西方理论，往往不仅不能改善我们的视野，反而可能屏蔽我们的视野。只有真正进入经验与实践，我们的理论才有还原经验与实践的能力，才能改善我们观察和理解经验与实践的视野，真正理解实践和改造实践。

中国社会科学是在理解和解释伟大的中国经验与实践中产生的，是服务于中国实践并以中国实践来检验的。这样一种从经验中来—形成理论提炼与概括—回到经验中去的社会科学研究循环，就是中国社会科学研究中的大循环。只有在这样的大循环中，中国社会科学才能选择正确的研究方向，研究也才能获得丰富的中国经验与实践的滋养，也正是在这样一个大循环过程中产生的有主体性的中国社会科学才具有生命力。有了从经验到理论再到经验的大循环，逐步形成了具有中国主体性的社会科学，就必然会有从理论出发—到经验中去—再回到理论的以学术对话为特点的小循环，这样一种小循环是服务于和服从于中国社会科学大循环的。

要在从经验到理论再到经验与实践的大循环中建立起有主体性的中国社会科学，就必须要有真正做中国经验研究的学者。这些学者要有充分的经验训练，要在长期经验调查中形成对经验的总体把握能力，要有"经验质感"，不仅要能从经验中提炼出理论命题，而且要有将理论还原到经验中的能力。

获得经验质感的不二法门是进行饱和经验训练，不断地到经验中浸泡，具有透过现象看本质的能力，具有将经验碎片整合起来的能力，真正形成想事的能力。饱和经验训练尤其要防止对经验的一触即跳，即仅在经验中产生了微弱问题意识就脱离经验去做精致"研究"。正是通过饱和经验训练，才能利用各种理论和方法来分析经验，才能将经验研究中提出的问题进行理论化的概括，才能为建立有主体性的中国社会科学添砖加瓦。

十数年来，华中村治研究所追求的，就是建立在饱和经验训练基础上的有主体性的中国社会科学的事业。这个事业从理解和解释经验与实践开始，又回归经验与实践，中间留下的理论提炼与概括正是建设有主体性中国社会科学所需要的砖瓦。

二

最近十数年来，我所组织的华中村治研究团队每年驻村调研时间都超过了 4000 个工作日，平均下来，我们研究团队每天都有 10 人以上在全国各地农村调研。某种意义上，我们团队同仁都是经历了饱和经验训练的。

从时间上看，我们在取消农业税前的 20 世纪末期开始农村调研，到现在国家正推进乡村振兴战略，国家与农民关系发生了巨大变化。2000 年时中国城市化率只有 36%，现在中国城市化率已近 60%，几乎所有农村青壮年劳动力都进城了；从地域上，我们不仅在南方中国、北方中国和长江流域调查，而且近年密集地到东部沿海发达地区和西部贫困地区调查，发现了南北中国、东西中国和中国腹地的巨大区域差异；从研究主题上，我们从基层政治研究开始，进入对乡村治理社会基础的研究，再延展到对几乎所有乡村主题的研究上，比如家庭制度、农业发展、宗教信仰、土地制度、乡村教育、医疗保障，等等；近年来我们的研究也跟着农民工进城，开始城市社区、街头治理、信访制度、地方治理等方面的研究。

我们希望在调查和研究中，能做到从经验中来，到经验中去，真正从经验中得灵感，依靠经验形成"想事"的能力，并在此过程中形成若干理论提炼与概括。

十数年来，我们研究团队在饱和调研基础上形成了大量理论概括，这些理论又作为视角参与到政策问题的讨论中，并在一定程度上对政策产生了影响，比如对农业、土地、信访、乡村治理、城市化等方面政策产生了或大或小的影响。我们相信，只要我们团队坚持下去，再坚持十年、十数年，我们就一定可以形成理解中国经验的具有中国主体性的社会学科一家之言。我们希望中国社会科学有百十家这样的一家之言，我们呼吁各种一家之言良性竞争，相互启发，相互补充，共同发展，最终成长出与中华民族伟大复兴相适应的高水平的中国社会科学来。

我们计划在未来七八年时间将我们团队的最新研究纳入"华中村治研究丛书"出版。希望丛书能增加读者对华中村治研究的了解。

是为序。

贺雪峰

2018 年 4 月 10 日晚

第四章　家庭成员的流动与生成：半城市化的社会流动分析

第五章　半城市化的发展性意涵与发展型半城市化

第六章　发展型半城市化的制度结构：保护型二元结构

第七章　推进半城市化向彻底城市化转变的政策分析

第八章　研究结论与展望

参考文献

后　记

第一章

导　论

一　问题的提出

改革开放 40 年来，我国逐渐进入一个快速的城市化发展阶段，一方面，城市化率平均以每年超过 1% 的速度在增长。2016 年国家统计局的最新数据显示，我国的城市化率已经由 1978 年的 17.9% 增长到 56.1%，我国城镇常住人口数量从不足 2 亿增加到超过 7 亿。[①] 但另一方面，我国的城市化水平仍然存在滞后：首先，截至 2014 年，我国的户籍人口城市化率仅为 36%，与同年度常住人口城镇化率 53.7% 相比，严重滞后；[②] 其次，中国的人口城市化水平滞后于发达国家和很多发展中国家。人口城市化的滞后状态引发了学界和政策界的激烈讨论。

主流观点认为，当前的城市化滞后状态是我国城乡二元结构对农民持续剥削的结果，是一种不良的城市化状态。只有打破以户籍制度和土地制度为核心的城乡二元制度结构，才能释放经济发展红利，真正推动人口城市化、实现农业转移人口的彻底城市化，城市人口集聚将推进城市产业升级，因此，他们事实上倾向于积极的人口城市化战略（周其仁，2013、2014；文贯中，2014）。他们主张，不仅要全面放开欠发达地区城市户籍的准入，还要全面放开北、上、广、深等发达地区的城市户籍准入，要深化户籍制度改革，逐步形成统一的城乡居民登记制度（黄锟，2009；中国人口与发展研究中心课题组，2012）。此外，他们还主张开放农村土地要素市

---

① 参见中华人民共和国国家统计司，《国家统计局新闻发言人就 2016 年一季度国民经济运行情况答记者问》，2016 - 4 - 15，http：//www. stats. gov. cn/tjsj/sjjd/201605/t20160526_1361050. html。

② 参见中国政府网新型城镇化专题，http：//www. gov. cn/zhuanti/xxczh/。

场，与户籍制度改革相配套，解除农村户籍与农村土地的挂钩、捆绑，明确农村各项资源的产权归属，破除农民实现"资源变资产，资产变资本"的制度束缚，增加农民城市化的资本，让农业转移人口从土地资源和制度身份上彻底与农村脱钩，真正实现城市化（蒋省三等，2007；文贯中，2008；北京大学国家发展研究院综合课题组等，2010）。

近年来，从中央到地方的各项改革举措也基本采纳了积极的城市化战略主张。2013年，党的十八届三中全会明确指出坚持走以推动人口城市化为核心的中国特色新型城镇化道路。2014年3月，中共中央、国务院印发《国家新型城镇化规划（2014—2020）》，提出了"三个一亿人"的新型城镇化战略目标。2014年的中央一号文件明确了农村土地产权"三权分置"的办法，目的在于放活农地经营权，并允许经营权抵押融资，打破工商资本下乡、农业资本化的制度障碍，同时推动农村股份制改革，解除造成农业转移人口进城不彻底的农地束缚。为破除城市建设用地指标不足的困境，成都、重庆借2004年国务院出台的城乡建设用地指标挂钩的政策之机，选择试点，开展指标交易，成立农村产权交易平台，为农村土地要素市场化改革迈开步伐提供了新思路；从2014年开始，武汉等30多个全国首批农村综合产权改革试验点纷纷向成都、重庆学习。2016年的政府工作报告正式提出"人地钱相挂钩"的办法，实现"人往城转、地随人走、钱从地出"，解决"人难进城、地难转出、钱难获得"的城市化梗阻问题。

但是，另一些学者认为不必急于改变当前的城市化滞后状态，与上述观点相反，他们认为这种状态是城乡二元结构为进城失败的农民与中国经济发展和现代化事业顺利推进提供的制度红利和制度保障。潘维（2009）认为，不能激进地推动土地流转与宅基地和耕地的转让使进城农民彻底隔断与农村的联系，因为"耕地和宅基地并不是农民致富和获得城市化资本的保障，而是八亿农村人吃住安全和国家政治社会秩序稳定的保障"，"城市没有拒绝乡村人……然而城市没有能够保障2亿农民工及其直系亲属的工作和住房福利。不是不想，而是不可能……出售耕地和宅基地所得的资本难以保障他们在城市的吃住和住房安全"。贺雪峰（2010、2014a）认为，当前中国城市化的关键在于为更多的农业转移人口提供稳定且收入较高的就业机会，"因为只有找到工作，农民进城后才能生存……城市显然不大可能出现大量的稳定且高收入的工作机会……当然，政府无论如何也不可能拿出足够的钱来为所有进城农民提供让他们可以在城市体面生活下去的福利条件……因此，进城务工的农民及其家庭也不可能离开农村和农业……积极的城市化战略很可能导致农民工及其家庭沦为城市贫民窟的一员……应该坚持稳健的城市化战略"。

值得注意的是，还有一些学者通过对发展中国家城市化的观察，认为以城市贫民窟为表征的城市两极分化的产生是世界城市化过程的一般规律，且产生于城乡二元制度结构的滞后的城市化状态也并未摆脱陷入两极分化的必然性。持这一观点的学者认为，中国的城市化发展应该"容忍"贫民窟的存在，他们或者主张应该学习西方发达国家通过自由选择与福利供给而彻底扭转改变贫民窟的经验（秦晖，2008）；或者从各国的贫民窟中看到了贫民群体的流变性，即一部分人把握住了市场机会成功跻身城市中产阶层，融入城市社会，并使城市中产阶层数量得到增长，而中产阶层的数量正是衡量一个社会发展水平的重要指标。基于此，他们进一步指出，当前滞后的城市化格局不仅没有阻止贫民窟的产生，反而由于"汇钱回乡村"导致进城农民无法在城市买房，并且乡村失业保险功能的发挥是以家庭的离散为代价的（桑德斯，2014）。

上述三种分析充分表明我国城市化问题的矛盾性和复杂性。在长期的农村调查和对中国农民城市化问题的持续关注中，笔者认识到，这种矛盾性和复杂性一方面根源于我国所面临的农业转移人口城市化背后巨大的人口压力和人地关系劣势与发展中国家的低人均收入水平等基本国情；另一方面也与我国改革开放以来迅猛的现代化、工业化和城市化过程紧密相关。因此，上述争论可以统一于一个基本的学术命题：在市场主导的工业化和城市化进程之中，是否存在中国特色的城市化道路？[①] 为了回答这一问题，

---

① 正如贝利在其经典著作《比较城市化》中所言："20世纪快速城市化过程中，通过对世界不同部分的比较，使我深信，尽管城市化存在很多共性，但可以肯定不会只有一种，而是有多重路径，各自的成因及相应的后果不同。"因此，必须构建新的理论框架来应对不同政治社会背景下的城市化过程研究。

笔者将以农民家庭为基本分析单位，考察近 30 年来中国农民城市化实践的一般模式，并在此基础上指出我国农民城市化发展的独特路径，进而对我国城市化滞后的问题做出新的解释。

二　城市化研究的三大范式

关于城市化内涵的界定主要有三种具有代表性的观点：以 Eldridge（1956）为代表的"人口城市化"、以日本社会学家矶村英一（1989）为代表的"空间城市化"以及以 Wirth（1938）为代表的"乡村城市化"。其中人口城市化有两层含义，即人口集中居住与人口就业形式的非农化，如此便形成了城市与农村的分野；空间城市化将城市化分为形态的城市化、社会结构的城市化和思想感性的城市化，强调从多维度对城市空间的发展过程进行研究；乡村城市化将乡村与城市对立成落后与现代两种不同的文明形态，城市化是从落后的乡村社会向文明的现代城市社会转变的过程。

由此观之，城市化可以分为两个社会过程：从乡村社会向城市社会转型的过程，即城市化率增长的过程；以及城市社会自身的空间优化重组过程，或称城市的现代化过程（文贯中，2014：23）。学界已经有大量的研究成果对这两个过程进行剖析和解释，大致可以概括为两大研究范式：二元经济结构 – 人口集聚范式和城市两极分化 – 城市融合范式。此外，随着中国城市化进程的逐步深化和中国制度环境的特殊复杂性，国内外学者对"中国城市的现代化过程超前而城市化率滞后"这一现象的研究形成了第三种研究范式，即滞后的城市化 – 剥削型城乡二元结构范式。

（一）　二元经济结构 – 人口集聚范式

二元经济结构 – 人口集聚范式主要遵循的是经济学理论和人口迁徙理论的传统，形成了极具解释力的"人口向城市迁移"的理论，包括人口的推拉因理论、托达罗模型；还形成了对城市发展不均衡进行解释的理论，包括城市发展阶段理论、"中心 – 边缘"理论、集聚经济理论、以乡村"聚落转型"为基础的"扩展大都市区"等，它们是对单线条的人口向城市聚集的理论的有力补充；再就是，对前述两类解释路径进行衔接的二元经济模型理论。

在人口迁移的推拉理论模式下，人口从乡村迁往城市聚集，是城市拉力和农村推力综合作用的结果，"净人口迁移流往往是农村迁往城市"，"就一个城镇来说，往往是周边地区农村的人口迁往城市，然后偏远农村地区的人口再迁往城镇周边农村"（Ravenstein，1885）。在此基础之上，Todaro（1969）通过对发展中国家城市化过程中人口迁移的关注，进一步明确了人口在城乡之间迁移的经济学意涵，形成了颇有影响的"人口迁移的托达罗模型"。该模型假定人口向城市迁移的动机主要取决于城乡收入差异，差异越大，人口向城市迁移的动机越强，迁移人口在城市找到工作的机会和城市新创造的就业机会——这二者与城市失业率成反比，其政策意义在于，如何使用城市最低工资制度和增加城市就业机会对可能进城的大量剩余劳动力进行调控。

在托达罗模型中，人口城乡迁移理论的第二个立论基础是 Lewis（1954）的二元经济结构模型，这一模型将城市和乡村分为两个不同的经济部门，不同部门的劳动边际报酬不同，且往往城市高于农村。一定程度上高的边际报酬形成了人口向城市迁移的拉力，但因为劳动力供给无穷大，而城市尤其是发展中国家的城市就业机会有限，这意味着虽然劳动力供过于求将会导致城市非农产业的劳动边际报酬迅速下降，但仍然不会阻止农村剩余劳动力向城市流动，因为劳动力供给无限大还意味着农村劳动边际报酬无穷小甚至为零。在这一模型下，城市经济所产生的红利将集中到资本家和管理层等少数人手中进行扩大再生产、实现技术革新和产业升级，刘易斯认为这是经济发展过程中的人口红利。倘若这一假设前提不存在，即劳动力短缺的情况出现，将达成二部门经济劳动边际报酬均衡，此即著名的"刘易斯拐点"（Lewis，1958）。刘易斯拐点对人口城市化的重大启示在于，城市扩张在劳动力短缺的结构性束缚下存在边界。

城市化还意味着占一个社会大多数的城市非农人口将由少数农业人口

进行生活必需品供给。即刘易斯的二元经济模型中具有传统自给自足特征的农业将在城市化的过程中逐渐实现农产品的商品化并以追逐利润为特征；也即自给自足的经济将会在城市化、工业化等现代化进程中随着部门分工的逐渐深入而被消灭。在这个过程中二元经济结构的融合也将实现，人口的城乡流动将不再以乡村向城市的人口净流入为显著特征，这是城市化最终实现时的经济社会形态。美英日等发达国家都已经完成了城市化，其城市化率高达80%，这成为后发展国家奋力追求的目标。

但以上对城市化过程中人口迁移现象进行的解释无法回答城市之间发展不均衡的问题，也无法对发达国家和一些发展中国家出现的特大城市及其是否存在规模边界进行解释。在二元经济模型上发展起来的最广为人知的城市化学说是弗里德曼提出的"中心－边缘"理论，理解这一理论的关键在于两个重要概念，即"空间极化"和"涓流效应"（John Friedmann，1966）。弗里德曼认为空间极化是经济发展尤其是工业化过程中，工业和人口的集聚点寻求最高生产力的需要而达到的边际效益由递增发展到递减的拐点，即当城市发展达到该点时，城市规模继续扩大将导致城市的负外部效应逐渐超过人口集聚带来的正外部效应，此时，该城市的规模达到"极点"。"涓流效应"指的是城市规模扩张到"极点"时，剩余的资本、人口便开始从该中心城市向边缘地区流动，以求更高的边际效益，由此产生新的城市发展。集聚经济理论（Weber，1909）强调的是人口集聚与经济增长之间的正相关关系，补充了城市化过程由城市经济发展单一因素决定这一不足，认为人口集聚为工业集聚提供了重要基础，这与城市或人口集中居住点的存在先于城市化过程相呼应。后来，对产业经济升级与人口集聚关系的讨论以此为基础，引入"竞争－创新"这一对关系，学者进而指出人口集聚是实现企业创新和经济结构升级的关键（Button，1976）。

但是以上分析均建立在城市与乡村截然分野的基础之上，澳大利亚国立大学教授 G. W. Jones（1983）根据长期对东南亚发展中国家城市化的观察和研究指出，这些国家乡村劳动力中从事非农活动的比例在不断增加，即在经济发展过程中乡村并不仅仅被动向城市释放劳动力，因为乡村内部的部门经济分工也在生长。Hackenberg（1980）在更早的时候同样注意到城市文明对乡村的渗透这个重大问题，比如一些乡村地区已经接受了或正在接受城市的生活方式、基础设施和行政管理方式，他将其概括为"分散的城市化"。McGee 和 Ginsburg（1991）提出了"扩展大都市区"的概念，这个概念刻画的是亚洲国家的一些大都市周围地区在过去 30 年里所出现的农业和非农活动并存、非城非乡却又表现出城乡两方面特点的地域类型，他们将这一过程称为乡村"聚落转型"，这些乡村有着"类似于城市的人口密度"和经济发展方面的交通通信条件。

上述互相构成补充的城市化研究，在几个假设前提上存在高度一致，二元经济结构－人口集聚范式下的城市化主要遵循城市追求经济效益最大化、资本追求利润最大化、人口迁移遵循劳动力报酬最大化这三大经济规则。其核心是经济学的理性"经济人"假设，是斯密笔下的"看不见的手"，即市场。如此，城市化过程中的人口迁移本质上就被简化为，人口在市场规则支配下自由地向城市流动。在二元经济结构－人口集聚的研究范式下，城市体系和城市社会两极分化的产生是人口集聚以实现城市经济效益、资本利润和劳动力工资最大化，追求空间极化道路上的必然产物，因此这一研究范式不会关注到空间极化带来的社会结构固化和社会分配不公的问题。

这些研究成果和基本假设几乎是学界大部分有关城市化研究的理论前提，而其背后的制度背景、历史阶段、政治环境和社会文化均没有得到足够的重视。

（二） 城市两极分化－城市融合范式

城市两极分化－城市融合范式主要遵循政治经济学和社会阶层分析的理论传统，通过发现和研究城市化过程中广泛存在的贫民窟和城市体系畸形发展等现象，形成了城市两极分化理论。城市两极分化对城市化的重大影响在于其导致城市体系和城市社会内部的阶层分野而不是城市融合。

城市两极分化体现在两个方面。首先是城市体系中的两极分化，即城市体系被分为因具备经济、政治或文化等优势而处于上层的大中城市和特大城市，以及因不具备上述优势而处于下层的中小城市（McGee、Ginsburg，1991）。其次是某一具体城市社会内部的两极分化：广泛存在的贫民窟表明城市内部也存在从经济收入、居住空间和社会文化上区隔开来的两个不同阶层，处于下层的城市居民往往处于住房和就业的困境之中（Friedmann、Wolff，1982）。

对城市体系两极分化进行讨论的主要争议在于，是否应该避免形成特大城市？

自20世纪初期开始出现的特大城市引起了学界的广泛关注：Jan de Vries（1983）指出在工业革命最初的一个世纪，欧洲的城市化是以城市自下而上的发展和小城市地位的提高为特征的；Dennis A. Rondinelli（1983）进一步指出，高度集中的城市增长模式是20世纪才出现的一种新现象，因此空间极化并非工业化的必然要求，也非城市化的必然结果；H. H. Tsai（1987）用中国台湾城市化的经验表明，"如果采用一定的社会经济措施，高速集中的人口分布在经济和人口城市化的高度发展过程中可以避免"。

有学者认为，一旦出现空间极化，期望"涓流效应"自发产生，由此推动区域城市发展，以在经济过程中实现均衡的这种想法是幼稚的，因为城市两极分化一旦形成，就会产生既得利益群体，他们在政策制定过程中往往又具有充足的话语权。在地方主义的行为逻辑下，居于城市体系结构上层的特大城市会继续设法保持自身优势（McGee、Ginsburg，1991），他们会通过资本重组和弱势产能的淘汰，在资本竞争的市场中率先实现城市经济结构的优化升级，而将弱势产业资本排挤到边缘中小城市，使得各城市在城市结构体系中的位置固化。Gilbert和Gugler（1982）认为，欠发达国家的特大城市现象是城市发展畸形增长的突出表现，其原因在于殖民统治、通商口岸和对西方国家的片面崇拜。

中国的城市发展也经历了持久的路线之争，这一争论产生于20世纪80年代，即改革开放初期。围绕这一争论产生了五个相应的观点，即"小城镇、大战略"（吴友仁，1983）；"重点发展条件好的大城市、中心城市"

（冯雨锋，1983）；"城市体系论"（周一星，1982）；"中等城市论"（经济学动态编辑部，1984）和"以城市圈为中心的大中小城市协调发展的多元城市化道路"。但是，那个时期的政策导向非常明确，1980 年国务院批转《全国城市规划工作会议提要》，提出控制大城市规模，合理发展中等城市，积极发展小城市的方针；1989 年，《中华人民共和国城市规划法》正式提出"国家实行严格控制大城市规模，合理发展中小城市的方针"，以及经济政策上鼓励"离土不离乡"的劳动力配置格局。这些都将城市化初期的发展道路导向"小城镇"蓬勃发展的轨道上去。费孝通（1983）指出，解决农村剩余劳动力问题要以小城镇为主、大中小城市为辅，加强小城镇建设是社会主义的中国城市化的必由之路。温铁军、温厉（2007）认为，我国采取小城镇发展战略并不是理论界讨论的规模效益或者其他的经济理性，而是对县及县以下的城镇在国家没有投资的情况下仍然大量增加的客观情况的认可。截至 1998 年，我国的城镇化确实取得了不俗的成绩：乡镇企业吸收劳动力 1.25 亿人次，占当年城乡非农就业总人数的 35.7%，其中农业转移人口中有 50% 集中在县城、建制镇和集镇周围（温铁军、温厉，2007）。

但是 2000 年以来，随着经济体制改革逐步深入、全面取消农业税费，绝大多数小城镇借"三提五统"发展起来的乡镇企业均面临破产，小城镇的发展战略失败。

"城市的人口和面积的自然规模决定于净集聚效应是否已经被穷尽。只要净集聚效应没有被穷尽，就没有理由阻止人口的流入"（文贯中，2014：15）。"中西部地区劳动力向沿海发达地区迁移的成本相对于内地投资环境改善和物质资本向内地转移的成本更低，未来相当长时期内，城市、产业和人口在全国范围内进行的空间重组仍不可避免地会以向沿海发达地区和主要大中城市集中为主"（陶然、徐志刚，2005）。

我国也已经在城市化过程中形成了清晰的城市体系的两极分化，即以中西部中小城市和东部沿海发达省份的大中城市为代表的两极分化。但是，我国特有的城乡二元制度结构为正在产生的两极分化提供了弹性空间，这一过程以农民工返乡城市化为现象表征，只是学界对此关注不多。

对城市社会两极分化进行讨论的主要争议在于，是否应该避免城市化过程中贫民窟的产生，以及贫民窟所形塑的城市两极分化的社会结构是否为城市化过程中的必然产物？

19 世纪中叶兴起的改良社会主义，是针对英法等国城市内部各种尖锐的社会矛盾提出的、以缓和矛盾为目的的社会改良。1937 年美国爆发经济危机后，罗斯福新政在大规模失业人口问题下应运而生，人口在大城市迅速集中，层出不穷的城市问题引起学界、政府和社会的广泛重视（贝利，1981：5）。自此，凯恩斯经济学开始盛行，新古典经济学奉为真理的市场这只看不见的手会自动实现的"萨伊均衡"定律被打破，凯恩斯主义强调经济社会危机的规避需要国家通过货币政策和财政政策对经济进行宏观调控，这也是资本主义社会改良的具体路径。

通过城市规划、住房政策、贫民窟治理等国家干预行为，发达国家城市社会两极对立的矛盾得到缓和，许多贫民窟得到改造，并为欠发达国家解决城市化过程中的贫民窟问题提供了经验，其中自由迁移和福利供给是核心（秦晖，2008）。此外，道格·桑德斯（2014：272~279）指出，贫民窟是乡村社会人口向城市中产阶层过渡的跳板，在城市化过程中具有不可忽视的功能意义，城市社会两极分化并未固化。文贯中（2014：24）认为，"在任何一个国家的城市化过程中，贫民窟的产生都是难以避免的发展阶段，为农民以低成本进入城市，穷尽城市的集聚效应，分享城市的繁荣提供机会"。

卡尔·马克思对英国工人无产阶级工作和生活的艰难处境进行的鲜活刻画，是学界对城市贫民窟进行研究的起点。他从资本主义追逐利润的剥削属性出发，形成的剩余价值学说和阶级分析理论成为城市社会两极分化分析的重要理论来源。马克思认为工人无产阶级窘迫的生活状态及其被剥削的地位是资本主义制度的必然产物，只能通过无产阶级革命才能彻底改变（马克思、恩格斯，1972）。

事实是，即便在发达国家，贫民窟问题仍然像一个毒瘤，还远未被解决，贫民窟基本上是犯罪、吸毒、卖淫、社会骚乱和暴力的代名词，被称为众多城市问题的集合区（Wacquant，1995）。"技能娴熟的体力劳动者皆迁至新城镇和其他地区，而中产阶级尤其是技能匮乏的人群掉落在住房和就业的困境之中"，这就是 20 世纪 70 年代英国在城市化过程中普遍存在的问题（Cole，1975；Eversley，1972；Hamnett，1976；Harris，1973）。Robson（1979）指出，众多改善贫民区的社会政策，正在提升贫民区居民和无家可归的人对社会不平等的感知。贫民区将城市区分为两极分化的阶层社会，这种分化不仅体现在住房上，还有就业、医疗、教育等，两个阶级甚至形成了全方位的区隔，并且这种分化还在随着财富积累与分配这两个过程而不断加剧，且再分配的协调效果寥寥（Sassen，1991；Hamnett and Cross，1998a，1998b；Kesteloot，1994）。作为再分配重要调节手段的城市规划体现出来的往往是中上阶层的"田园城市"理想，这种高成本的城市改造计划与贫民区的下层居民格格不入，导致系统性的不平等被"无意地精心设计"出来（Saunder，2000），社会冲突在城市社会的两极分化中蕴藏（Simmie，2000）。

发达国家的城市社会两极分化尚且如此，欠发达国家短期内迅猛的城市化发展中产生的贫民窟及其引发的城市社会矛盾更甚。快速的城市化与经济社会条件改善和国家治理能力的提高相脱节，城市人口的膨胀伴随着大量的就业问题和社会保障问题，城市规划甚至都来不及做出反应，贫民区、贫困、失业、疾病、犯罪、暴力等问题成为影响社会安定的城市病（Satterthwaite，1995；Grierson，2007；Herrmann and Khan，2008）。Renaud（1981）通过对 111 个国家进行分析发现，人口的城市化水平与人均 GDP 的水平呈正相关关系，相关系数为 0.85；但显而易见的是，部分欠发达国家的人口城市化水平增长速度大大超过人均 GDP 的增长速度，这必然给欠发达国家带来城市人口贫困问题。世界银行 2002 年公布的数据显示，发展中国家的城市中有 7.46 亿贫困人口，这些贫困人口绝大多数聚集在贫民窟，这已然成为欠发达国家城市发展的毒瘤，它们的城市融合远未实现（Ravallion，Chen，and Sangraula，2007）。

（三） 滞后的城市化－剥削型城乡二元结构范式

滞后的城市化－剥削型城乡二元结构范式主要遵循制度经济学传统。这一研究范式主要回应的是，中国城市化过程中产生的大量城乡流动人口、城市现代化超前和城市化率滞后问题，形成了剥削型城乡二元结构理论和推动人口城市化的城乡一体化制度构想。

学界既有的关于我国城市化相对于工业化的发展水平的判断主要有三种，即"我国城市化水平严重滞后""我国城市化水平大体适中"以及"我国城市化出现了隐形超越城市化"，这种结果的出现既与城乡二元的户籍制度造成人口统计上的困难有关，更与工业化水平测量指标的选择紧密相关（简新华、黄锟，2010；蔡昉，2010）。但基本上，认为我国城市化发展水平严重滞后的观点占主流，其代表性观点主要有以下四个：一是我国的人口城市化水平滞后于发达国家和一些发展中国家（华生，2013：274）；二是我国的人口城市化水平滞后于我国的工业化发展水平（周其仁，2013：19～23）；三是我国的人口城市化水平滞后于我国的土地城市化水平（文贯中，2014：22～26）；四是我国的户籍城市化水平滞后于我国常住人口城市化水平，以至于产生1亿农民工[①]的问题（陆学艺，2003）。中国的城市化发展水平不够高使得中国的经济发展水平没有充分发挥其规模经济效应，许多城市因为没有足够的人口规模支撑，以至于生产力的发展遭受了损失（Au and Henderson，2006a，2006b）。这一观点与二元经济结构－人口集聚的城市化研究范式的主张相契合，也得到国内许多主流学者的拥护：周其仁（2013：21～28）和文贯中（2014：9）认为被滞后的城市化率限制的人口集聚，同样限制着城市"交易部门"的增长，进而拖累城市经济转型；此外，城市化滞后使得人均耕地极少的我国农村普遍存在的隐性失业情况无法改善，城乡收入差距也在恶化（文贯中，2014：8～10）。

对我国人口城市化水平滞后的解释主要有两种路径。一是中国的经济

---

① 1亿农民工说的是2003年的时候，而不是现在，据华生在《城市化转型与土地陷阱》一书第65页所说，现在已经有2.5亿农民工了。

发展滞后和经济结构不合理导致城市化发展不足。Kirkby（1985）和 Cannon（1990）从工业发展的角度认为，中国的经济发展过于重视重工业，而忽略了城市基础设施建设和农业现代化转型，大量从农业剩余中获取的资本积累被集中用于重工业建设，导致城市化的后劲不足。Yang 和 Deng（1998）引入"城市化的供需模型"，从农业与工业的联合作用角度，以1978 年到 1991 年的数据为基础，指出中国的城市化发展仍然依赖于低水平的农业供给，而工业发展水平不足，这限制了城市化的发展速度。我国"工业化与城市化协调发展研究"课题组（2002）的研究报告也指出，城市化的问题不在于城市化相对于工业化的偏差，而在于工业化自身的偏差，因为我国的工业化水平以产值为指标，而工业自身的结构均衡问题不被重视。虽然我国人均收入水平的增长速度和城市化的速度是相当的，但人均收入水平却没有被考虑到衡量工业化和城市化水平的指标当中去，否则会发现我国的城市化发展滞后是源于经济发展水平滞后和与之相关的人口收入水平不高，这与 Renaud 1981 年的研究成果相呼应。但是这一解释路径与城市化发展过程中的集聚经济理论相背离，没有成为主流。

主流的对我国人口城市化水平滞后的解释路径是遵循制度经济学传统的剥削型城乡二元制度结构。该路径认为当前中国城市化滞后的症结在于城乡二元的制度障碍，其核心组成部分是户籍制度和土地制度。

当前户籍制度限制城市化的核心观点是，"中国实行的二元结构的户籍制度严重歧视和排斥农民进城定居，农民不但面临高昂的城市化房价，而且面对许多不友好的城市制度"（文贯中，2014：19）。户籍制度对人口城市化的限制需要分成三个时段来讨论，一是 20 世纪 50 年代户籍制度形成到改革开放前夕的计划经济时期；二是改革开放初期到大部分城市放开户籍准入的 21 世纪初期；三是 21 世纪初期至今（孙文凯等，2011）。在第一个时期，户籍制度基本上是一种绝对的"社会屏蔽"制度，它将农村人口限制在分享城市社会资源之外，即严格限制着人口城市化（王小鲁，2002）。在第二阶段，户籍制度对人口城市化的限制主要体现在允许农民进城务工经商，却限制他们在城市落户，这导致进城农业转移人口难以获得与城市户籍居民同等的待遇，这些待遇主要指的是与户籍制度相捆绑的就业机会、教育资源、社会保障福利以及城市购房住房资格等（刘传江、程建林，2009）。在第三阶段，除少数特大城市之外，绝大部分城市逐渐取消或降低了户籍准入门槛，与此同时，在户籍制度改革过程中，也已经基本松绑了与城市户籍相挂钩的诸多显性和隐性的福利，从而降低了城市户籍之于进城农业转移人口的吸引力；相反，从 2006 年取消农业税费以来，国家与农民的关系由资源汲取型向资源输入型转变，与农村户籍相捆绑的农村土地的承包经营权和农村集体建设用地的使用权等权利属性正不断强化，这政策性地增加了农村户籍对农民的拉力，使得农业转移人口户籍进城的意愿不强（贺雪峰，2010：222；李强，2014）。也就是说，在第三个阶段，户籍制度对人口城市化的限制，反而体现在城乡二元的户籍制度降低了农民户籍城市化的意愿，而非户籍城市化的能力。

由此，城乡二元制度结构对人口城市化的限制，必然将转向与户籍制度密切挂钩的土地制度中来。值得注意的是，讨论当前的二元土地制度对人口城市化的限制需要将农民群体分为三种不同类型。

第一类是发达城市周边正在经历在地城市化的农村农民。除了拥有农村户籍以及附着于户籍的农村各项权利，这部分农民已经同农业完全没有关系，制度是其实现城市化的唯一障碍。这一障碍的核心在于集体土地没有与国有土地实现"同地同权"，具体表现为集体土地非农化的经营开发权被国家垄断，而在地城市化区域的农村已经在法律的框架之外对农地实施了事实上的开发经营，即形成了众多既得利益群体，造成了土地管理和与此相关的户籍城市化上的困难，阻碍了人口城市化（蒋省三、刘守英，2003；刘守英，2008）。

第二类是在征地拆迁的过程中产生的失地农民，他们是通过征地拆迁补偿兜底的城市化参与者。"城市土地归国家所有"这一土地制度规定了农地的非农使用需要经过政府征用，并确立了土地增值收益归政府所有的原则。这导致失地农民在城市化过程中必然与基于土地增值收益分配的治理难题牵扯不清。城市化是政府找农民低价要地然后再高价卖地，是侵犯农民权利的"与民争利"的政府行为（文贯中，2014：29）。这种政府行为使得农民不能凭借土地财富进入城市，抑制了他们的消费能力和消费需求，进而，被动沦为失地者的农民产生了被剥夺的情绪，对城市化产生抵触。此外，由于其中存在着巨大的地方政府土地财政空间，地方政府在利益驱动下盲目推进土地城市化，并使房价维持高位运行从而增加农民城市化成本，人为地使人口城市化更加滞后，"只有10%左右的农民工能接家人和子女到城市，逐渐融入当地社区，成为城市永久居民"（文贯中，2014：10、19~20、28~29）。

第三类是从农村向城市迁移的、占绝大多数的广大流动农民工群体。这类群体广泛存在着"离乡不放土"的情况，原因有二：一是土地产权不清晰、不完整，《农村土地承包经营法》规定农户拥有农村土地的承包经营权，所有权归集体所有，村集体、农户与土地的承包经营关系在承包期内不变；二是农村土地要素市场不开放（文贯中，2014：29~30），长期以来国家对土地市场的垄断，限制了农民通过市场交易以手中的耕地和农村建设用地来获得城市化资本、增强城市化能力的可能性。"在现行的土地制度下，由于进城务工人员不能出售耕地，因而他们中的绝大部分人不愿意放弃耕地"（文贯中，2014：12），这使得农民城市化陷入"人难进城、地难转出、钱难获得"的困境："不放土""户籍不进城""单身、短期迁移"等农业转移人口的当前状态是导致人口城市化滞后现象的主要原因。

剥削型城乡二元结构的解释路径认为，只要改变当前城乡二元的制度结构，允许人口自由向城市流动，这些问题都可以迎刃而解，城市人口集聚到一定规模后也将自发带来经济增长和经济结构升级（文贯中，2014：15）。"城乡一体化"的户籍制度和土地制度改革也在紧锣密鼓地推进。

孙文凯等（2011）指出，户籍制度改革按照实施办法的力度和程度可以分为四个等级，包括特大城市仅对高端人才的户籍开放改革、大中城市采取"准入条件"的改革、中小城市实行"居民户口"改革，以及一些城市实行的"准入条件"和"居民户口"并举的改革。但是这些改革对中国农村劳动力流动的影响并不显著，原因在于"改革附带的苛刻条件使农民工获得城市户籍的可能性极小，部分省份即使统一城乡户口称谓，但实际区别并未消失"，因此户籍制度改革还需继续深入推进。

主流观点主张的城乡一体化的土地制度改革意见也在逐步深入：推进农村土地确权工作，提出土地承包经营权长久不变；农地的所有权、承包权和经营权三权分置，在此基础上，推动资本下乡、培育新型农业经营主体、实现规模经营，从而解放被束缚在土地上的隐性失业人口，并推动其向城市集聚；同时一些改革试点城市开设"产权交易平台"，对城乡相挂钩的建设用地指标进行交易，这成为土地要素市场化的初步尝试（周其仁，2014：107~137）；集体建设用地入市、"同地同权同价"的可行路径也在进一步的探索和尝试之中（高圣平、刘守英，2008）；重庆市市长黄奇帆提出"三件衣服换五件衣服"，鼓励农民用土地换城市户籍，以获得城市社保、城市住房等保障，这种地方性改革试验也在探索之中（贺雪峰，2014a：67）。上述城乡一体化改革举措对于人口城市化的效果还不明朗，但已经引起了学界的激烈争论。

三　发展型半城市化：一个四维分析框架

上述三种城市化研究的主流范式事实上都遵循着同一个研究假设，即"理性经济人"假设，且后两个研究范式均没有突破"二元经济结构 - 人口集聚"这一研究范式关于"二元经济"与"人口自由迁移"、"集聚经济效应"与"城市空间极化"等变量之间的关系在"理性经济人"假设下呈现的具体样态。但是三个研究范式各有侧重。笔者将在上述三大范式的基础上，引入农民家庭这一分析单元，建构一个经济、社会结构、制度和农民家庭的四维分析框架。

笔者系统考察我国农民在城市化实践过程中的行动单位、经济遭遇、面临的制度环境及其在社会结构中所处的具体位置，以及其对农民城市化行为选择的影响。据此，笔者提出"发展型半城市化"概念，用来概括我国城市化过程中出现的农民家庭在家庭经济收入、家庭成员社会生活、家庭成员的制度身份等面向上的"半城市化"状态。"半城市化"是城市化过程中农民家庭同经济、制度和社会结构互构的结果，有助于农民家庭实现体面的城市化。本书将这种"半城市化"结构理解为一种发展型结构，并力图以"发展型半城市化"概念来突破现有的城市化研究范式。

发展型半城市化研究框架对三大范式的突破分别在于：用社会结构理论中的阶层分化和农民社会流动的"社会人假设"丰富以往的人口因经济机会从乡村迁往城市的"理性经济人"假设，并突破城市化的单一因素决定论；用社会资源的多维度性来丰富和突破单一经济资源对城市化研究的限定，农民家庭在阶层流动过程中实现对各项资源的获得需要一个保护型的制度结构以支撑其城市化目标的实现，并据此以"可逆的城市化"形塑一个"去城市两极分化"的过程机制，用以突破"集聚经济理论"研究路径下城市两极分化必然产生的研究假设；最后，用"半城市化"结构中农民家庭向上社会流动的实现、城市的良性发展和农业去过密化的不断发生等发展性意涵，来突破关于我国人口城市化严重滞后的主流判断。

（一）　阶层流动视野下农民家庭的城市化

城市化是农民所采取的社会行动，对农民城市化行为的研究是城市化理论分析的基础。在"二元经济结构－人口集聚"范式下，农民城市化的行为动机在于追求个人收益最大化，城市自身发展的动机在于最大限度地发挥集聚效应。但是，人和城市所应对的并不仅仅是经济关系，"人的本质并不是单个人所固有的抽象物，在其现实性上，它是一切社会关系的总和"，即农民个体是处在一系列社会关系中的社会行动者，这些社会关系形塑着农民个体在城市化行动中的行为规则，社会结构是这些社会关系的总和。

农民所处的社会结构从具体到抽象可依次分为三个不同的"场域"。首先是作为社会基本分析单元的家庭。在农民家庭中，主要有两组社会关系对农民个体行为产生影响，分别是横向的夫妻关系、兄弟关系和纵向的代际关系，其中纵向的代际关系是家庭延续的核心。滋贺秀三指出"中国农民家庭主要包括人、财产、礼仪三个基本要素"（滋贺秀三，2003）；吴飞（2009）进一步解释道，"生活在同一家庭中的人，需要以适当的规则维系家庭的存在，这就是日常家庭生活中的基本礼仪"，这些规则的总和构成了家庭成员间的横纵向社会关系，并约束着家庭成员对家庭财产的积累和支配等经济行为。城市化作为农民对家产进行积累和支配的经济行为，也受到这些规则的约束，这是理解农民城市化行为的关键之一。

其次是日常的社会生活场域。农民日常生活的基本场域是其生活于其中的差序格局或由熟悉的人建构的社会关系群体，它们是由血缘、地缘等基本关系维度上的亲疏远近形塑的，这种亲疏远近还形塑了日常社会生活场域中人际交往的基本规则。李强（2011）指出，"'熟悉人'特指在中国的场景下，因多种社会联系而形成的具有比较频繁社会互动的社会关系群体……'熟悉人'是社会信任的基础，而社会信任是社会成员能够相互连接、社会得以正常运转的基础……在中国，'熟悉人'是利益调整的重要渠道"。随着改革开放和剧烈的社会变迁，"熟悉人"的适用性优势越发突显，农民的"熟悉人"领域与以差序格局为内涵的熟人社会领域相比的优势在于，其可以包含改革开放以来随着社会流动而日益显著的由打破血缘和地缘边界的日常社会互动建构起来的熟人社会关系，如朋友、同学、同事等。农民家庭的城市化行动通常从其日常生活领域中获得信息资源、社会资本和直接的经济援助等。

最后是广义而抽象的社会结构场域。农民在特定社会结构中所处的位置决定了其社会地位、社会角色和制度身份，并规定了其可捕捉的各类社会资源。布劳（1991）指出，"社会角色就是社会位置，社会结构就是社会位置的分布"；但是农民作为社会行动者也具有能动性，即农民并不是被动地接受当前社会结构对他们的角色限定，能动者和社会结构处在一个互构的过程之中，即农民可以通过改变自身的社会角色或者创造新的社会角色突破当前的角色规范对其的限定，并由此带来社会结构自身的改变（布尔迪厄，1997，1998）。

综上，农民城市化是以家庭为基本行动单位的，在与"熟悉人"的社会互动过程中获得各类实现城市化的相关资源，并援引其所在社会结构的特定社会位置上被允许利用的资源，以实现城市化，改变自身社会角色和社会位置，从而与社会结构互构的行动。

不同的社会位置在社会结构中具有不同的重要性，社会结构主义的这一观点源自早期经典社会分层理论的启发。马克思根据是否占有生产资料将社会分为两个对立的阶级，并在此基础上建构了其阶级冲突学说；涂尔干以劳动分工为起点，认为整个社会被分为不同的职业群体，这些职业群体由于高度分工而相互依赖，进而形塑了社会的有机团结，因此其社会分层的基本导向是社会整合；韦伯则根据个人和社会组织所占有的财富、权威和声望等社会资源的差异将社会分层的标准推向多元化，新韦伯主义的代表之一帕金在社会流动和"社会文化缓冲带"的理论建构下，进一步将韦伯的社会阶层学说在冲突和整合两个极端之间找到了一个相对的均衡点。

社会资源的分布不均衡包括两个方面：首先是城乡之间的不均衡分布，具体表现为经济资本、政治权威、婚姻市场中的女性资源、现代化的公共设施和公共服务等社会资源向城市倾斜，广大农村地区遭遇极强的社会挤压；其次是城市之间的不均衡分布，这种不均衡分布与城市体系的两极分化有关，最突出的表现在于经济发展和人口分布的"东—中—西"区域差异。孙立平（2002）以经济资源占有量的差异为核心指出改革开放以来中国社会结构中出现了一个底层社会，它包括三类群体，分别是城市下岗工人、在城市流动的农民工和农村居民。杨华、欧阳静（2013）进一步指出在顽固的城乡二元制度结构下，随着国家救助政策体系的不断完善，城市下岗工人的生活境遇不断改善，农民和农民工所属的农村则成为下层社会的典型代表。

但农民和农民工并不一定被动地接受其处于农村社会这一结构性的社会位置之中的现状。虽然孙立平认为底层社会具有与处于其之上的社会结构相断裂的特征，但不少学者指出，当前中国的社会结构仍然给予农民实现向上的社会流动以一定的空间：李强（2003）指出，教育是自古以来民众实现向上的阶层流动的重要路径之一；贺雪峰（2014b）指出农村中的富人阶层正在逐步走出村庄，他们正是实现向上的社会流动的农民群体；此外，村庄内部富人阶层的溢出和体制性城乡二元结构对自主小农经济的保护，正在壮大一个村庄中的中农群体，他们也渐渐成为村庄中相对的上层，实现了在熟悉人领域内部的向上流动，同时也存在着成为富人阶层并走出村庄进一步实现向上社会流动的可能（夏柱智，2015）。结合农民的城市化过程和已经发生的城市化实践来看，农民可以通过城市化改善其身处农村社会的结构性境遇，以争取在社会结构中拥有更大的主动权、获得更多的社会资源。由此，城乡阶层分化突出的同时，也将农民城市化与农民的阶层流动紧密关联起来。

因此，农民城市化研究就不能局限在农民争取经济资源的动机中进行分析，还需要兼顾除经济资源之外的其他社会资源，如年轻人对城市文化娱乐生活的向往、农民对城市良好的教育资源的需求、农民婚姻对向城市倾斜的女性资源的需求、农民家庭在熟悉人领域中的"面子获得"与生命价值（桂华，2014：3）的实现等。如此，才能理解我国城市化过程中，很多农民工从工资更高的大城市向工资水平一般，甚至较低的中小城市流动，并在这些中小城市定居的城市化现象；以及很多农民工在工资更高的大城市工作，"却像一个清教徒一样"将所有的收入寄回家乡，在家乡的城市购房，等着以后回来居住。这类城市化现象可能并不符合"二元经济结构 - 人口集聚"范式关于追求最大化经济利益的基本判断，但却能在"社会文化缓冲带"结构下的阶层流动中得到解释。

在该解释路径下，笔者提出三个基本的研究命题。一是农民城市化不能简单地等同于农村剩余劳动力与城市资本的结合，而是农民家庭与向城市倾斜的各项社会资源的结合。二是农民城市化不能简单地等同于农村人口在二元经济结构规律的支配下向城市集聚的过程，而是农民家庭实现向上的社会流动的过程；同时，农民向上社会流动的边界与其社会资源获得能力相对应。三是农民城市化不等于单个劳动力工资报酬的最大化，而是在因信息不完整、社会文化资本亲和性、经济资源捕捉能力不足等要素受到限制的阶层流动能力下，整个农民家庭做出的"次优选择"。

（二） 城乡二元制度结构背景下可逆的城市化与去城市两极分化机制

经典城市化研究的三大范式最一脉相承的观点在于，它们都提倡"人口自由迁徙"："二元经济结构 – 人口集聚"研究范式认为，人口受二元经济结构规律的引导自由迁徙，这是实现城市集聚经济效益最大化的基本前提；"城市两极分化 – 城市融合"的研究范式发现，人口在经济理性逻辑下的自由迁徙，将不可避免地带来城市社会内部的两极分化问题，还因集聚经济规律下的空间极化和涓流效应发生的不可知性而产生城市体系的两极分化问题，但是解决这些问题的关键不在于限制人口自由迁徙，而在于通过国家福利政策体系的完善逐步推进城市融合。"滞后的城市化 – 剥削型城乡二元结构"在制度经济学进路下存在一个共识，即认为"'资本的秘密'在于私有产权制度结构下交易成本最小化"（索托，2005），而西方国家城市化的秘密则在于私有制形塑的经济自由对人口自由迁徙的保护（文贯中，2014：95～111），进而指出中国城市化严重滞后的结果产生于限制农民自由迁徙的城乡二元制度结构，尤以限制农民进入城市的户籍制度和约束农民退出农村的土地制度为甚。

但是，人口从农村自由地迁出并不等于能够自由地向农村迁回，人口自由地迁往经济收益最大化的大城市也并不等于能够自由地从大城市迁出：私有产权制度将弱势群体的生存方式局限在大城市之中，局限于同城市工商资本结合或者等待国家和政府救助的路径之下。

马克思（第二卷，1972：222～238）指出1489年英国"亨利七世颁布的第十九号法令，禁止拆毁附有二十英亩以上土地的农民房屋……无数的房屋和小农户消失了；现在土地供养的人口少得多了；虽然有一些新的城市繁荣起来了，但是很多城市衰落了……但是，资本主义制度却正是要求人民群众处于奴隶地位，使他们本身转化为雇工，使他们的劳动力转化为资本"。但，让工人的"小屋附有几英里的土地就会使工人过于独立……市民资本家鼓励这种做法（国有土地的私有化），为的是把土地变成纯粹的样品，扩大农业大规模生产的范围，增加来自农村的不受法律保护的无产者的供给"。

周其仁（2013：34~37）指出西方国家的早期城市化过程中，"不少乡村人口是被'赶'出来的，哪些人呢？……无权继承农庄的只好走人（日本的土地的长子继承制就使得次子们只好到城市去谋求生路）……包括英国伦敦在内的诸多英国城市，多少年来的人口死亡率要远高于乡村地区……简言之，生活质量城不如乡，这似乎是英国早期城市化的常态……相比之下'城市'倒成了'没法子的人'的一个去处，所以打从一开始，很多'城镇'差不多就是'贫民窟'的同义词"。

无论主张人口自由迁徙的学者如何批评限制我国人口城市化的城乡二元制度，不可否认的是：城乡一体化的私有产权制度可以让小农拥有放弃土地的自由，却不会给予他们重新获得土地的自由这个事实，因为追逐利润最大化的资本家支付给他们的工资"只够满足绝对必要的生活需要"，而土地的价值和地租已经远远超过了他们所能承受的范围（马恩选集，第二卷，1972，233-249）。

在农村没有土地以谋生的农民，便丧失了反抗自身置于城市贫民窟的结构性社会位置的武器，"城市是'没法子的人'的去处"，要想生存就只能留在城市，不论在城市的生活遭遇有多"不如乡"。这些生活于城市贫民窟的城市弱势阶层或者在通过结社和不断的抗争中——罢工——争取了一系列政策上的支持（马恩选集，第一卷，1972，154-161）；或者通过把握市场机会成功跻身于城市中产阶层，在这个过程中，贫民窟只是没有土地的农民进入城市的一个跳板（桑德斯，2014：237~242）；或者通过城市在集聚经济效应的作用下的持续发展和城市自身改良，获得了收入的增长和生活境遇的改善（周其仁，2013：36）。但是在中间的这个持久——英美等发达国家就至少经历了几百年的时间——的过程中，对大部分人而言看不到尽头——发达国家的城市贫民问题也"远未达到解决的程度"——的贫民窟生活中，严重的城市治理危机、频繁的社会冲突和贫民的生活危机等社会问题将和市场经济的周期性危机交织在一起，成为国家极大的负担。

同时，因为没有回得去的农村，农民只能在经济机会相对更多、收入条件相对较好的城市谋生，即在集聚经济效应和空间极化的城市化发展路径下，他们有从农村迁入到能实现经济收益最大化的大城市之自由，却无撤出使自身陷入糟糕生活境地的大城市的自由。因为不仅退回农村无生路，而且撤退到其他的中小城市的工资水平只会使他们的生活境遇更糟而非改善，因为"小城镇的房价确实低廉，可是去何处寻觅一份工作呢"（文贯中，2014：18）。在空间极化的逻辑下，城市集聚经济效应不发挥到最大、城市人口规模不膨胀到极限，"涓流效应"就不会发生，即中心城市不会给边缘地区以发展机会和空间，也没有必要人为地去创造机会和空间，人口往中心集聚是集聚效应最大化的内在要求和必然结果。

因此，以私有产权制度维护"人口自由迁徙"的城市化路径，与其说是"自由的"城市化，不如说是"不可逆"的城市化。这种"不可逆"状态并不针对农民完全实现城市化的状态，而是针对农民"想逆而不可得"的、糟糕的城市化状态，这并不是自由，相反，可以认为这是不自由。因为，农民在城市化过程中寻求的并不仅是经济收益，还包括城市社会资源的其他方面，比如个体价值层面的尊严感、社会生活层面舒适的起居环境等。有学者指出，"劳动力选择流向某个城市，不仅为了获得该城市更高的工资水平和就业机会，而且还为了享受该城市的基础教育和医疗服务等公共服务"（夏怡然、陆铭，2015）。国家和政府在致力于城市化实现的过程中，寻求的也不仅是经济的发展，还包括政治上的合法性权威的获得与维持，追求社会平等和社会秩序的稳定。然而，在"不可逆"的城市化发展路径下，身处贫民窟的贫民城市化的需求难以实现——对于后发展国家而言尤其如此，这必然会成为国家和政府实现城市化目标的障碍。

我国的城市化实践的确是在与"不可逆"背道而驰。首先，我国存在着一个2.5亿的流动的农民工群体，他们在城乡之间往返，且大多数农民工将自己在城市的务工经商所得转移到农村，而不是在城市消费。"2004年以后，中国乡村最大的收入来源不再是农业收入，而是城市汇回的金钱……这种汇钱回乡的压力，就是落脚城市居民难以存钱买房的主要原因。始于

2008 年的经济危机，让人看到了中国的落脚城市有多么依赖乡村。2009 年初，据估有两千万落脚城市的打工者抛下城里的住处返回了乡村……随着经济复苏，当初离开北京返乡的移民又有 95% 回到了城里。"（桑德斯，2014：98）"90 年代以降……数千万农民工远距离跨省流动，蔚然成风。最具标志性的事件，就是每年春运居然有几十亿人次在城乡之间大搬迁……表明流动、打工是一回事，安家落户是另一回事。"（周其仁，2013：91）

其次，我国存在着广泛的农民工返乡城市化现象，即越来越多的农民工虽然在大城市务工，却回家乡所在的中小城市甚至小城镇购房定居。"深圳没有他们的立足之地，不论他们怎么努力存钱，还是永远在深圳买不起一套房子……经过一番痛苦的取舍之后，他们于是向北搬迁（搬回家乡重庆，一个名叫六公里的落脚城市）。这样，他们既可离家人近一点（以前只有每年春节的时候才能见到心爱的女儿），而且女儿也说不定未来有机会到城市生活。"（桑德斯，2014：17）"多数农民工选择回老家的城市定居，城市化意愿强烈，县城和地级市等中等规模城市是农民工选择定居的主要城市类型。"（夏怡然，2010）

综上，以上两种"反不可逆"的城市化现象的广泛存在，与其将之归因于我国限制人口自由向城市迁徙的剥削型城乡二元制度结构，不如认为，正是我国的城乡二元制度结构，使迁往城市的农民拥有了从城市退回农村的自由，以及从大城市类贫民窟退到经济资源相对稀薄而其他社会资源却相对丰富的中小城市的自由。该制度结构的构成要素包括限制农村土地要素市场化、保证"耕者有其田"的制度安排（张路雄，2012：1~17）和限制特大城市发展的城市均衡发展战略（仇保兴，2003），二者都与城乡二元的土地制度和户籍制度安排紧密相关。

笔者将这两种现象总结为"可逆的城市化"，农民家庭致力于实现向上的社会流动，在城市化过程中，他们根据身处的社会位置以及对各类社会资源的获得能力，来确定其家庭城市化目标与实现目标的策略性安排相结合的集中反映。在一定程度上可以认为，除类贫民窟之外，在农村与大城市之间的阶层流动空间是我国的社会结构为农民的阶层流动提供的"社会文化缓冲带"，这个缓冲带不仅可以承载农民家庭的发展目标——通过城市化实现与向城市倾斜的各类社会资源相结合，还可以承载国家和政府的政治社会目标。

这种"可逆的城市化"道路中含有一个微妙而极端重要的"去城市两极分化"机制。首先，在城市化过程中，农民可以根据自身境遇相对自由地选择是继续留在城市类贫民窟还是退回农村，避免了城市社会两极分化的刚性化；其次，农民可以根据其身处的社会位置以及对各类社会资源的获得能力，确定并实现在中小城市定居的城市化目标，逐渐使劳动力在空间分布上趋于均衡化，并避免城市体系两极分化的刚性化；最后，农业转移人口以实现定居为前提向中小城市集聚，客观上也为产业集聚和城市发展带来了活力，在此过程之中，城市社会的二元结构和城市体系的两极分化均存在不断消解的弹性空间。

（三） 发展型半城市化：我国城市化滞后的发展性意涵

蔡昉（2001）指出劳动力迁移包括从迁出地转移出去和在迁入地居住下来两个过程。王春光（2001）指出城市化还应该包括农业转移人口在城市的社会融入，邓大松、胡宏伟（2007）认为城市化或市民化是一个流动、定居和融合的社会过程。刘传江等（2006，2007，2008）也将农民的城市融入整合到市民化的概念之中，认为农民工城市化包括农村退出、城市进入和城市融合三个进程。檀学文（2012）在此基础之上引入了农民家庭这一分析视角，提出"稳定城市化"的概念，它包括两层含义，"一是迁移过程的稳定性，即尽可能地减少迁移过程中的波动和回流；二是迁移的家庭完整性，即只要愿意家庭成员能够完整迁移"。由此，本研究认为农民城市化的实现过程是农民家庭完整地迁出农村、进入城市、在城市定居并融入城市的过程，且定居之前可能存在一个流动的阶段。

笔者以农民家庭为基本分析单元，通过对当前经济、制度和社会结构下农民家庭城市化实践的调查，发现农民家庭的城市化实践主要有四个方面的内容——进城务工流动、进城买房定居、进城养老和户籍城市化。进城务工标志着农民家庭经济收入的城市化抑或非农化，进城买房定居标志着农民家庭生活面向或未来安排的城市化，进城养老标志着农民家庭完整地进入城市，户籍城市化则意味着农民家庭从制度身份上实现了城市融入，农民家庭在这四个城市化内容的实现上呈现为递减的分布状态。这一发现既与学界已有研究相吻合，也是进一步在内容上的具体化。

从以这四个内容作为农民家庭城市化的衡量指标可以发现，我国存在着广泛的半城市化①现象，主要包括三个基本面向：一是农民家庭经济收入的半城市化，其典型表征是随打工经济兴起而广泛存在的"半工半耕"（黄宗智，2012）；二是农民家庭成员社会生活的半城市化，既包括农民工在城乡之间往返的社会生活状态，也包括农民家庭成员在城乡的分离状态，"三留守"和农民工的城乡往返是其典型现象表征；三是家庭成员制度身份的半城市化，指的是农民家庭只有部分——往往也只占少数——甚至没有家庭成员实现了户籍城市化，户籍城市化人数严重滞后于常住人口是其突出表征。第一个面向和第二个面向是一体两面的，即家庭经济收入的半城市化与家庭社会生活的半城市化共同存在；二者与第三个面向是充分非必要关系，即前两个面向的半城市化必然意味着制度身份的半城市化，但制度身份的半城市化却不一定意味着前两个面向的半城市化。

综合三个面向来看，半城市化事实上是农民家庭在城市化过程中继续与农村保持经济和制度关联的状态，其中前两个面向集中体现为与农村保持经济关联，后一个面向则体现为与农村保持制度关联。为在城市获得以参与城市一般消费过程为核心的体面且优于乡村的生活，农民家庭需要提供相当的经济资本予以支撑，而多数农民家庭获取城市收入的能力与他们渴望的"优于乡村"的城市生活目标并不匹配，此时，与农村的经济关联成为农民家庭经济收入的必要补充。经济关联决定了制度关联的存在，同

---

① 半城市化概念有两个不同的内涵，一是以贾若祥、郑艳婷等为代表的针对我国 20 世纪 90 年代中后期以来的农村工业化现象而指出的"似城非城"的过渡性地域类型；二是以王春光为代表的针对我国城乡二元结构指出的农业转移人口不能完全融入城市的状态。本书使用"半城市化"概念时将引入农民家庭这一分析单元，进一步丰富以王春光为代表所提出的"半城市化"的内涵。

时制度关联为经济关联提供路径保障。

调查发现，农民家庭的半城市化状态具有显著的异质性，根据处于半城市化阶段的农民家庭与农村产生关联的面向和程度的差异，笔者将处于半城市化阶段的农民家庭分为四个具体类型。

首先是托举型和减负型。处于这两个半城市化类型状态下的农民家庭在经济上和制度上均与农村存在关联，其中托举型的经济关联明显强于减负型。为方便区别，笔者以家庭收入中农村和城市收入比是否大于 1 为判断依据：大于 1，即农村收入占家庭收入的比重更大，为托举型；小于 1，城市收入占家庭收入的比重更大，为减负型。二者的相同点在于，这两种半城市化状态下的农民家庭在城市获取收入的能力都不足以支撑其在城市获得体面且优于乡村的生活，因而都需要农村收入作为必要的补充。

其次是后路型和脱钩型。处于这两个半城市化类型下的农民家庭仅在制度上与农村存在关联，这两类农民家庭的经济收入中均没有农村收入。两者的区别在于其与农村断开经济关联的稳定性程度：脱钩型处于稳定状态，脱钩型半城市化状态下的农民家庭有足够的在城市获得各类社会资源的能力，所以能够在城市获得体面的生活，表现为在经济上与农村彻底脱钩，而仅在制度上继续保有农民身份和持有农村耕地的承包经营权与宅基地的使用权；后路型半城市化状态下的农民家庭处于不稳定的状态，他们在城市获得各类社会资源的能力有所欠缺，不一定能在城市获得体面生活而有可能选择举家——或者部分家庭成员——重新回到农村，并与农村重建经济关联，他们与农村保持的制度关联为其重新与农村取得经济关联提供了制度保障。

四个半城市化类型在四个城市化内容的参与上存在差异：其一，均存在进城务工的城市化实践，但前两类是家庭部分劳动力进城务工，而后两类则是家庭全部劳动力进城务工；其二，均存在进城买房定居的城市化实践，但前两类还存在许多没有买房定居的，后两类则基本已经实现了进城买房定居；其三，只有脱钩型家庭参与了进城养老的城市化实践，意味着该类型的农民家庭完整地进入了城市，托举型和减负型主要依赖农村土地养老，后路型农民家庭的养老路径还处于待定状态；其四，四个半城市化类型的农民家庭参与户籍城市化均不完整甚至完全没有参与，其中托举型、减负型和后路型的农民家庭中要么没有、要么只有少部分成员参与了户籍城市化实践，脱钩型的农民家庭中也有部分成员没有参与户籍城市化实践。

四个半城市化类型各自具有典型特征。托举型集中体现了农民家庭的城市化对农村的资源性依赖，这种资源型依赖尤其体现在农民家庭进城买房定居的城市化实践中。减负型集中体现了农民家庭将有限的城市收入集中起来参与到城市的一般消费过程之中以求在城市体面生活，这是农民家庭几代人形成合力才能达成的状态，占比不大的农村收入也成为这组合力中必不可少的组成部分。后路型最突出的特点在于，它最完整地体现了城市化的可逆性特征，这一半城市化状态与农村断开经济关联所具有的不稳定性和其待定的养老路径，均暗示着其有退回农村的可能。脱钩型是最接近于彻底城市化的半城市化形态，其与农村的制度关联并不源于城市户籍准入设置的障碍，而是因为在当前的制度安排下，他们不愿意舍弃农村的各项权利。

通过对四个半城市化类型及农民家庭城市化实践过程和特征的分析，笔者提出"发展型半城市化"的概念，旨在强调农民家庭从半城市化向彻底城市化过渡过程中的发展性意涵，其发展性主要体现在四个方面。

其一是农民家庭的发展。农民家庭的城市化实践低则实现了家庭经济收入的增长，高则实现了向上的社会流动。家庭经济收入的增长源于进城务工的城市化实践；向上的社会流动源于，在经济收入增长的前提下，进城买房定居并最终在优于乡村的城市体面生活下去的城市化实践。

其二是城市的良性发展。从农民家庭进城买房的城市化实践来看，在家乡附近向县市等中小城市聚集的城市化（以下称"就近城市化"）是农民家庭从半城市化向彻底城市化过渡过程中的亲和形态，同时，就近城市化是以在该城市拥有居住条件显著优于大城市的房屋为前提的，但并不以立即在该城市就业为前提。就近城市化丰富了城市化过程中的城乡资本流动，即在农村劳动力往城市流动和城市资本以工资的形式被农民带回农村之外，还增加了农村资本通过代际支持的方式向中小城市流动以及大城市资本通过工资的形式向中小城市流动。在城市化过程中，后两个资本流动具有重要的分析价值，它们是阶层流动效应对"空间极化后才能产生涓流效应"这一经济学假设的突破，这一突破产生的结果是城市的良性发展。首先，中小城市的发展活力随着资本注入和人口逐渐集聚而日渐凸显；其次，城市体系两极分化固化的可能也在此过程中被消解，在一定程度上推动了城市体系的均衡发展；再次，中小城市成为农民致力于阶层流动过程中的"社会文化缓冲带"，农民家庭能在这个缓冲带中实现阶层流动的诉求，而不是被迫进入"不如乡"的类贫民窟之中，推动了城市社会的良性发展；复次，就近城市化有助于弥合托举型和减负型两类半城市化状态下农民家庭成员之间的时空距离，这是中小城市发展和稳定的社会前提；最后，在中小城市拥有房屋又能免受家人远距离分离之苦的农民家庭，也更能容忍中小城市较低的工资水平和沿海大城市较高的工资水平之间的落差，为中小城市的产业集聚提供相对廉价的劳动力，推动中小城市经济发展。

其三是农业去过密化与农民城市化的互推式发展。与农村断开经济关联的脱钩型和后路型半城市化状态下的农民家庭向村庄内部让渡了一定规模的可耕土地，并构成了农村自发土地流转得以发生的土地要素供给，为与农村还保持着经济关联的两类半城市化状态下的农民家庭实现种植规模扩张提供了空间，在一定程度上推进了农业领域的去过密化。农业领域的去过密化也使得农民家庭收入中来自农村的部分增加，并为农民家庭通过城市化实现向上的社会流动的目标提供了更有力的农村资本支持，进一步推进托举型和减负型半城市化状态向脱钩型半城市化状态甚至是向彻底城市化状态过渡。在此过程中，农业的去过密化—农民城市化资本增量—农民城市化实现三者之间形成了一个良性循环的互推式发展。笔者还总结出四类半城市化状态下农民家庭中不同的农村地权实践样态，以对这一互推式发展过程进行逻辑上的论证，即脱钩型半城市化农民家庭的制度性形式持有型地权实践、后路型半城市化农民家庭的预防性持有型地权实践、减负型半城市化农民家庭的维持性实质享有型地权实践和托举型半城市化农民家庭的扩张性实质享有型地权实践。这一互推式发展能够实现的前提在于城乡二元制度结构中保障"耕者有其田"的制度体系。

其四是整个社会中间阶层的壮大和社会结构自身的现代化，以及快速变迁社会的稳定。这一发展性意涵以农民家庭高质量的城市化的不断发生为最强有力的证明，同时，在当前的经济发展水平及与其相关的国家能力下，半城市化是这些高质量的城市化不断发生的客观需要。

四　研究方法与田野工作

本部分首先介绍本书所采用的研究方法，其次介绍笔者的田野工作是如何展开的。

（一）　研究方法

本书所采用的研究方法主要有三个，分别是个案研究法、结构分析法和基于类型学的研究。

（1）个案研究法。"对于所有的个案研究者而言，其研究都不是仅仅想局限于个案本身。因此，如何走出个案则成为所有个案研究者必须面对的问题。"（狄金华，2011）在社会科学的研究方法中，个案研究一直是一个饱受争议又被广泛应用的非常有价值的研究方法。批判个案研究方法的学者所持的主要观点在于个案的特殊性对整体的一般性的代表性不足，如王铭铭（2005）对以马林诺夫斯基开创的民族志模式为基础发展而来的中国社区研究进行的批判，他认为这是"将一个区域性的范式认定为人类普同性的范式后又将其应用到另一个社区性范式的建构之中"。然而它只是大社会中的一个部分，并不能完整地代表大社会本身，因而只能算作一种"地方性知识"（王铭铭，1997）。但是，任何个案都包含着非社区的宏观因素和非当下的历史因素，因此，只要开放地和历史地看待个案，对个案进行深度解释是与定量的广度研究并行不悖的研究乡村特性的方法（吴毅，2007）。只要个案能够集中体现某一类别，它就具有相应的研究意义，且个案外推也是可行的（王宁，2002）。

（2）结构分析法。结构分析法这一方法论是实证社会科学的经典方法论之一。最早的方法论思想源于涂尔干"用社会事实解释社会事实的方法论准则"，后来，该方法受到韦伯开创的强调个体能动性的解释社会学方法的挑战，即便如此，对外在于个人和农民家庭的社会结构的理解和分析仍然是理解个体社会行动的基本前提。本书所选择的当前中国社会特定的阶层结构及农村社会即农民城市化行为的重要结构性因素之一，透过该结构可以更深入地从整体上对农民城市化的动力进行把握，且可与不同于该结构的农民城市化动力的产生机制进行比较分析。

（3）基于类型学的研究。关于类型学的研究最经典的理论阐释源于韦伯的"理想类型"。类型学研究是在进行个案研究时避免掉入方法论的个体主义陷阱的路径之一。同时，任何分类都面临着对分类指标的选取问题，当被分类的对象是研究者所选择的众多案例，而分类的指标则是从结构分析的过程中选取出来的并且分类后能更准确地观察研究对象所具有的某一方面的规律性特征时，分类分析法就可以成为结构分析法和个体分析方法之间的有力衔接。本书选取了农民家庭在城市化过程中与农村维持关联的维度和程度作为指标，对田野过程中收获的案例群进行分类分析，并试图通过这一类型谱系对诸多细碎的城市化现象进行解释。

（二）田野工作

本书选择的楚市即是一个可以外推的个案，楚市是中国中西部中小城市的典型代表。首先，它和东部沿海发达地区的城市存在显著差异，从经济发展水平上来讲，楚市位于经济发展相对落后的中西部地区；其次，它和中西部的大城市也存在显著差异，中西部的大城市往往是各个中西部省份的省会城市，楚市在政治地位上不具有显著的重要性，而政治地位很多时候往往决定了政策资源的分布，即中西部中小城市不享有政策优势；再次，从人口流动方面来看，楚市也具有中西部中小城市普遍存在的共性，即人口净流出；最后，从人口结构上来看，中西部中小城市的农村人口占全市人口的大多数，在城市化的两个衡量标准中均不占优势，即城市化率偏低且城市现代化程度不高。

即便如此，中西部中小城市仍承担着地方经济、政治、社会等方面的发展和管理职能，尤其是承担着为其辖区内的群众提供公共物品和公共服务的职责。这些资源在辖区内城乡之间的不均衡分布，往往也成为人口向该辖区的城市地区集中的推拉力因素，而且因人口聚集而形成了相应的经济机会和一定程度的产业集聚。这使得中西部中小城市仍然具备一定的城市化前景，且从其人口净流出的社会事实出发来看，城市化的潜力主要取决于辖区内农村人口就近城市化的意愿。

本研究在众多中西部中小城市中选择楚市的另外一个重要原因在于楚市是笔者的家乡。在外地求学多年，每次回乡都会真切地感受到家乡的变化，农村的人越来越少了，城里的房子越来越多了；到城市买房的农村亲戚越来越多了；农村的学校越来越少了，招收的学生也越来越少了，不仅因为出生率降低了，更重要的原因是越来越多的农村人选择了城市更为优越的教学资源；农村种田的人越来越少了，但农民家庭的收入却比之前多了；等等。这些现象相互嵌套在一起，构成了一个复杂的经验体系，并形塑了复杂的农民城市化实践的场域。最初刺激笔者思考农民城市化问题的是家乡越来越多的农民在楚市买房，但当这一现象和农民跨省务工、农民子女进城接受教育、农民家庭收入在这个过程中仍与农业和农村密不可分等现象相互交织时，单纯的"劳动力从农业领域转移到非农领域"和"一个社会的人口向城市集中"这两个宏观过程与复杂的农民城市化实践相比显得过于单薄，即农民进城的具体路径、致力于实现的目标、面临的制度环境、家庭成员围绕目标做出了何种策略性的安排等微观问题以及这些微观问题所建构的农民城市化的过程机制没有得到梳理。

笔者的田野工作就在楚市下辖县市区四个不同的村庄展开，分别是加村、梅村、目村和巷村，其中以户为单位在加村整组收集了三个村民小组、梅村一个村民小组、目村两个村民小组、巷村一个村民小组的城市化资料。笔者在这四个村庄的调查并不全然以农民城市化为主题，在梅村调查的时候采取村治模式的调查方式，即以村庄治理为主对村庄进行全方位的调查、了解和剖析，驻村调查正值夏季农忙的时候，不好约访谈对象，幸运的是笔者在梅村 3 组约到了对本组情况非常了解的村民小组长，就没舍得放过机会对该组进行全方位资料收集。但当时的问题意识并没有上升到城市化的领域中来，而是将注意力集中在农民进城买房和农民家庭的小孩进城接受教育两个突出的现象之上，以及由此引发的农民家庭极不均衡的代际交换和老年人养老危机之间的内在关联。

笔者真正将问题意识转移到城市化问题上来的契机是 2015 年 9 月到 10 月在巷村的驻村调查。问题意识的启发始于意外，在到巷村的第三天，我们调查小组对巷村九组出了名 "难搞" 的农田灌溉产生了兴趣，于是兴冲冲地跑到九组村民小组长的家里了解他家种田的情况，从他种田的规模到他对扩张种植规模的渴望和已经实现的土地转入过程，再到他扩张规模的动力源于他当前要给儿子在城里买房的压力，再到熟人社会中相互之间的道义及其社会基础……一幅农民家庭城市化的图景赫然展现于眼前，这已经与我们此前所关心的水利问题相差万里，但却更让我们激动和兴奋。

这一次调查一下子激活了笔者 2014 年在梅村 3 组获得的似乎除了对当时的问题意识之外毫无意义的一堆无法有序编码的文字，也促成了笔者以农民城市化为主题着手写作的兴趣和决心。回校后，笔者便阅读了大量与城市化相关的文献，其间，还参加了去宜昌的一次驻村调查，也是对城市化在经验层面上了解的进一步深入。2016 年 5 月 11 日博士论文开题，5 月 12 日笔者就迫不及待地回到田野，去往楚市，正式开始有鲜明问题意识地对农民城市化问题展开专题调查，其中 5 月份集中在目村调查，随机选择了第五组和第八组为整组研究的对象；6 月集中在加村调查，笔者随机选择了其中的第五组、第六组和第八组为整组研究的对象。2016 年 7 月和 8 月，笔者在地级市的市委改革办市民化改革办公室挂职学习，从政府的角度对农民市民化问题进行了再理解。

五　本书结构安排

本书包括导论在内一共八章，各章主要内容安排见图 1-1。

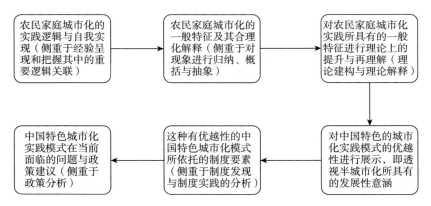

图 1-1　本书逻辑结构图示（导论和结论除外）

第一章是本书的导论。导论的主要任务有四个：交代本书的问题意识；梳理并反思学界已有的关于城市化研究的成果；在已有研究成果的基础上引入阶层流动的视角，以农民家庭为基本分析单元，建构一个发展型半城市化的研究框架；介绍本书的研究方法和田野工作。

第二章的主要任务是在当前的社会结构下剖析农民城市化的动力和目标及农民家庭为实现该目标而形成的家庭发展秩序，并结合楚市农民城市化实践的经验进行系统的描述和分析。本章将首先从经济机会、社会生活、公共资源和现代物质文化等方面全方位阐释楚市农民的农村生活遭遇，并从经验层面解析中国农民城市化的动力和目标，即城市中间阶层的生活方式；其次，本研究在经验分析中发现，农民家庭在实现城市化目标时，呈现以年轻人发展、中年人支撑和老年人自养为内容的家庭发展秩序。

第三章的主要任务是在经验层面呈现楚市农民城市化实践所具有的就近半城市化特征。本研究以"缓冲带"的概念和家庭发展代际秩序的内在要求分别从结构和个体能动层面来回应这种就近的城市化在集聚经济学路径下存在的悖论，将这一"悖论"合理化，并结合实际案例进行论证，由此结合家庭发展秩序来论证半城市化状态存在的合理性。

第四章的主要任务是在对楚市农民城市化实现路径进行经验分析的基础之上，引入阶层分析的相关理论，并建构一个农民家庭在城市化过程中面对的区域性社会阶层结构图式。分析发现，农民家庭的城市化是从"底层有产者"跻身到半边缘中小城市的"三重中间位置"的向上阶层流动的实践。该阶层实践的核心在于避免沦为"城市底层无产者"，笔者将其称为农民家庭在阶层实践过程中的阶层规避，这种规避有助于农民家庭在快速变迁的当前社会中保障个体和家庭安全。

第五章的任务是揭示半城市化的发展性意涵。首先从家庭视阈论证家庭发展秩序结构下半城市化状态的不可回避，而就近的半城市化将对拆分的家庭再生产产生极大的时空弥合意义，并以此回应从道德制高点出发的"三留守"问题。其次，从村庄视阈出发，揭示一个农民城市化—农业去过密化—农民阶层流动资本增量—农民城市化进一步发生的良性循环，并从自发流转的土地要素配置的实际经验对这一循环进行论证。再次，从城市视阈论证就近半城市化之于缓和城市等级体系二元结构张力的重要意义，其重要依据在于就近半城市化过程对中小城市的三种不同方式的资本刺激，即以代际支持的方式从农村引入的直接经济资本、以务工工资的形式从发达大中城市引入的直接经济资本以及以人口集聚的方式注入的劳动力资本。最后，从整体视阈论证半城市化的发展性意涵表现为农民城市化在有质有量地持续向前推进，并且在此过程中半城市化状态赋予农民避免沦为城市底层无产者的弹性空间，成为快速变迁社会的安全阀。

第六章的主要任务，首先，探索半城市化状态得以维持的制度资源，分别从家庭、社会和国家三个不同的维度剖析半城市化状态何以可能的制度资源。其次，以农民家庭对不同维度的制度资源使用的差异性呈现的与农村不同的关联形态，将农民的半城市化状态分为托举型、减负型、后路型和脱钩型四种具体类型。最后，论证半城市化是当前避免沦为城市底层无产者的个体安全，通过国家层面的制度资源上升为社会安全的制度化路径，并重点通过后路型半城市化论证国家制度资源的优势。

　　第七章的主要任务是对当前农民就近半城市化遭遇的政策困境进行解读，并提出相应的政策建议。首先是政府倡导的工商资本下乡对自发土地要素配置秩序的瓦解，这对村庄视阈中推动城市化发展的良性循环造成冲击。其次是不对耕者和非耕者加以区别而一刀切地强调农民的土地权利造成两种后果土地承包权甚至是经营权退出困难；户籍"非转农"增加而"农转非"滞后在农民城市化背景下的悖论。最后，提出"耕者有其田"、在当前家庭发展秩序下有针对性地完善农村养老保障制度体系、引导发达大城市剩余资本有序迁往中西部中小城市等政策建议。

　　第八章是本书的结论部分，主要有两个任务。第一个任务是对本书的五个重点议题进行梳理，包括农民城市化的动力如何在当前的社会结构下产生以及农民家庭将以怎样的方式应对以向上阶层流动为目标的城市化压力，即本书的第二章；如何从目标、特征和制度路径等方面全方位地理解农民家庭就近半城市化现象及其合理性，即本书的第三章和第六章；如何从理论上把握农民家庭半城市化实践，并提出更有学术价值的理论命题，即本书的第四章；从家庭、村庄、城市和整体视阈等多个维度揭示半城市化的发展性意涵，即本书的第五章；最后就半城市化遭遇的政策困境进行政策分析并提出相应的政策建议，即本书的第七章。第二个任务是，提出农民城市化经验研究和政策研究可进一步拓展的空间。

第二章

家庭发展秩序：非精英农民
城市化目标的自我实现

本章将从当前中国社会结构的宏观特征出发，从理论和经验两个不同的层面对农民城市化的动力和目标——争取更丰富的社会资源和获得城市中间阶层的生活方式——进行剖析；而后再从学理上对农民成为城市中间阶层的可能性和必要性进行梳理；并以农民家庭为基本分析单位，研究在特定城市化动力驱动下形成的农民家庭城市化实践的微观机制，解析"家庭发展秩序"这一提法的具体内涵。

一　农村挤压与农民城市化动力：
社会结构的视角

农民城市化是农民从农村向城市迁移的过程，它不仅是劳动力就业领域的城乡转换，更是农民生活方式整体性城市化的过程。宽泛地看，所有引发人口迁移的因素都可以看作"推拉力"[1]；同样，所有阻碍"推拉力"发生作用的都可以被视为"中间因素"[2]。纷繁复杂的推拉力因素形塑着一定区域中的社会结构，在城市化的过程中，这种社会结构整体上呈现为拉力因素集中分布在城市的状态，如著名的人口迁移的托达罗模型。

人口迁移的托达罗模型侧重于从经济结构与人口迁移的相互关系中揭示人口城乡流动的规律性认识。在城市化过程中，经济结构最重要的特征在于刘易斯提出的"二元经济模型"，即边际劳动生产率接近零甚至小于零的传统经济部门和边际劳动生产率大于零的现代部门经济（Lewis，1954）。

---

[1] 巴格内首先提出"人口推拉力"，指出人口流动的目的是改善生活条件，有利于改善生活条件的因素是迁入地的拉力因素，而不利的生活条件则是迁出地的推力因素。

[2] 在巴格内的基础上，李补充了人口迁移的第三个因素，即中间因素，包括时空距离、语言障碍等会对人口迁移造成影响的因素。

托达罗以此为基础，认为人口从农村向城市的迁移源于农村农业部门经济和城市非农部门经济在边际劳动生产效率上的明显差异。

但是经济结构并不构成社会结构的全部，阶层结构是较经济结构更丰富的对社会结构的描绘。马克思在革命话语体系下以是否占有生产资料为标准将社会成员分为两大群体，即资产阶级和无产阶级，其中无产阶级成员中的大部分，都是因土地这一生产资料私有化后高度集中在少数人手中而被"抛入"工人无产阶级行列的。这些无产者的城市化是在生存动力的推动下发生的。但是，正处于快速城市化进程之中的中国与作为马克思阶级分析经验来源的英国有着完全不一样的土地制度结构，即中国实施的是农村土地的集体所有制，这一制度使得农民并非马克思笔下的无产阶级，因而中国农民的城市化也无法用生存动力去解释。那么农民在生存动力之外，在怎样的社会结构中获得城市化的动力？

与马克思的革命思想不同，涂尔干从社会团结出发，从社会分工的角度指出整个社会是由不同的职业群体构成的相互依赖的有机体，有些职业之所以比其他职业更重要，是人类社会发展要求的社会分工复杂化的必然结果（涂尔干，2000：22～27、111、228）。在社会剧烈转型期间因以地缘为纽带维系的集体情感丧失而带来的社会失范可以通过职业群体的渠道创造出新的社会整合途径（涂尔干，2001：17～33）。李强认为，中国当前正处于社会剧烈变迁引发的社会失范阶段，而适应新社会的职业体系还未形成，核心在于农业转移人口的稳定的职业化还未形成，形成在城市和农村之间往返的农民工群体；同时值得注意的是，这一结论是在弱化家庭作为中国社会分析基本单元的基础之上产生的（李强，2011：43、154）。然而，家庭几乎是中国文化中最核心的部分（梁漱溟，2005：79），这启发我们不能单纯以个人特征来判断其社会阶层，进而也不能单纯以个人的职业动机来分析农民的城市化问题。

马克思的阶级分析理论后来在韦伯多元分层的思想下得到丰富，财富、权力和声望是韦伯划分阶层的三个基本维度，分别决定人们的经济地位、政治地位和社会地位，并且这三种地位相互影响（韦伯，2004：23～47）。

吉登斯在此基础上提出了"阶级再生产"的概念，即因社会流动或代际流动的封闭性，容易产生与父代在阶级地位上相似的一代人，这种封闭性决定着"阶级结构化"的形成（Giddens，1975：107）。这一理论对于理解当前家庭对个人在社会阶层结构中所处的位置的影响具有很大的启发性。

首先，阶层之间在多个维度上存在着不均衡，经济地位只是其中之一，还有与之密不可分的社会地位和政治地位等，学者李强就将社会分层的标准扩充为十种（李强，2011：12～22）。家庭中不同成员对各类社会资源占有之和的多少决定了该家庭及其成员所处的社会阶层。

其次，虽然"家庭普遍小型化……家庭关系弥合阶级裂痕的功能被大大弱化"（李强，2011：309～310），但横向家庭关系对阶级裂痕的影响力弱化并不意味着纵向的家庭关系也同样如此，相反，纵向的家庭关系对于分析阶层流动具有特殊的重要性，这正是吉登斯阶层理论中"代际流动"的深刻内涵。它表达的是，子女获取各类社会资源的能力受到其父代所处的社会阶层地位的影响。

根据改革开放以来社会资源重新积聚呈现的特征，孙立平认为中国当前"阶级结构化"最突出的特征在于出现了一个以农民、农民工和城市下岗工人为主体的底层社会，并且这个底层社会与处于其之上的社会结构之间是断裂的（孙立平，2002）。又因为城市下岗工人有相对完善的社会保障制度兜底，农村成为与城市相断裂的社会。

身处农村社会的农民家庭遭遇着全方位的社会资源匮乏及由此带来的巨大的社会压力，这种生活遭遇是构成农民城市化动力的重要因素：在农民家庭生活层面最突出的问题是，婚姻市场下女性资源向城市倾斜给农民家庭带来婚姻困难的巨大压力（桂华、余练，2010；陈文琼、刘建平，2016）；在发展资源层面最突出的问题是，教育资源向城市倾斜使得乡村教育日渐衰败，农民家庭发展缺乏良好的教育资源助力（虞小强等，2011）；在文化资源层面，各类现代化的文化娱乐生活方式均集中分布在城市，农村则在空心化的浪潮下日渐萧条（赵增彦，2010）；在农民家庭经济生活方面，更高的劳动效率、劳动报酬和更多的经济机会均集中分布在城市的第

二、第三产业之中，这造成日渐扩大的城乡收入差距（韩其恒、李俊青，2011），单纯的务农所得越来越难以应对农民家庭持续增长的生活成本；面对这些社会压力，农村正在发生伦理性道德危机，这一危机在一些农村地区以老年人自杀这种极端方式呈现（杨华、欧阳静，2013）。

但农民并不甘愿处于农村社会这一结构性的社会位置之中，而是为了获得更多的社会资源致力于实现向上的社会流动。这彰显的是农民群体对当前社会结构所具有的"使动性"（吉登斯，1998：36~48）特征，在人口的空间分布上，这呈现为农村人口以家庭为单位参与到城市化的进程之中。

二　农村生活遭遇与对各类社会资源的渴望

楚市是位于湖北省中部的一个地级市，建制于1983年，现下辖两个区、两个县、一个县级市。2013年和2014年的统计数据显示，全市户籍人口分别为300.78万人和300.29万人，但常住人口数分别只有288.72万人和288.91万人，其中2014年乡村人口总数为191.83万人，城镇常住人口为97.08万人，城镇户籍人口仅为52.4万人。2014年楚市地区生产总值为1310.59亿元，地区生产总值中的三次产业比例依次为15.8%、54.2%和30%，湖北省的三次产业比重依次为11.6%、46.94%和41.45%。楚市2014年的财政收入为139.29亿元，其中公共财政预算收入为69.83亿元，其余部分为国家的转移支付，而全市2014年的财政总支出为245.79亿元。

由此可见，楚市有着典型的中西部中小城市的一般属性：首先，地方政府存在财政赤字以及对中央财政转移支付的依赖；其次，经济结构还有待优化，与湖北省的平均水平相比，楚市的农业比重偏高而第三产业发展不足；再次，城市化率不高，户籍人口城市化率更低，农村人口比重过大；最后，楚市还是一个典型的劳动力输出城市。

（一）　小农的市场化困境与农村经济生活遭遇

江汉平原和洞庭湖平原素有"两湖熟天下足"的美誉。楚市位于江汉平原的北面，也是重要的粮食主产区之一，近年来在市委市政府的带领下实施建设"中国农谷"的发展战略，进一步确立了农业在地方经济中的重要位置。

楚市共有农业用耕地面积271.66千公顷，农业人口191.83万人，人均耕地2.12亩，但这只是上报面积，据笔者在楚市的7个村民小组所获得的农户实际耕种面积推算，其人均耕地为3亩多。2013年的变更调查结果显示，楚市实有耕地面积为501.76千公顷，其中实际划定基本农田面积为333.33千公顷；主要农产品包括水稻、棉花、油菜、蔬菜、水果、肉类和水产品等。近年来，楚市农业的市场化程度持续提高，其中以生猪养殖和蔬菜种植最为突出；政府正在着力建设和推广旅游观光农业，较为知名的有在楚市羊县举办的一年一届的油菜花节以及主打休闲农业和乡村旅游的敦村；但大宗粮食作物仍是农业的主体，大宗粮食作物有一个很大的特点，即市场价格波动小，部分产品由国家保护价护航，以抵御市场风险，在楚市，占据农产品核心地位的是水稻。

笔者调查的7个村民小组的人地关系如表2-1所示。

表2-1 7个村民小组的人地关系信息

村庄	加村			目村		巷村	梅村
村民小组（组别）	5	6	8	5	8	9	3
户籍户数（户）	53	37	55	44	60	20	26
耕地确权户数（户）	41	36	55	38	43	21	19
共经营耕地面积（亩）	537.46	439.95	524.26	653.26	594.76	362.70	270.75
户均经营耕地（亩）	13.11	12.22	9.53	17.19	13.83	17.27	14.25
共经营水面面积（亩）	145.50	47.55	165.00	0	30.00	0	0
整组户籍人口（人）	143	97	229	156	167	90	80
人均经营面积（亩）	4.78	5.03	3.01	4.19	3.74	4.53	3.38

注：以上田亩均为标准亩，因为各小组农户所经营的农田并不仅限于本组，甚至不限于本村，而本书的重点在于分析家计和农业经营，因此仅统计了经营面积，而不专门统计确权面积。此外，这里统计的耕地均为水田面积，各家各户的旱地面积很小，且没有进行标准丈量，统计缺乏数据基础，但不影响分析。表中所有数据均源于笔者驻村调查时逐户收集的一手资料。

楚市这 7 个村民小组的户均经营耕地面积为 13.37 亩，以户籍人口来衡量，人均经营面积（包括耕地和水面）为 3.92 亩。这个数值与"人均一亩三分地"相比多了不少，这一偏差存在的原因主要有三点：首先，楚市位于江汉平原，其人地矛盾在历史上就一直比华北平原要缓和得多；其次，在农业耕作技术日渐成熟、水利设施逐步完善的基础上，过去的荒地和不可耕土地逐渐被开发出来，可耕地总面积有所增长；最后，耕地面积的真实数据一直无法得到，这根源于国家与农民在历史上长期存在的资源"汲取型"关系，大量"黑地"在税费时期国家与农民关系极为紧张的时候被瞒报也是楚市农村的一大特色。

楚市耕地的种植分为两季，较为常见的是一季水稻、一季油菜。2014 年以来，由于国家取消油菜籽的保护价且市场高度饱和，油菜籽的价格猛跌，农民种植油菜籽出现了亏本的情况，因此 2014 年冬播季以来，农民的农业种植纷纷从两季改为一季，因为稻谷的国家保护价还在，农民在这一季上至少不会亏本。但是种植模式的改变直接导致农民收入降低，收入降低与农民各项生活开支纷纷上涨且将持续上涨的趋势形成极大反差，许多农户都想实现农业领域的增收，但却屡屡碰壁。这也是笔者在楚市不同乡镇的四个行政村调查时的强烈感知。

在一年一季的种植模式下，根据笔者对 7 个村庄各自单位面积纯收入的测算发现，每亩年纯收入在 800 元到 1200 元。在不完全统计的情况下，水稻种植的单位成本在 790 至 960 元，详见表 2 - 2。

表 2 - 2　巷村 9 组单位面积水稻种植的开支情况（不完全统计）

开支项目	金额
翻耕（机械翻耕）	100 元/亩
种子（30 元一斤的种子）	150 元/亩
插秧（机械/人工）	80—100 元/亩
农药	120 元/亩
化肥	210 元/亩
农田灌溉（电费＋水费）	50—150 元/亩

续表

开支项目	金额
机械收割	80—130 元/亩

注：楚市农业种植的一个特色是个体化的小水利对集体水利的瓦解，而水稻种植的关键环节就是灌溉，因此许多农户都反映灌溉是最耗费人力、物力和财力的。表 2-2 中农田灌溉的成本并不突出的原因在于笔者没有将潜水泵、水管、电线和农户自己打的水井、挖的堰塘等成本折算进去，因为各家各户不论是在购买农具的档次上、农具的使用年限上，还是在种植规模上均存在着差异，给笔者统计带来极大的困难，因此，这里的开支情况只是不完全统计。水电费每亩 50—150 元的巨大差异取决于两个条件：一是水源便利程度，二是个体化的程度。前者与成本成反比，后者与成本成正比。机械收割的成本跨度基本由收割的质量决定，收割过程中浪费多就相对便宜。

这 7 个村民小组稻谷产量是每平方米 1.5 斤至 2 斤，亩产 1000 斤到1330 多斤。国家 2016 年稻谷的保护价是 1.38 元每斤，由此水稻每亩的毛收入在 1380 元至 1840 元，每亩田的纯收入在 200 至 1000 元，就 7 个村民小组的情况来看，每亩纯收入 1000 元的状况是比较普遍的。在户均 13 亩多的小农农业格局下，务农能带给农户的收入就显得相对较少。

这四个村在农业经营上虽然大体相同，但也有着各自不同于其他村的特色：烟镇加村的特色在于，水产养殖与农田种植在长久以来基本上有相同的重要性，甚至水产养殖的重要性一度超过农田种植；木镇目村的特色在于，经济作物荸荠的种植是当地农民收入的一个重要来源；段镇巷村的特色在于，它处于羊县每年一度油菜花节展示区的辐射地带，因此，具备了开展观光农业的条件，但条件还没有成熟；而河镇梅村的特色则在于它属于土壤相对贫瘠的区域，土地产出不高，农民离开农村的愿望更强烈。下面以加村为例，介绍小农市场化的困境。

案例 2-1 加村与周边的邻村共同享有一片湖区，大集体的时候围湖造田，这片湖区被用于各类农作物的种植，但因为地势过低，经常发生涝灾。20 世纪 80 年代以后，成为一片荒湖，后来逐渐被开发用来搞水产养殖，到 20 世纪 90 年代末期，这片湖区基本被开发殆尽。有经营和承包意愿并且能向集体交付承包费的本村农户优先取得。因为农户自身风险承受能力有限，而水产养殖的风险过大，单个农户承包经营的面积都在 1 万平方米到 4 万平方米。加村的养鱼户主要采取的是以四大家鱼为主的精养鱼塘式水产养殖模式，这种模式一直持续到 2014 年。2014 年是一个关键的转折点，承包鱼塘的家家亏本，屯在塘里的鱼迟迟卖不出去，鱼贩子把鱼价一压再压，弄得农民卖也亏不卖更亏。其实四大家鱼行情不好的情况在 2014 年之前就已经持续 3 年了，但鱼卖不出去的情况还是第一次发生，它导致的后果是众多养殖户集体决定停产一年，观望来年的市场行情。2015 年，烟镇镇政府推进农业开发项目，培育新型农业经营主体，一个华中农业大学毕业的硕士生到加村所在的湖区向农户二次承包鱼塘并反雇原来的承包户帮工，他养殖的东西是当地农户从未养过，也不敢想象的南美白对虾，这个东西虽是好卖，但因为气候和水质等自然条件硬伤，虾子怎么也养不大，因为养不大，所以也卖不出去。在尝试了 4 个月之后，政府引导的新型经营模式由于老板亏本超 200 万——这还不包括政府的项目资金和政策资金注入——并且看不到回本的希望而退出，这种经营模式自发解体。散户经营格局下，难以承受市场风险的农户 2016 年把目光投向"稻虾联作"，但是低风险的种养模式与低回报几乎也是同时。

随着机械化的普及，"种田辛苦"的程度虽然在大大降低，但农民"种田无前途"的感觉也越来越强烈。因此农村几乎所有的年轻人都选择外出务工，冬季作物亏本而大面积休耕又使得越来越多的中年人夏秋农忙过后就纷纷离开农村到城市寻找短期务工的机会，打几个月的短工之后，在春节时返乡过年，过完年就是春播，再等秋收，秋收之后再出门打工，如此年复一年地循环。在这种形势下，农村空心化的程度越来越高，原来在农村的集市上开餐馆、卖小菜、开小商店的最近几年也越来越感到生意难做，纷纷关门了。

案例 2-2　木镇目村 5 组的贾王贝，53 岁，其爱人因身患类风湿性关节炎不能种田，所以他们两口子一直在村里的集市上卖菜，但是

2011 年以来生意每况愈下，到 2015 年，一年精打细算，只能攒下 1 万元，比外出打工的收入低了不少，因为"村里都没人了，都是些老人家，谁来买菜呢"①，2016 年 9 月，贾王贝停下了在村里卖菜的生意，让爱人去城里给女儿带小孩，自己则到周边的城市打工去了。

案例 2-3 烟镇加村的付日玉，56 岁，两口子一直在加村的集市上经营家电维修的小本生意，虽然算不上最富裕，但也绝对是村里的中上层。因为做生意收入足够用，而种田太辛苦，付日玉 1998 年二轮延包的时候就没有要田。但这几年因为越来越多的人去城里买房子，许多农户只有老人在家，他们过日子都是得过且过的，付日玉的生意越来越难做，无奈之下他只好把外出务工的自家兄弟的田——共 28 亩，全部种起来了。

案例 2-4 段镇巷村 9 组的罗金武，2008 年的时候买了一台中型的联合收割机，过了两年又买了一台中型的旋耕机，但却没赶上好时候，冬季休耕，旋耕机能创造的收入会减少一半。

综上可见，农村的经济形势不容乐观，不论是市场化程度低的大宗粮食作物的种植，还是市场化程度高的水产养殖，甚至是在农村经营小本买卖和农业机械服务等，均表明当下农村的经济与 2000 年到 2010 年期间打工经济给农村注入的新活力相比正在经历着明显的衰退。这是笔者在调查过程中看到的普通农业型村庄农民正在遭遇的经济生活，这使农民置身于经济焦虑的氛围之中。

（二） 婚姻市场下的农村婚姻压力与农民家庭生活遭遇

光棍现象一直是学界关心的热点问题之一。人类学倾向于从光棍生命历程的视角关注其生存方式与社会行为逻辑，社会学则倾向于对光棍现象的成因及其后果进行阐释。自中国人口发展研究课题组根据全国第五次人口普查数据推测"到 2020 年我国将出现 3000 万光棍大军且尤以农村最为严

---

① 引自笔者对贾王贝的访谈笔录。

重”以来，中国的光棍问题已经成为各界关注的热点（陶自祥，2011）。不少研究者通过实地调查，从数据和比例上论证了农村光棍现象的严重性（杨华，2008；贺雪峰，2014c）。一些研究从农村资源匮乏、生育观念落后和贫困惯性的视角出发，将农村光棍问题视为社会问题进行研究。他们认为，随着打工经济的兴起和人口流动的加剧，婚姻市场逐步形成，婚姻市场中的“女性资源”向资源相对丰富的地方倾斜，而农村和农村青年在婚姻市场中处于弱势地位，农村“女性资源”“在生男偏好的影响下本来就少，还大量外流”，导致农村男青年容易成为光棍；因此，从类型上看，当下农村更突出的是“经济贫困型光棍”，这是一种“弱势累积”（石人炳，2006；李凤兰、杜云素，2009；刘燕舞，2011；李致江，2010）。因此，光棍问题在当前婚姻市场的形式下俨然成为一个农村社会问题。刘燕舞（2015）用“婚姻中的贱农主义与城市拜物教”来对农村光棍现象进行解释。

光棍并不是均匀地分布在农村社会，在当前打工经济和劳动力市场相对开放的背景下，农业剩余通过影响家庭劳动力配置的优化程度，家庭资源积聚方式、能力和支配方式形塑出光棍在农业剩余稀薄的农村扎堆分布的格局。楚市人均经营3亩多耕地的农业剩余条件使得笔者调查的这7个村庄的光棍问题并不突出。婚姻市场是一个不可忽视的大背景，农业剩余相对丰富的农村的男性之所以能幸免于“打光棍”的命运，并非单单源于其“鱼米之乡”的自然优势，而是源自由此支撑的相对于“穷山恶水”而言更强的支付“女性在婚姻市场中要价的能力”。

因此，“光棍少”并不意味着笔者调查的这7个村庄没有受到“婚姻中的贱农主义和城市拜物教”的影响，相反，这7个村庄均没有置身于越来越高的婚姻成本的地区之外。2014年6月，笔者在河镇梅村调查时，当地的农民普遍反映，“谁家如果在城市没有一套房子，谁家的儿子就很难结婚”。此外，笔者对梅村3组在村种地的10户农户进行统计的资料也显示，达到适婚年龄的年轻人是否结婚与其家庭是否已经为其在城里买房二者之间具有高度的相关性，详见表2-3。

表 2-3　河镇梅村年轻人的婚姻与在城市购房的情况

户主	子代年龄	子代文化程度	子代职业	是否进城购房	是否结婚
廖玉林	30	初中	打工	是	是
于想中	25	高中	打工	否	否
梁言	28	初中	厨师	是	是
黄提工	34	初中	裁缝	是	是
于从	35/33	初中/初中	打工/打工	是/是	是/是
廖在化	28/26	初中/高中	打工/打工	否/否	否/否
杨银伢	34	初中	建筑工	是	是
杨景强	14	初中在读	学生	—	—
杨双星	37/34	初中/高中	个体户/个体户	否/否	是/是
黄新林	33	初中	打工	是	是

注："＊/＊"表示有两个儿子；"打工"指的是无稳定职业的务工状态。"—"表示的是该农户的儿子还未到法定结婚年龄，无法简单地通过是否结婚来描述，记录为缺省值。

虽然影响婚姻情况的因素还有很多，比如个体意愿、年龄、外貌、健康状况等，即并不能仅凭此表就断定二者之间必然相关；但是，这十户中梁言、于从和黄提工这三户4个适婚年轻人有一个突出共性：城里的房子是促成其婚姻的一个必不可少的条件。于从的两个儿子都是过了30岁才结婚，因为在城里买两套房子比买一套房子需要付出的努力要多得多，"巧的是"房子一买，婚就结成了。黄提工的儿子也是到32岁才结婚，32岁之前媒人介绍过好几个，女方要求一定要在城里有房子，但黄提工买不起，眼看着儿子都31岁了，黄提工只好自己拼命攒下一点钱，再找亲戚借了点，好不容易在城里给儿子付了首付，没多久儿子的婚就结成了。另外廖在化这一户，廖在化托人做媒，但是媒人建议他先给儿子买了房之后再说做媒的事。

河镇梅村本来搞了新农村建设，当时不少农户在新农村买了独栋的房子，2007年在梅村新农村买一套房子只需要5万元钱，一些人买了，但现在，有很多农户后悔了。于想中就是其中之一，因为当时买房子是想让儿子打工回来有个干干净净的住处，也好给儿子结婚成家，但儿子不要这个房子，说"村里的房子再好也是村里的，连个媳妇都讨不到"。

但是，在城里买一套房子的成本是很大的，即便是乡镇的一套房子，买下来加上装修总花费在 20 万元左右，需要一家人积攒三五年；县城的房子总花费在 35 万元左右，就算积攒三五年也不行，还得借款，或者是找亲戚朋友借，或者是向银行贷款；市里的房子就更贵了，像楚市这样的中小城市一套房子需要 40 多万元。笔者 2015 年 9 月和 10 月在段镇巷村调查时，村里的会计蔡某于 2012 年花费 41 万元给儿子在楚市置办婚房，其中 25 万元是蔡某自己这二十来年攒的，剩余的 16 万元是他找亲戚借的；到 2015 年 10 月的时候蔡某已经归还了 9 万元，2016 年 11 月笔者电话回访的时候，蔡某才将欠账全部还清。蔡某说，"好在买得早，要是现在，肯定多花 10 万还不止，那欠账就还有得还"。

"生养死葬、娶亲完配"自古就是中国家庭伦理文化中极为核心的部分，子代成婚也一直是代际责任伦理中的头等大事。但如今，具有高度社会属性的农村婚姻因其所处的农村社会结构性位置而面临着成本急剧增长的冲击，"儿子是建设银行，女儿是招商银行"[1]，"生男生女都一样，生儿将来没对象"[2]，"生个女儿打麻将，生个儿子晒太阳"[3]，"生两个儿子哭一场"[4] 等都是在当下婚姻市场对农村社会造成全面挤压的背景下在笔者调查的农村地区甚是流行的说法。"结婚难"也是楚市的 7 个村庄农民家庭社会生活遭遇中的核心话题之一。

（三） 乡村教育衰败与农民家庭的发展困境

向城市倾斜的不仅是婚姻市场中的女性资源，还有对于农民家庭的发展至关重要的教育资源。在笔者调查的 4 个行政村中，除了梅村，其余 3 个村都有村小，即以前的村办小学，这 3 个村小近几年的遭遇几乎相同：师资

---

[1] 形容的是如果一个家庭生了个儿子，父辈们就得"为儿子奋斗终生"，勤劳工作，"为儿子搞建设"；但如果生的是个女儿，就不用那么辛苦，女儿可以"招商"，把"建设银行"的钱"招过来"。

[2] 这句话出自某地计划生育的宣传标语，从侧面反映了农村"结婚难"的现状。

[3] 这句话的意思是，如果生了个女儿，就可以过上每天打麻将的悠闲自在的生活，但如果生了个儿子就得天天经受风吹日晒的辛苦。

[4] 这句话说的是，生一个儿子压力就够大了，如果生了两个儿子，就只好去"哭一场"了。

和生源均在经历衰退，生源的衰退部分源于人口出生率的下降，但起决定性作用的还是越来越多的学龄儿童选择去城镇的小学接受教育，因为农村教育资源不如城市丰富，农民普遍认为"农村的教育质量不如城市好"，这使生源流出具有不可逆性。

2000 年前后，在"减轻农民负担"的号召下，村办小学经历了一场较大的合并高潮。笔者调查的加村村小、目村村小和巷村村小均是在那次合并过程中因自身相对便利的交通位置而保留下来的，其中加村的村小是邻近的 5 个行政村村小合并之后剩下的唯一一所村小。2000 年的时候，加村村小的规模达到最大。但此后，村小规模一直在衰退，到 2016 年笔者关注这个问题的时候，已经达到了十分严峻的地步：现在加村村小全校从幼儿班到六年级仅剩下 7 个班级，即一个年级一个班，人数最多的班是幼儿班，共 37 人；最少的班是三年级，共 12 人，全校学生不超过 200 人。2000 年的时候，加村村小人数最少的班都超过 40 人，且每个年级至少两个班，其中 6 年级甚至有 5 个班。到 2017 年 9 月，加村村小作为完小已经办不下去了，小学四年级及以上的都要到乡镇甚至县市区读书。

不仅如此，加村的教师资源也面临枯竭：2016 年全校在编任课教师只有 7 人，其中 30—40 周岁的 1 人、40—50 周岁的 2 人、50—60 周岁的 4 人。而学校教学的课程并没有减少，面临着教师严重不够用的难题，教育部门采取了让城镇年轻中学教师和镇小的年轻教师下村支教的办法。这两三年来，每年到加村村小来支教的老师都有 10 多人，每一批支教一年，一年后再换一批，这种办法现在已经制度化。此外针对村小幼儿班教师资源紧张的情况，允许学校面向社会聘用教师，加村好不容易在本村范围内找到 3 个因为刚生完小孩没有外出务工的年轻妇女，出资赞助她们去考幼师证，以缓解师资紧张。笔者的访谈对象聂某，28 岁，就是被加村村小聘用的幼儿教师，访谈时她每个月的工资是 1800 元，现在她的女儿马上就可以上一年级了，她也不打算在村里长干，毕竟这个工资水平相对于外出务工来说，还是低多了，她想过几年到城里买个房子，然后把女儿送到城市去上学。

由于年轻教师严重不足、教师流动性过大，农村办学的质量也在严重下滑。许多在小学阶段从农村转入城市的学龄儿童都需要留一级才能逐渐赶上城里的教学进度，转学转得晚的甚至要留两级才行。农村的幼儿教育质量也没办法和城里相提并论。笔者调查的加村这3个幼儿教师中，两个初中文化程度、一个中专文化程度，她们的幼师证均是在经过简短的培训之后考得的。在幼儿教育的三年中，第一年的主要任务是管住孩子，只要他们不哭不闹就行；第二年和第三年的主要任务是教会他们数数，学写数字和26个字母。而城里的幼儿教育阶段则已经开始双语教学，在幼儿阶段甚至完成了简单的加减法教学任务。有高质量的幼儿教学为基础，城市的小学教学进度就会普遍比农村快，这样一来，农村小孩的教育就输在了起点上。一般来看，初中和高中的教育资源都集中在城市，其城乡差别就没有那么显著了。因此，这里重点对农民家庭在小孩幼儿阶段和小学阶段教育上的行为选择进行关注。

教育是农民实现阶层流动最重要的路径，古有"学而优则仕"，现有"知识改变命运"。在笔者调查的这7个村庄，村民对教育都很重视，给孩子创造更好的教育条件也是他们的追求。许多家庭都在做着尽快将小孩送到城里读书的打算，越来越多的家庭已经将这一打算付诸实践，且幼儿阶段和小学阶段在城镇就学的比重已经超过了在村小就学的比重。

接下来从数据上对该现象进行印证，详见表2-4。

表2-4 7个村民小组农民家庭小孩的教育地点分布情况

学龄儿童班级	农村	乡镇	县城	市区	市区以上
幼儿班	20	1	8	28	11
一年级	6	1	1	7	3
二年级	3	1	4	7	2
三年级	5	1	2	7	1
四年级	3	1	0	3	1
五年级	3	1	1	9	0

学龄儿童班级	农村	乡镇	县城	市区	市区以上
六年级	3	2	2	5	1
合计	43	8	18	66	19

注：这里只统计了处于幼儿和小学教育阶段的适龄儿童。以表 2 - 5 的农户为基数，对每一户处于该年龄段儿童的就学情况都进行了统计和梳理；"市区以上"指的是儿童在比中西部中小城市更优越的城市接受教育。

当前，农村家庭的后代在城市接受教育的方式主要有三种：第一种是住在农村，由监护人每天往返于城乡之间接送；第二种是在城镇租房子住，由一个以上的监护人全程陪读；第三种是在城镇买了房子，由一个以上的监护人住在自己的房子里专门负责接送孩子上下学。第一种方式最麻烦，因此该情况也比较少；第二和第三种方式较为普遍，而且第二种方式很多时候是向第三种方式过渡的形态。

但是，在城市接受教育意味着更高的教育成本，包括直接成本和间接成本两类：直接成本包括报名费、生活费、交通费等；间接成本包括租房成本或者买房成本、几口人在城市的生活成本和因在城市陪读产生的家庭部分劳动力无法充分就业的机会成本等。

以上呈现的是，农村社会教育资源匮乏和农民家庭所面临的发展困境及其在困境下所做的努力。

（四） 城市化的动力：对向城市倾斜的各类社会资源的渴望

上文重点从三个方面描绘了农村社会的生活图景，事实上乡村遭遇的远不只此：农村缺乏年轻人所渴望的现代物质文化生活资料，甚至缺乏允许农民购买的小轿车奔驰的道路条件，还因农民所具有的身份标签而处于社会评价体系的劣势阶层，等等。

2015 年 4 月笔者在浙江上虞调查时，访谈的一个乡村教育家说过一句非常有道理的话，即"一个没有孩子的乡村是注定没有未来的"。推而广之，在市场化改革逐步深入的今天，各类社会资源向城市倾斜已经成为一个难以逆转的社会事实，资源日渐匮乏的农村不仅留不住年轻人，渐渐也

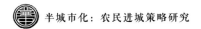

留不下孩子，甚至留不住生于斯、长于斯并且原计划老于斯的中年人。"农村没有前途"，大家都在农村之外寻找出路。

无论是进城务工获取更多的经济收入，还是进城买房参与婚姻市场竞争，或是争取彻底摆脱"贫贱"的农民身份，或是把小孩送到城市去接受较农村而言更为优质的教育，甚至是单纯出于年轻人对更丰富和更舒适的城市生活的向往，等等，这些都构成了农村社会生态下农民城市化的驱动力，即对向城市倾斜的各类社会资源的渴望。

三　城市中间阶层的生活方式：对农民城市化目标的考察

农民追求的城市化是以"能够在城市立足"为底线的，这是笔者在考察农民城市化目标时的总体感知。在一定程度上，楚市农民口中的"在城市立足"与夏柱智描述恩施农民的"扒得住"所表述的农民城市化的目标具有同质性。在《现代汉语词典》中"立足"指的是"站得住脚，能住下去或生存下去"。在农民俗语中，"扒得住"是用"植物的根系在挂坡地能牢牢地抓住泥土和岩石，如此才能存活下来"来比喻农民进入城市之后能靠自己生存下去。

只是，农民描述的这种城市化目标还是显得很模糊，因此只能通过他们的城市化实践中的具体行为来将其具体化、清晰化。笔者在调查中发现农民在城市化的实践过程中存在以下三个突出特征。首先，普遍存在着通过进城务工实现的家庭经济收入的城市化，但多数家庭并没有放弃或者彻底放弃农村收入；其次，广泛存在着以进城买房为标志的家庭社会生活安排的城市化，但多数家庭均未实现全员入住城市，有的甚至完全没有入住城市，而只有少数在城市有着相对丰厚收入的家庭实现了全员入住城市；最后，以户籍城市化为标志的农民彻底城市化比较少见，以农民家庭为分析单位时发现，真正实现整户彻底城市化的只是农民家庭中的极少数，而未实现整户彻底城市化的原因在不同农户间存在差异，应该区别对待。

笔者通过对在城市务工、买房、入住、户籍城市化等环节的考察发现，有家庭成员在城市务工并不意味着该农户做出了留在城市的决定；只有当农民家庭在城市有了属于自己的房子，才会做出将家庭社会生活城市化的安排。在有房子的前提下，只有能在城市获得足够多的经济收入以支撑整个家庭维持相对富足的生活时，农民家庭才会选择全体家庭成员都留在城市生活，否则只会有部分家庭成员留在城市生活，更不会轻易做出把户口迁入城市的决定。换言之，在农民家庭于城乡之间做出具体的经济社会生活安排和制度身份选择的过程中，笔者发现了农民"在城市立足"的城市化目标的具体指向，即在城市能过上"城市中间阶层的生活"。

（一） 农村社会分化：基于农民家庭收入结构和收入水平的分析

拥有近 9 亿人的中国农村社会并不是一个无差别的社会，分田到户以来农村社会已经产生了显著的分化。陆学艺、张厚义（1990）是对当代农村社会进行阶层分析的奠基人，他们遵循涂尔干的研究传统，以农民个人的职业身份特征为指标，将农村社会分为农业劳动者阶层、农民工阶层、雇工阶层、农村知识分子阶层、个体劳动者和个体工商户阶层、私营企业主阶层、乡镇企业管理者阶层和农村管理者阶层八大阶层。侯麟科（2010）则尝试以农民家庭为基本单位，对改革开放以来的农村阶层分化情况进行分析，根据收入上存在的等级差异将农村社会划分为农村企业家家庭、外出打工（收入较高）家庭、个体工商户家庭、种养大户家庭、外出打工（收入较低）家庭、传统农业家庭和年老贫困家庭 7 个类型。贺雪峰（2011）也认为"中国农村的阶层状况很多时候不是以个人而是以家庭为单位的……农民个体的状况受制于其家庭状况"，并以农民家庭与土地的关系为标准将农民划分成五大阶层，即脱离土地的农民阶层、半工半耕阶层、在乡兼业的农民阶层、普通农业经营者阶层和农村贫弱阶层。这些对农村阶层分化的研究为当前农民群体的类型化分析提供了重要的分析变量，即农民家庭的收入结构、农民家庭的收入水平和农民家庭对土地的态度，其中农民家庭对土地的态度可以整合到农民家庭的收入结构之中。

农民进城务工的浪潮掀起以来，农村社会分化就开始成为学界关注的热点问题。农民家庭的收入结构和收入水平成为对分化的农村社会进行把握的最重要的两个指标。以收入结构为核心的研究遵循的是纯农户、兼业户（包括Ⅰ类兼业户和Ⅱ类兼业户两种）和非农户的这一经典理想类型划分的传统，并试图直接在农户收入结构分化的基础上对其收入水平的分化做出某种规律性的判断，其基本结论是：非农化的程度越高，农户收入水平越高。以收入水平为核心的研究遵循的是将农村以户为单位分为上、中、下这三个阶层的传统，在一定程度上是对前一类分析传统的批判性补充，不少此路径下的研究都认为纯农户的收入并不必然低于兼业户和非农户，同样Ⅰ类兼业户的收入水平也并不一定就低于Ⅱ类兼业户和非农户，应该注意到农村社会正在壮大的"中农群体"，因此，收入结构并非确定农村经济分化的唯一衡量指标。

两个研究传统在具体的操作过程中也存在区别。相对而言，基于农民家庭收入结构的分化和判断是更为客观的，因为来自农村内部的收入和农村之外的收入有着非常明确的属性上的差异；而基于农民家庭收入水平的分化和判断就显得有些主观，分层的标准如何确定是这一研究路径必须面对的问题，在不同的乡土社会情境中，分层的标准存在差异或浮动。

就以城市化为研究导向的分析而言，两类研究传统事实上构成了农民城市化分析的不同侧面：收入结构呈现的是农民家庭经济收入城市化的程度，而收入水平呈现的则是农民家庭实现城市化目标的经济能力。因此，笔者试图综合两种研究传统对楚市的这7个村民小组1998年农村土地二轮延包以来的所有农户（包括已经彻底实现城市化的农户）进行一个初步的类型化操作，结果详见表2－5。

表2－5　农民家庭收入结构和收入水平的综合分布情况

项目	贫弱阶层	中间阶层	中上阶层	富裕阶层	合计
纯农户	6	16	4	2	28
Ⅰ类兼业户	5	34	44	3	86

续表

项目	贫弱阶层	中间阶层	中上阶层	富裕阶层	合计
Ⅱ类兼业户	1	30	33	10	74
非农户	7	27	38	49	121
合计	19	107	119	64	309

注：表2-1中只包括户籍户数，而没有包括已经彻底城市化的农户，因此表2-5对7个村民小组1998年以来户数的统计是最完整的。

这里有必要对本书划分富裕阶层、中上阶层、中间阶层和贫弱阶层的标准做简要的交代，并从学理上阐释该标准的合理性。笔者调查的这7个地处江汉平原的鱼米之乡在村庄经济性质上具有高度的同质性，即属于普通的农业型村庄。具体表现为，首先没有村庄工业，村庄内部以农业经济为主体，服务于农民生产生活的经营型经济形态是附属在农业经济之上的；其次地处远郊，基本上不存在因城市扩张而带来的征地拆迁的可能，都属于基本农田保护区，长期不变的农业用地的土地性质决定了农民没有"被征地农民"和"拆迁户"那般的土地增值预期。这种高度同质性决定了7个村民小组经济结构的同构性，这是将7个村民小组合起来进行分析的基本前提。

在这几个村里调查的时候，笔者发现农民往往用一些特定的语言来对别人家或者自己家的家庭经济条件进行判断，即"有钱"、"还可以"、"一般化"和"蛮造孽"，这种区分与规范化的"富裕阶层、中上阶层、中间阶层和贫弱阶层"具有一致性。笔者阶层划分的标准就源于农民相互间对彼此家庭经济状况进行判断时的依据，由此发现，农民衡量家庭经济状况好坏的核心标准是"家庭可支配收入"的多少，即农民家庭阶层归属不仅取决于其收入水平，还取决于其家庭负担的大小，比如本来经济条件"还可以"的家庭因为有两个儿子或者因为家里有人患大病很可能落入"一般化"甚至"造孽"的阶层中去。

根据农民自身的区分，参照"家庭可支配收入"，笔者确定了一个大致的进行阶层划分的标准。贫弱阶层一般是指家庭负担与收入相比显得过于沉重的，其没有家庭可支配收入，往往处于负债状态，甚至有些还需要政府救济。中间阶层的家庭经济收入在刚好应对家庭负担和"略有结余"之间，根据个案的情况，笔者将这个阶层的家庭可支配收入划定在 0 到 2 万元以下。中上阶层的家庭经济收入往往能轻松应对家庭负担，而且还能有较多的"结余"，同样根据个案的情况，笔者将这个阶层的家庭可支配收入定位在 2 万到 10 万元；10 万元以上则为富裕阶层。从表 2-5 看印证了学界对农村社会结构呈现为"橄榄型"的判断。正如杨华等所说，中部地区农村各阶层之间的界限存在模糊性，在某种程度上，农村社会成员间相互达成的共识和认同就代表了该分层标准的科学性（杨华、欧阳静，2013）。

农民家庭在经济上对农村的依赖程度与收入结构中来自农村的收入比重成正比，同时与相同收入结构下农民家庭的可支配收入水平成反比。前者理解起来比较容易，后者需要在此做出进一步的解释：即使一些农民家庭在收入结构上同属非农户类型，这并不意味着他们都不存在对农村的依赖，相反，这种收入结构下，家庭可支配收入在农村经济分层中所处的位置越低则对农村的可能性依赖就越高，即存在退回农村的可能。对于 I 类兼业户而言，农村收入虽然很重要，但相比于 I 类兼业户中间及以下阶层的农民家庭而言，收入水平越高的家庭走出农村实现城市化的能力越强，未来对农村的依赖程度也就越低。

在以上由收入结构和收入水平的综合分布情况形塑的农村社会分化状态基础上，接下来，本书对农民家庭的城市化实践进行描述，以从中破解出隐藏于"在城市立足"之中的关于农民城市化目标的社会密码。

（二）进城买房：非精英农民家庭社会生活安排的城市转向

如果农民进城务工因其流动性而无法作为农民是否选择走向彻底城市化的判断依据，那么进城买房定居的目的性及其所具有的相对稳定性则可以成为研究农民家庭城市化实践的重要抓手。

近些年，进城买房近乎成为与进城务工同样显著的潮流，这是笔者自2012 年开始在农村调查以来感受最强烈的社会现象之一，也是笔者在平时和许多农村出身的同学一起聊家乡的时候感受到的最显著的社会现象之一。

笔者有一个师弟是江西人，他老家所在的农村总共有 90 多户，2005 年时大约只有 4 户在城里买了房子，到 2016 年时全村只剩下 8 户没有在城里买房了。学界对农民进城买房行为进行研究也形成了丰硕的成果，笔者力图以这些研究成果为基础，进一步从作为城市化主体和基本行动单位的农民家庭出发，将其进城买房作为一项社会事实进行剖析，以分析农民进城买房是如何发生的，它与农民城市化又有着怎样的关联。

贺雪峰、董磊明（2009）指出农民外出务工有两种不同的逻辑，一是为了增加收入以在农村过上体面的生活，二是为了能够逃离农村，在城市过上体面的生活，并指出"从第一种逻辑向第二种逻辑转变具有必然性……当前的中国农村正处在从第一套逻辑进入第二套逻辑的阶段，农民有了越来越强烈的进城安居的期待与向往，乃至行动"。

笔者以农民城市化为主题展开田野工作的地方也是几乎没人在村里建房子的楚市，在对 7 个村民小组进行整组统计的过程中确实发现了非常突出的农民进城买房的现象，即便现在还没有买房的，也有着尽快在城里买房的打算，详见表 2 - 6。表 2 - 6 非常直观地呈现了这 7 个村庄的农民进城买房的热潮。从已经在城市购买了房屋的农户数量来看，已经超过了这 7 个村庄富裕阶层和中上阶层的户数之和，已经购房的农户数量为 204 户，而富裕阶层和中上层户数之和为 183 户。考虑到并非所有属于这两个阶层的农户都在城市购买了房子，或者都打算在城市购买房子，所以必定是有一定数量的中间阶层也参与进城买房之中；若将关注范围扩大到"打算买房"的群体，中间阶层参与的广泛性会体现得更加明显，这种广泛参与彰显着我国城市化的主体的非精英性正在凸显，详见表 2 - 7 所示。

表 2 - 6　对 7 个村民小组农户进城买房情况的统计

| 类型 | 状态 | 加村 | | | 目村 | | 巷村 | 梅村 | 合计 |
		5 组	6 组	8 组	5 组	8 组	9 组	3 组	
已经买房	付清	13	10	20	8	23	7	9	90
	欠账	16	13	19	22	23	7	14	114

类型	状态	加村			目村		巷村	梅村	合计
		5 组	6 组	8 组	5 组	8 组	9 组	3 组	
打算买房	现在有能力买	4	2	0	4	2	2	1	15
	现在没能力买	10	3	4	7	7	3	4	38
合计		43	28	43	41	55	19	28	257
纯女未招婿户（不打算买）		10	8	9	1	4	1	0	33
贫弱阶层（不打算买）		2	3	5	4	4	1	0	19
村民小组总户数		55	39	57	46	63	21	28	309
（合计/总户数）占比（%）		78.18	71.79	75.44	89.13	87.30	90.48	100	83.17

注：这里以 1998 年以来各小组居住的农户数量为统计基数。纯女未招婿户且不打算招婿的农民家庭从家庭生命周期来看，是即将走向衰亡的家庭，因而没有发展的动力和意愿，也就不打算进城买房。贫弱阶层则由于自身能力的局限，看不到发展的希望，也没有进城买房的打算。

表 2 - 7　已经买房和有意向买房的农户在村庄经济结构中的分布情况

类型	贫弱阶层	中间阶层	中上阶层	富裕阶层	合计
纯农户	0/0	0/0	0/0	0/0	0/0
Ⅰ类兼业户	0/0	15/19	37/2	3/0	55/21
Ⅱ类兼业户	0/0	13/17	30/2	10/0	53/19
非农户	0/0	17/7	31/6	48/0	96/13
合计	0/0	45/43	98/10	61/0	204/53

注：＊/＊表示的是已经买房/打算买房。

　　农民家庭在进城买房浪潮中的这种广泛参与性，似乎使得从村庄经济结构中观察农民家庭进城买房行为的差异性变得模糊，但进一步追问我们就会发现，与村庄经济结构相关联的更重要的方面是紧随着进城买房而来的农民家庭社会生活安排的城市化转向。进城买房对农民家庭的重要性在于它标志着农民家庭未来的社会生活安排发生了转向，具体表现在两个方面：首先是家庭消费行为的城市转向，其次是决定着家庭消费行为城市转向程度的家庭成员进城居住。许多农民家庭在城市购买房子主要指向两个重要的目标，一是为子代"娶亲完配"，二是为了小孩在城市接受更好的教育，它们形塑的是普遍存在的"部分入住"和"未入住"现象。综合来看，农民家庭在村庄经济结构中所处的位置直接决定着其家庭成员在城市购买房屋之后是否完全入住。笔者通过表 2 - 8 来直观地呈现这种差异性，这是农民家庭城市化具体目标的社会密码隐藏的关键点之一。

表 2 - 8　已经买房的农户进城居住的情况

项目	贫弱阶层	中间阶层	中上阶层	富裕阶层	合计
纯农户	0/0/0	0/0/0	0/0/0	0/0/0	0/0/0
Ⅰ类兼业户	0/0/0	0/3/12	0/32/5	0/2/1	0/37/18
Ⅱ类兼业户	0/0/0	0/6/7	2/24/4	3/7/0	5/37/11
非农户	0/0/0	6/3/8	18/11/2	48/0/0	72/14/10
合计	0/0/0	6/12/27	20/67/11	51/9/1	77/88/39

注：＊/＊/＊表示的是完全入住/部分入住/未入住。

从直观的经验来看，"未入住"现象的存在源于这部分农民家庭还没有入住城市的迫切性：或者因为子代还未成婚，或者因为小孩还没有到去城市读书的阶段。但从本质上来看，这一现象产生于这部分农民家庭当下更迫切的任务在于为今后能在城市立足积累尽可能多的经济资本，而尽量压缩不必要的生活开支，不住进城市是节省开支、积累经济资本的内在要求，也是其买房所在城市性质的限定，笔者将于第三章对这一问题展开讨论。总之，对大部分农民家庭而言，"不入住"本质上是对"住进去之后生活没着落"的担忧。

"部分入住"现象由农民家庭进城买房两个主要指向和有限的在城市生活的能力这两方面的因素共同形塑。这是农民家庭当前最主要的定居城市生活的形态，从当前的数量上来看是如此，从未来"未入住"向"部分入住"转变和"完全入住"退回到"部分入住"的可能来看，更是如此。若将农民家庭成员从上到下依次分为祖、父、子、孙四辈，通过对经验材料的分析可以发现，这部分农户入住城市的家庭成员在结构上可分为四个具体类型。其一，由父辈加孙辈构成，因为孙辈需要在城市接受教育，还需要有父辈在城市做监护人，子辈则在远方的大城市继续打工挣钱。其二，由子辈构成，因为小孩还没有出生，或者还没有到上学的年龄，由祖辈暂时隔代抚养，而父祖孙三辈人大都还生活在农村。其三，由子辈和孙辈加父辈共三代人构成，但还有祖辈生活在农村，且父辈处于在城乡之间往返的状态，这一阶段父辈生活在城市最重要的任务就是协助子辈对孙辈进行照料。其四，由子辈加孙辈构成，这种结构下多数家庭中的孙辈已经长大且具备了一定的生活自理能力，为了减轻子辈家庭在城市生活的压力，父辈自动退回农村，像祖辈一样在农村养老。

　　"完全入住"的现象基本上只发生在位于村庄经济结构特定位置的农民家庭中，即在分层结构上处于中上阶层和富裕阶层，且在收入结构上属于非农户。"完全入住"是彻底城市化的内在要求之一，换言之，即家庭整体性迁入城市生活。但从其家庭成员的结构来看，又存在着两种不一样的情况，一是全劳动力结构，二是部分劳动力结构。这一区分强调的是，农民家庭人口结构的优化程度之于其维持"完全入住"状态的重要性。总体来说，这部分农民家庭的人口结构越是倾向于部分劳动力结构，其维持"完全入住"状态的能力就越强，因为，这表明部分劳动力结构的农民家庭的收入水平就足够支撑其家庭全部成员在城市过着体面的生活。然而，全劳动力结构的农民家庭的"完全入住"状态则具有不稳定性，因为全劳动力结构这种理想状态只会发生在一个家庭生命周期的特定阶段，即全劳动力结构总会因为中年人老去和幼儿的出生向部分劳动力结构转变，而当这些农民家庭的劳动力减少时，他们是否还会维持"完全入住"的状态是不确定的。失去人口结构优势的农民家庭继续维持"完全入住"状态的前提是，即便只是部分劳动力结构，也可以获得足够的在城市体面生活的资源；否则，当全劳动力结构的家庭向部分劳动力结构转变——比如，父辈被存在风险和竞争机制的城市劳动力市场淘汰，其在城市从劳动力变成了纯消费者——后，"完全入住"的形态则很可能向"部分入住"的形态转变，即部分家庭成员退回农村。他们的目的也很明确，即回村重操农业——通过回村让自己在家庭中扮演生产者或劳动力的角色，使家庭成员利用城乡双重资源尽可能地维持着类似于"全劳动力结构"的状态。据此，一方面通过自己养活自己减轻子辈在城市生活的负担，另一方面还可以从农村对在城市生活的子辈进行力所能及的帮助。

综上，笔者发现，农民城市化具体目标的第一个社会密码隐藏于以下三个关键的城市化实践特征之中：一是一定要在城市拥有至少一套属于该家庭的房子；二是一定要在城市有足够该家庭再生产消费的收入能力之后才会做出"完全入住"的家庭决定；三是，在条件无法满足第二项时，就通过农村来分担家庭再生产所需的开支。

若将城市市民宽泛地分为三个阶层，分别是家庭收入无法承受在城市完成家庭再生产负担——简单的劳动力再生产、住房需求、教育需求、医疗卫生等在内的一般生活需要，这些需要无疑都以一定的经济资源为支撑——的贫弱阶层、能够承受的中间阶层和根本不需要为这些发愁的富裕阶层，那么前两个特征描述的是一种以"中间阶层"为底线的生活状态；后一个特征描述的是，当农民家庭在城市无法达到这个状态时，就会将一部分家庭再生产负担通过农村的低生活成本和农业对劳动力的宽容性来化解，以维持家庭其余成员在城市的"中间阶层"生活状态，或者待条件成熟，即积累了足够应对城市"中间阶层"的生活所需的资本后，家庭中的部分成员才会选择进入城市生活。总之，从处于不同经济结构位置中的农民家庭所选择的具体入住形态来看，农民家庭城市化确切而具体的目标在于，让在城市定居的家庭成员过上城市中间阶层的生活。

（三） 形塑进城买房农民家庭户籍城市化率滞后的两套逻辑

户籍城市化率严重滞后于常住人口城市化率一直是遭到学界诟病的中国城市化怪象之一。很多学者以进城务工这部分城市常住人口的流动性和大城市高高仁立的"户籍准入"门槛来解释我国当前的户籍城市化率严重滞后的现象。但是笔者在对以农民进城买房为抓手的农民城市化现象进行考察时发现，即便农民有着定居在其购买的房屋所在城市的目的，且通常该城市基本没有户籍准入的门槛，他们也并没有积极地做出户籍城市化的决定。

笔者调查发现，将户口从农村迁入城市的主要是以下三类群体：农业税费取消之前就过上城市中间阶层生活并且把户籍迁入城市的农业转移人口；因考取大学或参军把户籍迁入城市的人口，但是自国家与农民关系由资源汲取转变为资源输入以来，这部分群体户籍城市化的意愿在明显下降；因孙辈在城市读书而发生的孙辈和至少一名监护人的户籍城市化。

富裕阶层中属于非农户的户籍城市化人口所占的比重高达80%以上，与其他结构位置中的户籍城市化人口比重呈现的低比值形成强烈的反差；但另一个明显的特征是，无论哪一结构位置，均没有达到100%的户籍城市化比重。这启发笔者将农民群体分为两个类型进行分析，进而发现，有两种不愿意将户籍城市化的原因必须区别开来讨论。对于单靠城市收入还不能实现其城市化目标——全体家庭成员过上城市中间阶层的生活——的这部分占绝大多数的群体而言，他们需要将家庭成员在城乡的分布做出策略性的安排，并以农村各项资源作为其实现城市化具体目标的一个支撑点，以便在城市生活的家庭成员能够维持城市中间阶层的生活水平，而农村的户籍则是他们做出这种策略性安排的制度保障。然而，对于已经实现城市化具体目标的农民家庭而言，他们不愿意完整地参与户籍城市化，则是因为不愿意放弃与农村户口相捆绑的土地承包经营权和集体建设用地使用权。

简而言之，农民户籍城市化意愿不强的现象源于农民家庭的城市化实践中存在的两套具有质的差别的逻辑：一是为实现城市化目标提供保障的逻辑，二是为已经实现城市化目标的群体主张个体权利的逻辑。这一差别的揭示将在后文的农民城市化政策分析中起到重要作用。农民城市化具体目标的第二个社会密码就隐藏在农民户籍城市化意愿不强的第一套逻辑之中，将其与第一个社会密码综合起来可表述为：当农民家庭在城市获取收入的能力还不能支撑其城市中间阶层的生活方式时，就还需要农村对部分家庭生活负担进行消化，进而他们也不会选择切断与农村的制度关联，其目的在于为城市化目标的实现提供保障。

（四） 以获得"城市中间阶层生活方式"为目标的城市化

本节以农民家庭为单位，从收入结构和收入水平两个维度对农村社会的经济结构进行操作，并以此作为农民城市化实践的分析工具，发现了隐藏在复杂经验现象中对"在城市立足"这一城市化目标具体化的两个社会密码。第一个隐藏在农民进城买房以及随之而来的家庭成员社会生活城市转向的策略性安排之中，在这种安排之中笔者发现农民追求的是中间阶层的城市生活。第二个隐藏在农民不愿户籍城市化的第一套经验逻辑之中，即为城市中间阶层生活方式这一城市化目标的实现提供制度保障，这也是大部分农民家庭在支撑部分家庭成员过上城市中间阶层生活方式的过程中进行策略性安排的内在要求。

四 城市化实践中的农民家庭发展秩序

走出农村社会过上城市中间阶层的生活，客观上，这也使农民家庭的城市化实践具有向上的阶层流动的色彩，因此，农民城市化也属于社会流动这一阶层研究的学术命题。经典社会学理论中有关社会流动的研究中有一个非常重要的概念，即代际流动，代际在社会阶层位置上的差异性是判断社会流动机制开放性程度的核心要素。著名学者吉登斯指出，在封闭性很强的社会流动机制下，很容易再生产出与父辈相似的一代人（Giddens，1975：107）。国内学者李煜提出了三种不同代际流动的理想类型，即自由竞争模式、家庭地位继承模式和国家庇护模式（李煜，2009）。在这些分析中笔者看到了家庭对个体社会流动的基础性作用，却无法得知整体家庭成员如何致力于向上的社会流动，因为，代际流动更大程度上只是一个检验社会结构开放程度的概念，而不是一个致力于流动如何发生的描述性概念。

处于底层农村社会的农民因其所面临的生活遭遇普遍产生了城市化的强烈愿望，并且通过进城买房将这一愿望付诸实践。这些进城买房的农民家庭因其所处村庄经济结构的差异而呈现不同的购房能力，及以城市收入应对在城市完成家庭再生产的能力，而且，绝大多数农民家庭在这两个环节中表现出能力不足。在这种矛盾下，这些农民家庭仍然选择通过策略性的安排支撑部分家庭成员在城市生活并使其具备完成再生产的能力。在农村社会面临全面挤压的形势下，这种策略性的安排成为农民家庭的常态化选择。正是在这种判断下，笔者发现了一个由农民家庭的"策略性安排"形塑的家庭发展秩序，即年轻人发展、中年人支撑和老年人自养。笔者力图以家庭发展秩序这一概念来补充已有的代际流动分析在家庭成员如何致力于子代社会流动这一问题上的缺位。

（一） 从农村中间阶层到城市中间阶层的城市化实践与家庭发展

从进城买房现象在村庄经济结构中的分布情况来看，它一定程度上是对村庄贫弱阶层的农民家庭没有办法参与社会流动的印证。向上的社会流动在具备完成家庭自身再生产能力的农民家庭群体中发生，即农村中间阶层及以上的农民家庭在参与向上的社会流动。他们的目的在于获得以城市中间阶层生活为底线的阶层地位，并在此过程中实现整个家庭的发展。

所谓家庭的发展，具体表现为家庭成员比在农村社会这一结构性位置之中获得了更丰富的物质文化生活体验；获得了比之前单纯农民身份时更好的社会评价；获得了比农村更优越的教育、医疗资源，更干净便捷的公共设施和公共服务，更丰富的市场经济机会。尤其是教育资源和市场经济机会，为家庭进一步实现向上的社会流动提供了更丰富的社会资源。

（二） 城市化目标下的资源压力

家庭再生产活动发生在农村还是城市最大的区别是其所耗费的成本不同。这首先根源于农村生活和农业生产在二位一体形态下具有自给自足性，而城市生活与生产活动的精细分化状态则是高度商品化和货币化的。其次根源于城市与农村家庭再生产的底线在层次上存在质的差别，它体现在对衣食住行和社会交往等生活细节要求上的方方面面。

首先，以城市的房子为例。获取城市的房子是家庭再生产活动发生在城市的成本远高于发生在农村的焦点之一。楚市商品房当前的均价为每平方米4000多元，而农民种水稻，一平方米才产2斤稻谷，还卖不到4元钱，除去开支，纯收入不足2元。种水稻的收入与城市商品房之间的价格差异是

2000 多倍，如果要在楚市买一套 100 平方米的房子，意味着农民一年得种 20 万平方米的水稻，即 300 亩水稻，但在当前小农生产的格局下，能种 30 亩的都已经算是大规模了。即便是这样的大规模，若想光靠种田的收入在城市买房子，得攒上 10 年的钱才可以，若是要装修，可能要再攒上三五年。如果在县城买房，可以少付出几年的努力，但也不会太容易。若单纯以务工的收入来计算，一个农民工在城市每月的平均工资是 3000—4000 元，靠一个人得奋斗十来年。

在现实生活中，农民家庭的收入来源往往是多样化的，既有来自在农村务农或做小生意的收入，也有来自在城市务工经商的收入，因此上文的举例可能并不具有代表性。但与此同时，除极少数富裕阶层和贫弱阶层之外，由于农民家庭在经济收入上相差不远，可以在上文例子的基础上再加上农民家庭务工兼业的收入，基本上也能对进城买房给农民带来的经济压力之强弱进行测算。从村庄经济社会分层来看，农民家庭年均可支配收入在 0 到 10 万元的是绝大多数，他们得为进城买房付出 4 到 5 年的努力，多的恐怕要 10 年甚至更久。

其次，农民家庭在城市有了房子之后，下一步是在城市生活、定居，进而完成家庭再生产。物业费、电费、水费、宽带费、有线电视费等都是非常直接的货币化开支。城市丰富的物质文化生活需要通过货币支出才能参与其中的。到了城市，农民家庭会结交三五个朋友，通过聚餐、喝酒、唱卡拉 OK 等方式形成稳定的社会交往圈，充实城市生活。农民家庭会效仿市民家庭对子女的教育方式，通过课外辅导、培训班等方式让小孩获得更全面的发展。农民家庭也想通过购买小轿车来享受更方便、更有面子、更舒适的现代生活。城市中间阶层的生活是现代化的消费行为和与时俱进的消费文化形塑而成的。这便是农民家庭面对的城市化目标的现实，简言之，即不断增长的消费负担。

对为了进城买房就几乎使尽全力的大多数农民家庭而言，如何应对随之而来的进城生活的压力？笔者从农民家庭入住城市的不同的形态及家庭成员在城乡之间的分布状态中找到了答案。

（三）家庭发展秩序的理想类型：年轻人发展、中年人支撑和老年人自养

笔者在上文通过三种不同的状态，即未入住、部分入住和完全入住，描述了进城买房家庭成员入住城市的情况，将部分入住在城市里的家庭成员的城乡分布结构分为四种不同的类型，也区分了两种不同的完全入住状态。

通过这种细致的描述，结合农民家庭对未来的城乡生活规划，笔者发现，进城买房的农民家庭中，"子辈加孙辈"不论是在当前的生活安排下还是在未来的生活规划中都是以城市为定位地点的，笔者将其概括为"年轻人发展"。而"父辈"在城乡两地的位置则由家庭需要决定，其进入城市生活具有阶段性特征，这一阶段往往发生在孙辈还处于幼儿及小学教育阶段时，这是为了不耽误在劳动力市场中更具竞争力的子辈的工作，同时保证孙辈能在城市接受更好的教育，是由整个家庭做出的理性选择；他们退回农村生活也是节省整个家庭生活开支、继续创造收入的策略性安排。因此在笔者调查的楚市农村，父辈既要努力赚钱又要帮子辈带小孩的现象很常见。至于祖辈，这一代人在有些家庭是已经因死亡而缺失的，但在许多家庭中仍然是不可忽视的组成部分，也是非常值得重视和分析的部分。已经进入纯养老阶段的他们没有能力为家庭创造收入，但却在尽己所能地不给压力沉重的家庭增加负担：七八十岁的老年人只要还能动都会从事种田、养牛、种菜、捞鱼摸虾、种芝麻绿豆等劳动换取收入；并尽可能压缩自己的物质需求，将其控制在底线水平；一些老年人在不能动的时候，甚至选择用自杀这种极端的方式结束自己的生命。在整个家庭追求发展的过程中，祖辈以自养的方式沦为了乡土社会中相对悲惨的群体。

对农民进城买房和定居生活的资金来源进行考察，笔者发现，中年人在年轻人的发展中起到了关键的支撑作用。这种支撑体现在两个环节，一是进城买房的环节，二是进城定居生活的环节。农民进城买房支付房款的方式主要有两种，全款付清和首付加按揭。受经济能力的限制，首付加按揭是比较常见的支付方式，通常，首付的钱多半是由父母出的，房贷则由

父子两辈共同努力来归还。此外，为了节省家庭成员在城市生活的开支，在农村生活的父辈通常会向在城市生活的家庭成员不断地供给自家生产的米、油、蔬菜、鸡鸭猪肉等生活必需品，以便将整个家庭有限的货币收入注入城市生活的其他重要的消费环节之中，或者形成家庭积累以备后时之需，甚至会给在城市生活的家庭成员提供更直接的资金上的帮扶，尽力保障家庭成员在城市的生活质量。

在上述家庭成员的行为逻辑中，通过城市化实现的家庭发展呈现一个清晰的秩序，即年轻人（子辈加孙辈）尽力在城市发展，中年人（父辈）对年轻人的发展进行支撑，而老年人（祖辈）则本着不给家庭增加负担的原则留守农村自养。

相比于代际流动，家庭发展秩序能更为生动地描绘农民家庭在以实现向上的社会流动为目标的城市化实践中，不同家庭成员的行为逻辑，分析他们如何以有限的资源尽力促成子代的代际流动。这一家庭发展秩序概括起来就是——年轻人发展、中年人支撑、老年人自养。在这一秩序下，为了年轻人发展，村庄中大多数老年人都自觉沦为贫弱阶层，具体表现为"有钱吃饭没钱看病"，农村老年人的病多数就是拖好的，拖不好，就成了麻烦的大病，那样所剩的时日也就不多了，"走向自我了结"是他们沦为贫弱阶层最极端的表现。中年人放弃阶层流动的机会，全力支撑年轻人的发展，甚至，当前老年人自养的状态就是他们为自己规划的未来生活图景。年轻人作为劳动力市场中更具竞争力的群体，同其正在接受教育的子代一样，都代表着一个家庭未来发展的希望，他们在城市更丰富的社会资源中以其背后的家庭为后盾不断拓展发展的空间和可能，比如做生意、学手艺，并精心培育下一代，以求在城市长长久久、体面又有尊严地生活下去。传统家庭伦理中的"恩往下流"，通过家庭全体成员合力促成的"年轻人发展"得到清晰的呈现。

五 本章小结

本章的主要任务有三个，首先是在当前的社会结构中寻找到农民城市化的真正动力之所在，其次是在农民城市化的实践特征中发现农民城市化的具体目标，第三个任务建立在前两个任务的基础之上，即刻画农民在城市化实践中遵循的家庭发展秩序。本章是后文进一步分析和论述的基础和前提。本章虽然较多地着墨于农民城市化的实践经验，但每一个环节都有着笔者的理论关怀。

对农民生活的下层社会与农民逃离下层社会的冲动进行刻画，目的在于用当前农民所处社会阶层的结构性位置及其向上流动的愿望来回应传统推拉理论对城市化动力解释的泛化倾向、从经济结构出发对城市化动力解释的片面性、马克思从阶级结构出发对城市化的生存动力解释在国内无私有制的制度环境下的不适用，以及众多对农民工个体城市化意愿的研究缺乏结构性的视野。

对农民城市化的目标进行剖析，目的在于丰富当前政策界和学界对农民城市化目标认识的不足。政策界总是提倡"要让农业转移人口享受市民同等待遇"，却又总是陷在无的放矢的漩涡里；热衷于建立起完整的关于"什么是市民"的评价指标体系，却又难以靠政府的力量去落实。这总是不切实际的，因为市民本身就具有层级性的差异，城市中心区和边缘区的市民、城市富裕阶层的市民和贫弱阶层的市民、大城市市民和中小城市市民，等等，表明城市市民内部存在极大的异质性，因此，到底选取什么作为标准，便成为政府面临的困境，且不说政府是否拥有落实"让每一个农业转移人口享受市民同等待遇"这个政策口号的能力。学界关于农民城市化具体目标的研究也不多，大都和政策话语保持着高度的一致性，少有的关于农民城市化目标的研究，比如贺雪峰、夏柱智和王海娟等人的研究，非常具有启发性，但又没有完整地从学理上和经验上进行阐述。

本研究从最基本的行动单位着手，对农民通过城市化实现社会流动的发生机制进行刻画，目的在于以家庭发展秩序来弥补以往代际流动的概念对家庭资源有限的农民家庭推动代际流动的内在机理刻画的缺失抑或不足。

第三章

就近城市化：半城市化的
空间解释

本章的核心议题是对农民城市化实践的特征进行经验上的梳理，并结合农民城市化的动力、目标及路径来论证农民城市化实践特征存在的合理性。

一 半城市化：是畸形产物还是客观需要

从学界既有研究成果来看，我国农民的城市化存在两种状态，一种是实然的"半城市化"状态，另一种是应然的"彻底城市化"状态。

与学界所预设的城市化行为主体彻底的城市化状态相比较，"半城市化"是农民家庭的城市化已经开始但并未完成的状态。对"半城市化"的概念界定主要有两种，一是以贾若祥、刘毅（2002）为代表的针对我国20世纪90年代中后期以来的农村工业化而提出的"似城非城"的过渡性地域类型；二是以王春光（2006）为代表的针对我国城乡二元结构提出的农业转移人口不彻底的城市化状态，他将半城市化界定为"一种介于回归农村和彻底城市化之间的状态，它表现为各个系统之间的不衔接，社会生活和社会行动层面的不融合，以及在社会认同上的内卷化状态"。后者本质上指的是一种城市化在这些群体中已经发生，但并不彻底的状态，总体上表现为"进城却不定居，定居却不融入"。本书的研究初步采纳的是"半城市化"的第二个概念，通过对农民家庭半城市化状态的经验进行总结，笔者力图在已有研究的基础上对"半城市化"的概念做进一步的刻画和再解读。

对作为理想状态的"彻底城市化"的界定主要有三种：一是劳动力迁移包括从迁出地转移出去和在迁入地居住下来两个过程（蔡昉，2001），即迁移和居住是彻底城市化的两个必不可少的环节；二是除了在城市就业、定居之外，城市化还应包含城市融入，"彻底城市化"指的是农业转移人口能够真正融入城市社会生活，成为社区市民的一分子（王春光，2001；刘传江，2006；邓大松、胡宏伟，2007）；三是农民家庭完整、稳定地向城市迁移的状态，具体来说，"彻底城市化"指的是农民以家庭为单位实现的稳定的城市化状态（檀学文，2012；魏万青，2015）。结合上述三种观点，可以认为农民彻底城市化是农民家庭完整地迁出农村，进入城市，在城市定居，并融入城市的状态。

半城市化状态与彻底城市化状态之间存在的偏差是城市化研究的焦点问题。已有研究从表象、成因、后果和弥合方案等不同方面对农民城市化的偏差状态进行了解读，这些解读可以归纳为三种不同的视野，分别是城市视野、制度视野和城市化主体实践的视野。

在城市视野下，城市化研究的基本共同点在于，都默认了一个无差异的城市状态和市民状态，侧重于对农民城市化状态偏差的表象进行解读，并由此衍生了两个基本研究前提：第一，农民彻底城市化意味着农民在城市获得与市民同等的待遇；第二，农民彻底城市化意味着农民在其就业所在城市定居、获得认同并融入。农民的半城市化状态首先表现为，与市民相比，农业转移人口在城市化过程中存在着从劳动者权利到市民权利的系统性不足和社区生活参与不足的问题（文军，2004；秦晖，2012；王晓丽，2013）；其次表现为农民就业城市与定居地的不重合及其形塑的农民城市化的流动与不稳定形态（吴维平、王汉生，2002；赵晔琴，2007；王佃利等，2011）。

但是，城市视野下形成的彻底城市化的两个理想状态却无法解释两类越来越突出的城市化现象。首先，它们无法解释越来越多的农业转移人口选择到城市买房定居，却与农业转移人口就业所在城市在一定时期中并不重合，通俗地说，就是"在大城市务工，回小城市买房"的返乡定居现象（贺雪峰、董磊明，2009；夏怡然，2010）；其次，城市化蕴含着两个层面的转型，即从乡村社会向城市社会的转型和城市社会自身的转型，后一种转型也可称为城市自身的现代化过程。学界并不缺少对城市及其市民内部的城市参与程度差异性（郑杭生，2002；杨敏，2007）的研究，然而一些研究城市化问题的学者却没有正视这个问题，这直接导致他们预设的理想状态本身因其内部复杂的差异性而并不具体，进而无法有针对性地回答农民家庭追求的彻底城市化状态的具体指向。同时，这一视野还缺乏对农民家庭的整体性关怀。

在城市视野解读农民半城市化状态的基础之上，制度视野倾向于从成因、后果和弥合方案等方面进一步加以分析。在制度视野下，当前不彻底的城市化状态根源于以户籍制度和土地制度为核心的体制性城乡二元结构。这一"二元结构"是农民在城市化过程中面临"双重户籍墙"的制度障碍（刘传江、程建林，2009）、农民工在劳动力市场中遭受不公正待遇（王小章，2009）和农村遭遇"三留守"问题的温床，同时当前土地制度对农民资源变资本的能力构成极大束缚从而进一步加深了农民城市化资本不足的能力障碍（周其仁，2013；文贯中，2014）。因此，持制度视角的学者主张深化改革，逐渐形成城乡一体的居民登记制度和城乡一元的土地要素市场，以更好地"维护农民工权益"，实现"人地钱"相挂钩，推动农民从半城市化状态向彻底城市化状态转变。

制度视野下的城市化研究存在泛制度主义的嫌疑，其倾向于认为破除城乡二元的制度结构是实现农民从"半城市化"向彻底城市化转型的万能钥匙，而对城乡二元结构与"半城市化"经验状态之间的内在关联缺乏细致勾勒。"半城市化"状态作为一种社会事实，有其复杂的影响机制，若不对其进行剖析，则难以把握"半城市化"状态的根源，也难以有针对性地从"半城市化"问题中剥离出有效的制度分析和政策建议。

最后是城市化实践主体的视野，该视野的侧重点在于强调城市化实践主体的主观能动性，以描述农民城市化实践的微观过程为研究旨趣，这一视野重新解读了农民城市化偏差状态的表象及其成因。许多研究者认为偏差状态的出现与农民在城市定居和融入城市的意愿和能力不强有关，进而从收入水平、社会资本、性别、年龄、婚姻状态等变量着手测量其与农民城市化意愿和能力之间的关联度（熊波、石人炳，2007；姚俊，2009；李楠，2010），但是单方面强调个体因素的解释进路最终还是会回到制度视野框定的城乡二元结构对个体意愿和能力的限制中去，以至于其提出的弥合方案与制度视野下的城市化研究总能密切契合。另一些研究者认为，在当前一些社会特征的结构性限定下，城市化偏差状态具有其存在的合理性，他们认为半城市化状态是农民城市化过程中的一种过渡形态，并指出它是与我国当前的国家能力、人口结构、经济规律和经济格局相适应的，是城市化过程中农民主体致力于获得"城市中产阶级生活方式"的过渡性选择（潘维，2009；贺雪峰，2010；王海娟，2015），遗憾的是这些观点并未得到系统的论证。

笔者的半城市化研究将沿着城市化实践主体的视野继续拓展，以农民家庭为城市化研究的基本分析单位，探讨其在城市化过程中致力于获得的市民生活的具体状态及其实现方式，并以此为基础对半城市化状态的合理性进行系统分析。

二　作为农民家庭客观选择的半城市化实践

（一）　农民家庭半城市化实践的两个维度

通过对楚市7个村庄农民家庭城市化实践过程的分析，笔者发现农民家庭的城市化参与主要表现为四个方面的内容——进城务工、进城买房定居、进城养老和户籍城市化。这一发现既与学界已有研究相吻合，也是进一步在内容上的具体化：进城务工标志着农民家庭经济收入的城市化，也是农民家庭经济收入的非农化；进城买房定居标志着农民家庭社会生活面向的城市化，是农民家庭生活安排走出农村进入城市的标志性事件；进城养老标志着农民家庭完整地进入城市，即它凸显的是农民家庭成员向城市迁移的完整性；户籍城市化则意味着农民家庭在制度身份上融入城市，是参与城市化的农民融入城市的标志性事件之一。农民家庭在这四个城市化内容的参与分布呈现为递减状态。

以这四个内容作为农民家庭城市化的衡量指标可以发现，半城市化主要包括三个基本面向：一是农民家庭经济收入的半城市化，其典型表征是随打工经济兴起而广泛存在的"半工半耕"的农民家庭的生计模式；二是农民家庭成员社会生活的半城市化，既包括农民工在城乡之间往返的社会生活状态，也包括农民家庭成员在城乡之间的拆分，"三留守"和"农民工的候鸟式迁移"是其典型表征；三是家庭成员制度身份的半城市化，指的是农民家庭只有部分成员——往往也只占少数——甚至没有家庭成员实现了户籍城市化，户籍城市化严重滞后于常住人口城市化是其突出表征。第一个面向和第二个面向是一体两面的，即家庭经济收入的半城市化与家庭社会生活的半城市化共同存在；二者和第三个面向则呈现为充分非必要关系，即前两个面向的半城市化必然意味着制度身份的半城市化，但制度身份的半城市化却不一定意味着前两个面向的半城市化。

综合三个面向来看，半城市化事实上是农民家庭在城市化过程中继续与农村保持经济和制度关联的状态，其中前两个面向集中体现为与农村保持经济关联，后一个面向则体现为与农村保持制度关联。

（二）农民家庭半城市化实践的四个具体类型及其在村庄经济结构中的分布

调查发现，不同农民家庭的半城市化状态在不同维度的关联上存在显著的异质性，这促使笔者根据处于半城市化阶段的农民家庭与农村产生关联的面向和程度的差异，将农民家庭的半城市化实践分为四个具体类型。除去没有家庭发展意愿的纯女且不招婿的农户和不具备家庭发展能力的贫弱阶层的农户，笔者对剩余的 257 户农户①进行了简要的统计，这 257 户农民家庭的情况如表 3 - 1 所示。

表 3 - 1　257 户城市化农民家庭在四种半城市化类型和彻底
城市化中的分布情况

	梅村组	巷村组	加村1组	加村2组	加村3组	目村1组	目村2组	合计	占比（%）
托举型	7	7	13	10	11	12	16	76	29.57

---

① 这里的 257 户是笔者在 7 个村民小组的所有农户中通过排除两种极端情况后筛选出来的，两种极端情况指的是，基本丧失家庭发展能力和无家庭发展意愿的农户，前者主要发生在村庄中的贫弱阶层，后者主要发生在村庄中的纯女且没有招婿的农户中，后者的家庭是因家庭继替发生断裂而将走向消亡的家庭类型，这类家庭无发展意愿。

	梅村组	巷村组	加村1组	加村2组	加村3组	目村1组	目村2组	合计	占比（%）
减负型	3	5	9	7	11	19	18	72	28.02
后路型	11	3	2	1	11	9	3	40	15.56
脱钩型	5	3	15	8	10	12	2	55	21.40
彻底城市化	2	1	4	2	0	3	2	14	5.45
合计	28	19	43	28	43	55	41	257	100

首先是托举型和减负型。属于这两种类型的农民家庭在经济上和制度上均与农村存在关联，其中托举型的经济关联明显强于减负型。为方便区别，笔者以家庭收入中农村和城市收入比是否大于1为判断依据：大于1即农村收入占家庭收入的比重更大，为托举型，它代表的是农民家庭城市化过程中经济收入主要来源于农村，但这并不会成为他们进城买房定居的障碍，反而成为其城市化的资源支撑；小于1即城市收入占家庭收入的比重更大，为减负型，指的是农民家庭城市化过程中的经济收入主要源自城市，但农村收入往往又构成必要补充。事实上，托举型与减负型半城市化状态的区分，与农民家庭收入结构上存在的Ⅰ类兼业户和Ⅱ类兼业户这种区分是重合的。

其次是后路型和脱钩型。这两种类型的农民家庭仅在制度上与农村存在关联，换言之，这两类农民家庭收入中均没有农村收入。两者的区别在于同农村断开经济关联的稳定性程度：脱钩型处于稳定状态，即能够稳定地在城市生活，这部分群体是实践农民户籍城市化意愿不强的第二套逻辑，即权利逻辑的主体；后路型处于不稳定状态，因为不稳定，所以存在退回农村、重建与农村的经济关联的可能性，而他们与农村保持的制度关联为其退回提供了制度保障。

四种半城市化类型在四个城市化内容的参与上存在差异：一是均存在进城务工的城市化实践，但前两类均是家庭部分劳动力进城务工，而后两类则是家庭全部劳动力进城务工；二是均存在进城买房定居的城市化实践，但前三类还存在许多没有买房定居的，已经买房的也存在两种不同的情况，即绝大多数都处于还未入住和只有家庭的部分成员入住的状态，后一类则基本达到了全体家庭成员定居城市的城市化状态；三是只有脱钩型家庭参与了进城养老的城市化实践，意味着该类型的农民家庭完整地进入了城市，且有能力承受这一城市化实践背后附着的资源压力，托举型和减负型主要依赖农村土地养老，由于尚处于理想的家庭人口结构状态下，后路型农民家庭的养老方式则处于待定状态；四是四种半城市化类型的农民家庭参与户籍城市化均不完整甚至完全没有参与，其中托举型、减负型和后路型的农民家庭中要么没有，要么只有少部分成员参与了户籍城市化实践，脱钩型的农民家庭中也有部分成员还没有实现户籍城市化，有不少脱钩型半城市化状态下的农民家庭只有一个老年人的户口还保留在农村。以上区别详见表 3 - 2。

表 3 - 2　半城市化农民家庭类型及其城市化参与情况

	进城务工	进城买房安家	进城养老	户籍城市化
托举型（76 户）	部分家庭劳动力成员参与	买房且入住（37 户）	没有	部分入住人口
		买房未入住（18 户）	没有	基本没有
		未买房（21 户）	没有	基本没有
减负型（72 户）	部分家庭劳动力成员参与	买房且入住（42 户）	没有	部分入住人口
		买房未入住（11 户）	没有	基本没有
		未买房（19 户）	没有	基本没有
后路型（40 户）	全部家庭劳动力成员参与	买房且入住（17 户）	待定	部分入住人口
		买房未入住（10 户）	待定	基本没有
		未买房（13 户）	待定	基本没有
脱钩型（55 户）	全部家庭劳动力成员参与	买房且入住（55 户）	都已实现	家庭大部分入住人口

　　注："基本没有"并不等于没有，因为有些家庭的部分成员是因升学或参军等特殊性因素将农村户口转成城市户口的，但是从数量上来讲只是极少数，而且当前越来越多的农村大学生都倾向于不迁户口。"待定"的意思是，后路型城市化农民家庭的中老年人口是否在城市养老还没有确定，因为当前的劳动收入还能应付城市生活开支，若确定进入"进城养老"阶段，则后路型即转变为脱钩型，否则将转变为减负型或托举型。

　　根据表 3 - 2 可以发现楚市农民家庭的城市化参与具有以下特征，第一，户籍城市化的情况与我国户籍城市化率严重滞后的事实基本吻合；第二，劳动力城市化与户籍城市化形成鲜明对比，即劳动力城市化的迹象非常显著，这与我国常住人口城镇化率高达56.1%[①]的情况相吻合；第三，以农村为依托的土地养老是大多数农民家庭在城市化过程中所选择的养老方式，这与学界近年关注的"老人农业"参与率提升（白南生等，2007；贺雪峰，2015）的现象相吻合；第四，农民进城买房安家的热情仅次于进城务工，楚市257户具有发展意愿和发展能力的农民家庭绝大部分都有在城市购房安家的诉求，其中已经买房的农民家庭的比重高达79.38%，即便以笔者统计的这7个村庄的原始农户总数来计算，这个比重也高达66.02%。

这四种半城市化类型在村庄经济结构中的分布如表3-3所示，笔者发现，脱钩型半城市化仅分布在非农户中属于富裕阶层和中上阶层的农民家庭之中。此外，所有四种半城市化类型在村庄经济结构中的分布与农民家庭的经济收入结构和收入水平的具体状态具有显著的规律性，即脱钩型半城市化主要分布在作为非农户的中上阶层和富裕阶层之中；后路型半城市化也是作为非农户的农民家庭，但其收入水平在四个阶层主要归属为中间阶层和中上阶层；减负型半城市化则主要是作为Ⅱ类兼业户的农民家庭，其村庄阶层归属主要是中间阶层、中上阶层和少数富裕阶层；托举型半城市化主要分布于Ⅰ类兼业户，其阶层归属与减负型半城市化类似。

表3-3 四种半城市化类型在村庄经济结构中的分布情况

单位：户

项目	贫弱阶层	中间阶层	中上阶层	富裕阶层	合计
纯农户	0/0/0/0	0/0/0/0	0/0/0/0	0/0/0/0	0/0/0/0
Ⅰ类兼业户	0/0/0/0	34/0/0/0	39/0/0/0	3/0/0/0	76/0/0/0
Ⅱ类兼业户	0/0/0/0	0/30/0/0	0/32/0/0	0/10/0/0	0/72/0/0
非农户	0/0/0/0	0/0/21/3	0/0/19/16	0/0/0/36	0/0/40/55
合计	0/0/0/0	34/30/21/3	39/32/19/16	3/10/0/36	76/72/40/55

注：*/*/*/*即托举型/减负型/后路型/脱钩型的户数。

[①] 参见中华人民共和国国家统计局《国家统计局新闻发言人就2016年一季度国民经济运行情况答记者问》，http://www.stats.gov.cn/tjsj/sjjd/201605/t20160526_1361050.html。

三 半城市化格局下的就近城市化实践

通过对楚市农民家庭买房安家所选择的城市进行统计分析发现，257 户农民家庭在定居城市的选择上具有非常显著的就近特征：257 户中，进城买房的共有 204 户，其中 181 户选择了在楚市买房定居；还处于半城市化状态的 243 户中，进城买房的共有 190 户，有 167 户选择在楚市以内买房定居，具体地域分布如表 3 - 4 所示。

表 3 - 4 楚市 190 户半城市化农民家庭的就近买房定居情况

单位：户，%

	入住	在楚市以内定居			楚市以内合计	楚市以内占比	在楚市之外定居	
		市区	县城	乡镇			大城市	中小城市
托举型（55）	是	21	6	2	29	15.26	3	2
	否	11	9	1	21	11.05	0	0
减负型（53）	是	20	4	5	29	15.26	8	3
	否	8	5	0	13	6.84	0	0
后路型（27）	是	14	3	1	18	9.47	1	0
	否	4	2	2	8	4.21	0	0
脱钩型（55）	是	40	5	3	48	25.26	6	0
	否	0	0	1	1	0.53	0	0
合计		118	34	15	167	87.89	18	5
占比		62.11	17.89	7.89	87.89	—	9.47	2.63

注：因本节重点关注半城市化现象，因此，表 3 - 4 中"占比"的计算均以已经在城市拥有房屋的 190 户半城市化状态下的农民家庭为基数。

（一） 就近城市化的内涵界定

学界对国内就近城市化的关注始于 20 世纪 80 年代。当时中央政策鼓励发展小城镇，试图通过发展乡镇企业以"离土不离乡"的办法就近就地转移农业剩余劳动力；但随着人口流动政策松动、企业改制和全面取消农业税费，绝大部分乡镇企业破产，"离土不离乡、进厂不进城"的就近就地城市化破产。2010 年前后，一个新的就近城市化的现象引起了学界的广泛关注，即农民工返乡城市化的现象。夏怡然（2010）通过对在温州的外地农民工的调查发现，农民工回老家的城市定居的意愿强烈，且选择县城和地级市的比重最高。胡小武（2011）指出，农民就近城镇化提高了居住水平，且与向大都市迁移带来的高额生活成本相比更优越、更舒适。刘成斌、周兵（2015）通过对 2013 年全国流动人口相关数据的分析指出，农民工存在着突出的返乡建新房、就地购房和异地购房现象，就地购房指的是农民工在家乡的城市购房，异地购房指的是农民工在其就业所在的外地城市购房，其中就地购房的比重达 22.2%。

结合以上研究，本书将就近城市化界定为农民向其家乡的城市集中的过程，且突出表现为在家乡的城市买房定居的过程，即就近城市化不一定以在该城市就业为起点，但以在该城市购房定居为基础。

（二）半城市化格局下就近城市化的特征描述

结合表 3-4 和相关农民家庭城市化实践的案例分析可以发现，楚市农民家庭的就近城市化具有如下特征。首先，四类半城市化状态下的农民家庭在定居城市的选择上不仅存在着突出的就近城市化特征，而且存在着向楚市市区集中的特征，后者相对好理解，因为楚市相较于县乡镇有着更优越的城市公共服务和因人口更加集中而产生的相对密集的经济机会。案例 3-1 是对该特征的印证。但是，市区的房子比县城贵，县城的房子又比乡镇贵，这是常识，即县市的房子往往在给农民家庭带来更多的经济机会和丰富的生活内容的同时，也给其带来更大的经济压力。

案例 3-1 托举型半城市化 加村 8 组李光，现年 50 岁，其妻子 48 岁，儿子现年 27 岁，初中文化程度，现在在广东打工。李光 2015 年在加村所在的乡镇给儿子买了一套 9 万元的房子，也装修好了。但是儿子不领情，不肯要这套房子，李光的儿子说："在乡镇，哪里有什么人气，（就业）机会少得可怜，最多在超市摆个货，工资连个人都养不活；而且要什么（指的是教育条件、公共娱乐生活）没什么，不说买楚市市区的房子，起码县城的房子还差不多。"

其次，在楚市以内购房并不与在楚市以内定居生活同时发生。表3-2呈现的大量存在的"买房未入住"现象是这种不同步的重要表现之一。在楚市以内"买房且入住"也并不意味着整体家庭成员都入住，在托举型和减负型两类半城市化状态中均未实现整体家庭成员入住，其家庭中均有成员仍在农村生活，甚至也有成员在外地务工经商；后路型半城市化状态也有部分农民家庭中还有人在外地务工或经商，如案例3-1、3-2、3-3和3-4所示。

案例3-2 减负型半城市化 梅村3组黄吉，现年62岁，种24亩地，黄吉2011年在县城给儿子买了一套房子，现在只有黄吉的妻子在县城的房子里住，带孙子在县城上幼儿园。黄吉的儿子、媳妇还在省城打工，因为省城的工作机会和工资水平比县城要好很多，综合考虑，他们想等到父母年纪再大些了不能帮忙照顾小孩的时候再回县城生活，现在多挣些钱。黄吉自己一个人在家种田，妻子等到孙子放假或放学之后回老家给黄吉帮忙、做饭。

案例3-3 减负型半城市化 目村8组鲁心化，夫妻二人现年都54岁，儿子1988年出生，是高中毕业生，2013年结婚，小孩2岁了。2016年，鲁心化的儿子靠自己在楚市按揭了一套房子，已经装修入住了。不过现在只有鲁心化的儿子儿媳夫妻两人住在楚市，儿子在楚市的机器人厂里做电工，拿的是计件工资；儿媳在百货公司上班，做销售员；小孩在农村，由鲁心化夫妻带，农闲的时候鲁心化夫妻就带着小孩去楚市和儿子儿媳团聚，给他们做饭，并带去家里自产的大米、青菜、鸡鸭鱼肉和菜油等，减少儿子儿媳在城里的生活开支，农忙的时候就把孙子放在儿子儿媳身边，在农村专心种田。楚市与村庄之间来回很方便，车程1个小时。鲁心化打算，再过几年，等孙子要上学了，就自己一个人在家种田，老婆有时间就回来帮忙，没时间就在楚市接送孙子上学，给孙子做饭，"让小孩的父母专心挣钱"。

　　案例3－4　后路型半城市化　目村5组张加见，夫妻二人都是44岁，儿子21岁，初中文化程度，一家三口都在广州打工，家里只保留了宅基地和不到1亩的自留地。2013年，张加见在楚市的县城买了一套房子，想等到儿子结婚的时候再装修，所以房子也一直空着没有住人，现在一家三口还是在广州打工。张加见对今后生活的打算是，等到给儿子操完了心，在城市找不到工作就回农村养老，虽然自己没有田，但一直在村里生活的几个兄弟给个两三亩的口粮田就可以，再把自留地复垦，老房子翻新一下。促使他做出这种安排的原因是，儿子文化程度不高，也没有什么手艺，他担心儿子以后在城市无力承担赡养他们的责任。

　　最后，在楚市以内购房并没有与家庭成员全体入住楚市同时发生。笔者以农民家庭为分析单位进行调查时发现，楚市243户半城市化状态下的农民家庭在楚市以内城市买房的167户中，只有脱钩型的49户实现了基本在定居的城市获取全部家庭收入。托举型和减负型的92户农民家庭均还有来自农村的收入，具体如案例3－1、3－2和3－3所示。需要指出的是，他们的城市收入并不一定源于其定居的城市，而是源于其在发达大中城市的务工，详见案例3－1和3－2，即农民家庭成员务工就业的城市和选择买房定居的城市并不重合——该比重超过这两种半城市化类型中已经在城市买房的50%，包括买了房但并未入住的34户和已经入住的28户。在后路型的27户中，只有13户同脱钩型的情况相似，其余14户的家庭收入虽然都源于城市，但并不全源于其买房定居的城市，而是源于其在发达大中城市务工经商，具体如案例3－4所示。

（三）　楚市特定区位条件下就近城市化被建构出来的悖论

　　在市场经济规则的支配下，楚市的区位特征在于它是人口净流出的中西部中小城市，人口净流出不仅因为本市域范围内的就业机会相较于发达的大中城市而言非常稀少，还因为本市普通农民工的工资水平比发达的大中城市低。

楚市这样的经济形势和人口净流出的格局与楚市的 7 个村民小组已经在城市买房的 204 户中在楚市以内买房定居的比重高达 88.24% 似乎形成了一个悖论。在此需要提出的问题是：为什么楚市农民在发达大中城市拥有更多的就业机会和更高的工资收入，却选择在就业机会稀少、工资收入低的楚市买房定居？

朱宇（2014）认为，"清醒的农民工"并没有把在打工城市定居作为目标。章铮（2006）指出绝大多数农民工不具备在打工的城市定居的能力，原因在于其收入水平和城市的物价与房价水平差距过大。道格·桑德斯（2014）通过王珍蕾夫妇——因为"不管怎么努力存钱，还是永远在深圳买不起一套房子"，而不得不放弃在深圳更优越的工作条件和更高的薪酬，回到重庆的六公里，"一个孤独阴暗的深渊"——这个案例从侧面揭露了这一悖论源于发达大中市高昂的房价，他认为应该允许承担"落脚城市"功能的贫民窟存在于发达城市周边，这将是农民进入城市的跳板，即便这个希望很渺茫。

在城市化的托达罗模型中，这个问题无法得到解释，因为人口最后并没有流向工资水平或者边际劳动生产率更高的发达城市，而是去往工资水平或边际劳动生产率次高的中小城市。这不符合经济学进路下城市集聚经济效益最大化的要求（文贯中，2014），致使发达城市产生与我国农业劳动力过剩现象相悖的"民工荒"，因此有学者主张进行户籍制度改革，还主张改革发达城市的住房供给政策，以降低农业转移人口进入发达城市的迁移成本（蔡昉、王美艳，2005）。

总之，这些学者侧重于从农民工无法留在大城市的角度对农民工返乡就近城市化进行解释，同样预设了两个未经验证的应然状态，并以其建构了就近城市化的悖论。这两种应然状态：一是农民本应该遵循托达罗模型揭示的规律，即往边际劳动生产率更高的城市流动，其根本落脚点在于，将农民简化为劳动力，进而简化为追求劳动报酬最大化的"经济人"，以此暗示农业转移人口就近进入中小城市的不合理；二是来到发达城市的农业转移人口应该在该城市定居，因为可以在这个城市获得更高的收入，并参与这个城市集聚经济效益最大化的过程之中，从而暗示返乡以及返乡城市化的不合理。但是笔者却倾向于从农民家庭的行为逻辑出发，对返乡城市化过程的发生进行剖析和解读。

四　理解半城市化及其格局下必然发生的就近城市化实践

获得对半城市化状态之合理性的认识和突破就近城市化悖论之陷阱的关键在于转换研究视野。首先，应该从对经济现象的关注中跳出来，转换到对人的关注中去，即对作为城市化行动主体的农民家庭的关注；其次，应该不止于关注城市化农民家庭的经济生活，而应将农民家庭生活的各个维度综合起来进行分析。

（一）　半城市化是家庭发展秩序的客观需要

从农民家庭在底层农村社会的遭遇来看，当前的年轻人群体在进城务工和进城买房这两个城市化的具体内容上具有相当程度的紧迫性，但是在弱势积累的形势下，这部分群体自身获取城市收入的能力与在城市买房定居的目标不匹配，因此需要调度整个家庭的力量参与城市化的过程。经验中呈现的农民城市化往往以其家庭为单位，且参与进城买房定居生活这一城市化内容中来的农民家庭并不必然是村庄中的精英，如文化精英、政治精英和经济精英等，尤其并不必然是经济精英，因为村庄中大量的中间阶层和中上阶层都在广泛地参与城市化实践。笔者将城市化实践主体的这种扩大化现象称为城市化主体的"去精英化"。

农民城市化是农民实现代际流动的阶层实践，这一代际流动的具体内容指的是农民家庭中的年轻人从底层社会跻身城市中间阶层，从而比作为父辈的中年人和作为祖辈的老年人在整个社会结构中获得较"农村的农民"而言要高的社会地位。所以，以往以"正向筛选"和"精英能力"为前提对大多数农民旁观极少数农村精英参与城市化实践的分析，已经不适应当前农民城市化的新形势。这个新形势的核心是城市化主体的去精英化，构成了农村年轻人实现代际流动的重大社会背景。这里我们需要追问的核心问题是："非精英"农民家庭的年轻人如何实现代际流动？

代际流动在阶层分析理论中只是一个检验性的概念，即对社会结构的封闭性程度进行检验，因此它本身并不致力于回答代际流动是如何展开的。将这一理论问题的空白带入农民的城市化实践时，问题就变为，普通家庭的年轻人如何实现城市化？再就是，作为城市化结果之一的代际流动如何在其家庭全体成员中展开？笔者试图通过农民家庭在经验上呈现的年轻人发展、中年人支撑和老年人自养为具体内容的家庭发展秩序来对这两个问题进行解答。

在家庭发展秩序中，"年轻人发展"以年轻人在城市定居并在城市获得稳定收入为核心内容，因而是半城市化中属于城市的部分，是非农化的部分。这个部分对整个家庭的经济资源具有极大的需求，且往往使非精英的农民家庭遭受极大的资源不足的压力。

"老年人自养"的已知前提是，农村老年人的养老模式处于由家庭养老向社会养老转变的过渡阶段，但囿于国家为数量庞大的农村老年人群体提供与城镇职工养老保障同等的社会养老保障能力不足，且家庭养老的社会空间也在农民家庭经济资源向年轻人倾斜的形势下被极大地挤压，老年人往往自觉将自己尚有的劳动能力与土地结合实现自养，以缓解整个家庭的资源紧张，或者至少不给本就有限的家庭经济资源做减法，因此与"年轻人发展"截然相反，"老年人自养"是半城市化中属于农村的部分，这个部分是体现半城市化状态是农民家庭发展秩序之客观需要的第一个层面。

家庭发展秩序中不容易辨别的是中年人群体，中年人无论是在就业形式上还是在生活安排上都没有明确的是属于城市还是属于农村的界限，即有的家庭的中年人在城市务工，有的家庭的中年人在农村务农，还有的家庭的中年人在农村务农的同时还在周边城市兼业；有的家庭的中年人生活在城市、有的家庭的中年人生活在农村，还有的家庭的中年夫妇分开了——一个在城市、一个在农村。那么面对中年人不规律的城乡分布，如何找到这部分群体在城市化过程中所具有的规律性，是理解半城市化状态之所以为家庭发展秩序之客观需要需解答的第二个重要问题。

从楚市农民家庭城市化实践的具体经验来看，中年人的具体状态虽然千差万别，但有一个核心共性不容忽略，即服务于城市化过程中年轻人发展的实际需要，且是"年轻人发展"的重要支撑。

由于成长过程中接受的教育条件不同，先赋性社会资源占有也并不均衡，这些差异是造成农民家庭中的年轻人的平均工资水平低于市民家庭平均工资水平这一客观局面的重要因素。不止于此，农民家庭的年轻人在城市发展还面临着没有属于自己的稳定住所这一重大起点劣势，这意味着，农民家庭的年轻人必须在自己本就相对少的工资里除去获取住所所需要的资源，笔者将其称为"弱势累积"。而"年轻人发展"的本意在于，农民家庭要让年轻人在城市过上城市中间阶层的生活，实现向上的阶层流动，若单纯只靠年轻人自己的能力，这意味着他们要在城市获得显著的高于市民家庭的年轻人的一般工资水平。而现实情况却是，年轻人在城市获得的工资与其发展目标极不匹配。换言之，年轻人在城市的发展有着显著的资源需求，因而需要其家庭的资源向其倾斜。

这意味着，"上有老、下有小"的中年人需要将其有限的劳动能力服务于年轻人发展对经济资源的需要，其表现就是：为年轻人攒钱，并出资赞助他们在城市买房；帮年轻人带小孩——若整个家庭的经济条件尚可，就在城市帮忙带，如此还可以让孙辈在城市的优良环境中成长，否则就暂时放在农村带；或者留守农村，一方面，通过减少在城市生活的人口，为年轻人在城市生活节省开支，将家庭有限的消费能力集中到年轻人参与城市生活的过程中，另一方面继续为在城市生活的年轻人进行直接或间接的经济支持，其中直接的经济支持指的是现金上的支持，间接的经济支持指的是通过输送农产品减少年轻人在城市生活的成本，保障其参与更具有城市象征意义的消费；或者当前在城市务工，但没有留在城市生活和养老的打算，而是做好了回农村养老的准备，一方面，整个家庭在城市发展的经济条件有限，无法负担过多人口的消费，另一方面，年轻人和父母普遍不愿意住在一起，因为住在一起就难免会有婆媳矛盾，婆媳矛盾在经济条件紧张的时候更容易产生，所以退回农村也是在有限的经济条件下避免家庭矛盾的办法，毕竟尚处在进城过程中的农民家庭极少能够在城市负担第二套房子。

但这里的种种情况均没有绕过一个核心议题，即农民家庭在城市化的过程中获取城市收入的能力和水平是否足以在城市负担一个并无优势的家庭人口结构？一般而言，就收入最大化来说，最优的家庭人口结构是一个全劳动力结构，往往很多后路型半城市化农民家庭都具备这种人口结构特征，案例3-4就是一个典型；而不算优化的家庭人口结构是有纯消费者的人口结构，如小孩和老人，以及重病重残者，该结构的优化程度与农民家庭的自然生命周期相关，也与市场和其他社会风险相关。在具体的四类半城市化类型中，托举型半城市化和减负型半城市化的农民家庭在城市获取收入的能力往往无法负担一个不算优化的家庭人口结构；而脱钩型半城市化则可以负担；至于后路型半城市化则因其家庭人口结构处在最优阶段，但存在着向非最优化转变的必然性，导致该类型能否负担存在着不确定性，如案例3-5所示。

案例3-5 从后路型半城市化向减负型半城市化转变 目村8组曾日辉，现年48岁，爱人47岁，儿子27岁，媳妇27岁，孙女3岁，孙子不足1岁。20世纪90年代的时候曾日辉一家就去深圳打工，那时候小孩就交给还在世的爷爷奶奶带，儿子2007年高中毕业之后也去了深圳跟父母一起打工。2009年家中的老父母去世，曾日辉一家人回村居住了一年，2010年在楚市下辖的县城买了一套房子装修后全家人都入住了，2010年到2015年全家人都依赖曾日辉在建筑包工中获得的收入生活。2011年曾日辉的儿子结婚，婚后生了两个小孩。2015年下半年中小城市的建筑业整体不景气，曾日辉这种小老板最先被市场击垮。一家人在县城的生活开支，特别是两个小孩的养育成本无法负担。于是曾日辉的儿子外出浙江打工了，因为浙江的工资水平远超过楚市；而曾日辉因为习惯了当老板不习惯被管束，就退回到农村将自家的10亩耕地改造后用来养鸡。

从已知经验来看，无法负担全家人在城市生活的农民家庭占绝大多数，因此，农民家庭必然面临着根据家庭生活需要和家庭生命周期的变化，在一个动态的过程中实现分布在城市的家庭人口结构的最优化，或者至少能够让生活在城市的人的消费不超额透支其生产能力，而将可能对分布在城市的家庭人口结构最优化产生削弱的人口或者超额的消费人口向农村转移或者留守农村。进而产生有助于推进"年轻人的发展"的结果，即退回或者留守的中年人在农村继续作为生产者而避免成为城市消费者，作为农村生产者的中年人可以持续为在城市发展的年轻人提供支持，或者至少不成为"年轻人发展"的"超额负担"。这是半城市化作为家庭发展秩序客观需要的第二个层面。

从老年人当前的生活状态看，许多农民家庭的中年人对自身未来生活的预期不高，从阶层流动来看，老年人具有显著的向下流动特征，具体表现为其将自身的生活水平控制在最低限度，中年人则呈现明显的放弃代内流动的趋势，具体表现为通过代际支持将可以用于自身实现社会流动的资源转移给年轻人，整个家庭集中有限的资源助推年轻人在城市发展。不论是老年人自养还是中年人对代内流动的放弃，以及年轻人对来自农村的资源输入的依赖，都意味着城市化过程中农民家庭发展对农村的需要。换言之，半城市化是农民家庭发展在获取城市收入能力有限的情况下做出的客观选择。

农村之所以能作为中年人和老年人的归属，取决于两个重要因素：首先，中老年农民是已经或者即将被劳动力市场甩出的却又尚有劳动能力的劳动者；其次，土地承包经营制度和农业对劳动力的低要求共同建构了极低的农村和农业劳动力的市场化程度，为中老年农民劳动者构筑了一道庇护网，使其劳动能力能在这个场域中继续同土地这一生产资料结合，继续创造价值。

（二） 作为"缓冲带"的"家乡中小城市"与就近城市化实践

马克思预言整个社会将会由私有制塑造成由无产阶级和资产阶级构成的一个两极分化的社会，这种两极分化的社会结构蕴含着发生激烈的社会冲突的可能，无产阶级革命将会爆发。但是各个发达资本主义国家却没有朝着这个方向迈进，"恰恰相反，马克思所预言的资本主义社会将日益分裂出的两大相互直接对立的阶级在其内部都出现了分化"（李路路、秦广强等，2016：37），这种分化表现为：在作为资产阶层的一端，由于股份制带来所有权和经营权的分离，从而产生了一个"全新的管理者群体"；在工人阶层的一端，随着教育事业的蓬勃发展和社会分工的不断细化，知识分子、专业技术人员等职业群体不断涌现，两端不断分化的后果是，出现了一个日渐庞大的中间阶层（See Dahrendorf. R.，1959：41－57）。

米尔斯在 1951 年时用白领阶层来概括美国的中间阶层，认为这一阶层所带有的"政治后卫"和"消费前卫"的特征，是对两极社会进行调和的"缓冲带"（李路路等，2016：143）。但是，"缓冲带"不仅是一个静态的阶层结构概念，帕金通过对社会流动现象的观察和分析，提出了其颇具影响力的"社会文化缓冲带"理论，"大量底层白领职业群体"是构成这个缓冲带的主体，该理论的核心观点是，"社会最上层和最下层之间的流动很少发生，因为两极之间的距离太远、流动困难，而流入和流出缓冲带的阶级流动就更容易一些"（李强，2011：117）。关于社会中间阶层和缓冲带的这些既有研究成果，构成了笔者思考就近城市化问题的重要理论资源。

中国的社会结构具有以下几点宏观特征。首先，整个社会存在一个庞大的下层，其主体是农村社会，而城市中间阶层的发育不足，即"该缩小的阶层规模没有缩小，而该扩大的阶层规模也没有扩大"（陆学艺，2002）。其次，中国不仅存在着一个贫富分化的社会群体，还存在着一个贫富分化的地域群体。一极是东部发达城市和中西部作为政治行政中心的大城市，这些城市往往有着庞大的人口规模、可观的经济总量、高昂的房价和与之相应的高生活成本。另一极是中西部欠发展的广大农村地区，这些农村地区存在着一个庞大的流入前一极寻找务工机会的劳动力群体。而作为"缓冲带"的中西部中小城市还未得到充分的发展从而限制了其对当地农业剩余劳动力的吸纳，造成了区域性的劳动力净流出。再次，每个具体城市社会内部都存在相对微观的社会分层结构，即内部又有着更为细致和具体的富人阶层、中间阶层和贫弱阶层的划分。最后，幅员辽阔的中国不仅存在不同阶层间的文化差异，而且还存在相同阶层内部因地域分布差异带来的空间距离和文化差异。这是在中国这一特定场域中使用"缓冲带"进行社会流动分析时必须纳入的关键因素。笔者试图通过图3－1来呈现中国社会结构所具有的上述特征，并以能力缓冲和文化缓冲来对"缓冲带"进行类型上的操作。

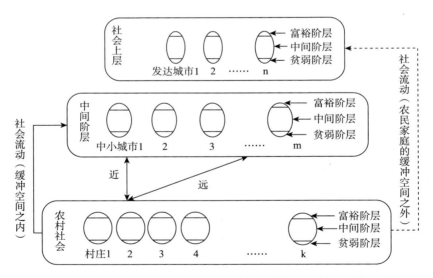

图3－1 "城市等级差异－地域空间距离"二维视野下的中国社会结构

这里需要对图3－1做出简要的说明。首先，此图并非是从群体收入水平和职业类型着手对中国社会结构进行的划分，而是从农民城市化实践的难易程度着手对城市体系进行的等级划分。其次，每一个区域社会在其内部都有着更加具体的阶层结构图式，单个家庭在该结构中所处的位置取决于其收入水平。最后，空间距离的远近也影响着农民家庭城市化过程中的具体选择。

由此，对应到农村社会农民家庭的城市化或向上的阶层流动实践时，缓冲带可以具体操作为四个逐渐清晰的维度。首先，跻身整个社会的中间阶层是农民阶层流动缓冲带的第一个维度。这是能力缓冲和文化缓冲综合作用的结果，即农民从能力上很难一下子进入上层社会，"这样的流动很少发生"，并且即便"一夜暴富"也"旧习难改"，在文化上也仍然同上层社会存在着极大的差距而无法融入。其次，中西部中小城市是农民城市化缓冲带的第二个维度，即农民很难一下子具备进入发达城市定居生活所需要的资本，这属于能力缓冲的限制，因而房价相对适中的中西部中小城市成为他们定居生活可能的流入地。再次，中西部中小城市社会内部的中间阶层是农民城市化缓冲带的第三个维度，这其中蕴含的内在机理与农民城市化缓冲带的第一个维度类似。最后，家乡附近的中小城市是农民城市化缓冲带的第四个维度，它反映的是农民城市化过程中的文化缓冲，也是空间缓冲。自此，农民城市化在实践中呈现的去往家乡附近中小城市买房定居的就近城市化就得以合理化。

农民家庭在家乡附近的中小城市生活往往能获得比在大城市务工生活时更显著的归属感和融入感，这根源于进城农民的文化认同和安全感。其中文化认同包括两个方面，分别是地方性的文化认同和阶层文化认同，前者比较容易理解，后者需要做出一定的解释。大城市的市民比中小城市市民有着强烈得多的优越感，面对外来务工者时也更容易有排斥感；安全感一方面来自文化认同本身，另一方面则来自有能力通过买房安家获得同当地市民在这个城市日渐同等的生活机会，进而再获得同等的社会地位。

因此，很多农民家庭在家乡附近的中小城市买了房子之后，便开始计划进入这个城市安居乐业，进而在这个城市稳定地生活下去，如案例3－6。

案例3－6 加村6组一年对夫妇。楚市普通工人的基本工资水平是月薪 2500~3500 元，对加村一对文化程度仅为初中的年轻夫妇而言，除去他们一个月的基本生活费，出去和朋友们聚餐、娱乐，给自己买几件穿得出去的衣服，房子的水电费、物业费，还有小孩上学的费用，偶尔生病治疗的费用，年轻夫妇在楚市获得的工资就所剩无几了。如果在楚市没有房子，他们还得从本就紧张的工资里扣除房租。这对年轻夫妇说："如果不是有房子，可能都不敢在楚市待着，那么可怜的工资，还不如外出打工算了，有了房子之后，总体来说和在外面打工付房租最后落到手里的钱是差不多的，但是从生活舒适的程度上来说，还是楚市更好一点。"

不仅如此，作为"缓冲带"的家乡中小城市还提供给走出农村社会的农民家庭获得更丰富的社会资源的机会，比如家乡中小城市相对于农村而言要优越得多的教育资源，更丰富的文化生活和现代化服务，以及更多的经济机会等。接触这些社会资源的机会建构着进城农民家庭相对于原先农村而言要高得多的社会平台，这将是他们在家庭生命周期的循环往复中进一步实现向更高的社会阶层流动的新起点。因此，就近城市化的意义远比经济维度彰显出来的内容要丰富得多。

（三） 半城市化格局下就近城市化发生的必然性

就近城市化的发生除了是"缓冲带"所形塑的机理互相作用的结果之外，在半城市化的格局下，就近城市化也一样具有必然性。本小节的目的就在于厘清半城市化和就近城市化之间的关系。

从前面的论述中可知，半城市化指的是农民家庭在城市化的过程中继续和农村保持关联的状态。这种关联包括经济和制度两个维度，其中经济关联是根本，制度关联是经济关联得以延续的制度保障，且半城市化是农民家庭发展秩序的客观需要。对于占多数的托举型半城市化和减负型半城市化类型的农民家庭而言，半城市化意味着农民家庭成员在城乡之间的拆分。对于后路型半城市化而言，半城市化意味着其可能随着家庭人口结构优化程度降低而产生家庭成员在城乡之间的拆分，即部分家庭人口退回农村生产生活。

半城市化格局下农民家庭成员的城乡拆分有两种不同的情况相互交织，即代际拆分和夫妻拆分。夫妻拆分往往是指中年一代的夫妻被拆分，存在或可能存在代际拆分的主要是托举型和减负型半城市化的农民家庭；而存在夫妻拆分的一般是这两种半城市化类型中有小孩在城市接受教育而需要机会成本最低的监护人陪护——这个人往往是小孩的"奶奶"——的农民家庭，如此一来，"爷爷奶奶就被分了家"。不少农民家庭都同时存在两种不同的拆分。

这两种拆分及其交织将对农民的生活产生两个方面的影响：第一方面是社会情感层面的，即拆分造成了家庭成员社会生活的城乡切割，割裂了家庭生活的完整性，代际互动——不仅指年轻人和中年人的日常生活互动，还指外出务工的年轻人和无奈交由中年人代为照料的小孩之间的亲子互动——在处于半城市化状态的农民家庭日常生活中的极大缺失；第二方面与家庭生活密不可分的家庭生产活动相关，即被割裂开来的家庭生活对家庭生产活动的优化安排提出了挑战，这个挑战往往以"谁带小孩和小孩在哪里上学"这个问题为核心展开。

学界对第一个方面的讨论比较多，而笔者更为关注的则是与第一个方面密不可分的第二个方面，半城市化与就近城市化之间的关系就隐藏在被拆分的农民家庭如何优化安排家庭的生产生活过程之中。下文将呈现案例3-7，并将其同案例3-3进行对比之后再做具体分析。

案例3-7　减负型半城市化类型　目村8组陈月同。陈月同夫妻二人现年53岁，儿子是中国地质大学的本科毕业生，2005年在云南省的一个中小城市参加工作。2008年，儿子在陈月同夫妻的帮助下在该城市买了一套房子，当时只是付了首付，儿子和媳妇现在还在还贷款。2011年小两口生了小孩，陈月同夫妻放弃了农村15亩地的显性收入和家禽蔬菜养种植带来的隐性收入去云南都忙照顾了半年，却发现他们两个人同时在城里帮忙带小孩导致儿子一家在城市生活的成本极大地增加，陈月同的妻子说："除非我儿媳妇的工资能像我儿子的工资一样达到8000块钱一个月，否则，我们两个老的也住在城里，他们负担不了。但就这个小城市的工资水平而言，这个目标很难实现。我们种了一辈子的田，也没什么别的手艺，只能看大门，但那个收入还不如在家种田的多。"于是只待了半年，陈月同夫妻就回楚市的农村继续种田了，陈月同的妻子本来是想留在云南帮忙带小孩，但是陈月同一个人在家里种田多少有点忙不过来，只好也回农村了。因为没有人帮忙带小孩，陈月同的儿媳妇头两年只能不工作，后来小孩上学了，也只能找一个时间相对灵活但工资只有不到3000元的工作。陈月同的儿子在城里生活的口粮、食用油、鸡鸭肉还有蔬菜都可以从村里带过去，给儿子节省一点开支。陈月同的妻子说，"小孩子在城里上学很花钱，帮他们省下来的钱，可以让他们一家三口在城市里生活得更好一点"。但是这种节省因为路途遥远往往得不偿失，也不可能成为常态。因为楚市离儿子居住的城市太远，为了节省车费和生活开支，两代人只有在每年春节的时候才能短暂团聚。

案例3-7和案例3-3之间的核心差别在于是否选择了就近城市化，二者最大的共同点是均处于半城市化的城乡拆分状态下。农民家庭就近城市化实践之于半城市化格局而言的重要性在于它使得半城市化农民家庭被拆分的痕迹可以在极小的时间和物质成本下被抹平。在案例3-3中，表现为"1小时不到的车程和20元钱以内的车费"；在非就近城市化的案例3-7中，却是"一天一夜的车程和来回超过1000元的路费"。也就是说，前者被拆分的家庭生活相对于后者而言可以在极小的时间和物质成本的耗费下得到弥合，被弥合后的空间距离完全不会影响农民家庭在城市化过程中去选择最优的社会生活安排，比如以更小的机会成本让小孩在城市接受更优越的教育、以更小的经济成本实现相对频繁的家庭成员团聚和互相照料。因此，本书认为就近城市化是半城市化状态下农民家庭合理安排其社会生活的亲和形态。

此外，就近城市化还是半城市化状态下农民家庭确保其家庭经济收入最大化、开支最小化的亲和形态。半城市化状态下农民家庭生活安排的合理性与经济生活的优化是一体两面的，收入最大化通过就近城市化路径下在家庭社会生活领域里实现代际互助的同时确保家庭生产活动上的代际分工得到实现，案例3-3相对完整地呈现了这一优越性；开支最小化指的是家庭劳动力再生产成本的最小化，通过农业领域的自给自足降低家庭成员在城市生活的开支得以实现。

因此，即便不考虑跨区域的城市化将带来的文化差异与文化不适应，在半城市化的格局下，就近城市化也仍然是大多数半城市化状态下的农民家庭必然会做出的理性选择。因为，在当前阶段，他们在城市获取收入的能力还不足以负担其家庭在城市的消费。因此，笔者将就近城市化这一农民城市化的关键特征视为半城市化的题中应有之意，并将其视为与"农民家庭在城市化过程中继续与农村保持关联"这一半城市化本质特征同等重要的特征。

五 本章小结

第三章的分析一方面是对农民城市化实践所具有的特征进行分析，以对第二章内容进行补充，另一方面也是以第二章为基础对农民城市化路径进行一般意义上的提炼。通过对农民城市化实践的诸多详细案例进行分析，以及对农民家庭成员及其社会生活安排的城乡分布进行统计，研究发现农民城市化具有明显的半城市化和就近城市化特征。因为与学界已有研究在分析视角和研究主体上存在着显著差异，笔者从学理和经验的内在机理上分别对农民城市化的这两个特征进行了论证。

第四章

家庭成员的流动与生成：
半城市化的社会流动分析

本章的任务主要有四个，一是在已有阶层研究相关理论成果的基础上建构一个适用于对农民城市化进行分析的阶层结构图式，并对其适用性进行说明；二是对农民半城市化实践的过程中所有具有阶层选择意涵的行为节点进行剖析；三是对农民家庭位于半城市化格局两端的阶层归属进行质性判断和特征分析；四是在前述分析的基础上理解半城市化本身作为一种行为选择所呈现的阶层规避特征，并从学理上对其进行解释。

一　农民家庭的社会流动：社会阶层结构图式的再建构及其描述

学界关于社会阶层结构图式的经典理论大多属于对总体性社会结构进行划分的宏观图式，人类社会学者在长期的田野工作中发现某一特定社会群体出现的异质化现象从而对该社会群体做出的阶层化判断往往属于适用于特定社会范畴的微观图式。这些理论研究均注意到各阶层内部和阶层之间的社会流动及其对宏观与微观阶层图式的结构性变迁的影响。

但是，已有研究却缺乏对带来社会阶层结构变迁的特定社会流动行为的关注，尤其是在全社会具有广泛性和显著性的社会流动行为进行分析的中观图式，本书关注的农民城市化就属于这类社会流动行为，且这个图式要能够勾连出相互断裂的宏观图式与微观图式的中观机制。因此，笔者在下文中将尝试建构一个对中国农民城市化进行研究的中观社会阶层结构图式，并对其适用性进行说明。

（一）　从总体性社会到区域性社会的阶层分析转向

经典的社会阶层研究的三大理论范式分别是马克思的阶级理论、韦伯的多元分层理论和涂尔干的职业群体理论。

马克思、恩格斯的阶级理论以是否占有生产资料为标准将社会分为占有生产资料的资产阶级和不占有生产资料只拥有自身劳动力因而只能受雇于资产阶级的无产阶级。马克思认为，拥有有限财产的中产阶级将会随着资本主义的发展逐渐走向无产化，由此整个资本主义社会将会成为一个两极分化的社会，无产阶级将会从自在阶级转变为自为阶级，这预示着资本主义社会必将形成重大的社会冲突。马克思阶级理论的后继者大多从阶级之间的对立和冲突的立场出发，对社会结构的模式做出判断，达伦多夫就是其中的典型代表。他认为，资本主义社会用制度化的方式调节社会冲突并不意味着冲突不存在，相反通过"强制协作团体"、"潜在利益和显在利益"与"准群体和利益群体"这几个关键概念建构了一个"冲突型社会模式"，其核心观点在于社会结构性变迁的动力来自"强制协作团体"向"冲突群体"的转变（Dahrendorf，1959：201 - 234）。

多元分层理论源自韦伯"多因多果"的因果论。个体所归属的社会层级具有多样性，因此阶级并不必然是共同体，也不必然能产生阶级行动，所以，社会冲突的发生也不具有必然性（Weber，1994a：113 - 122、1994b：122 - 126）。马克思的预言没有到来，客观上给予新韦伯主义者极大的自信，因此新韦伯主义的阵营也显得十分强大（李强，2011：95），吉登斯和帕金就是这个阵营中的杰出代表。其中，帕金的杰出贡献在于对韦伯提出的"社会屏蔽"所具有的阶层意涵进行进一步的解释和阐述，并在这个过程中发现了从"集体性排他"到"个体性排他"再到"中产阶级"的壮大对于缓解社会冲突所具有的缓冲带和政治安全阀意义（Parkin，1979：44 - 70；1971：48 - 50）。

涂尔干的社会分层理论的核心是职业，他认为，人们在职业上的区别是他们在拥有才能的类型以及拥有才能的多寡上存在差别的集中表现，社会是由不同的职业群体构成的有机体，因不同职业类型对整个社会所具有的功能大小存在差异，职业群体就以其功能大小被层级化了（涂尔干，2000：13 - 27、111），因此涂尔干的社会分层理论也被认为是功能主义的。

　　中国的阶层研究最初是以马克思主义为核心展开的阶级划定与阶级斗争的实践，对中国的阶层进行学理上的分析和研究始于20世纪末。20世纪末以来，涌现了不少对中国社会阶层进行研究的开创者，他们对中国当代社会结构的判断主要有以下三种。

　　首先是以陆学艺为代表的，这些学者提出根据组织资源、经济资源和文化资源占有量的多少对社会成员的阶层归属进行判断，认为中国社会的阶层结构总体上来看是一个金字塔形的（陆学艺，2002）。陆学艺由此将中国社会划分为十大阶层，认为发达国家在社会结构上的共同特征是橄榄形结构，即有一个庞大的中间阶层，同时社会的下层同社会的上层一样都是少数；而中国社会的阶层结构还是一个金字塔形的，因此中国社会结构的现代化面临的主要问题是"该缩小的阶层没有缩小，该扩大的阶层规模没有扩大"（陆学艺，2002）。

　　其次是以孙立平为代表的，认为中国社会的阶层结构最主要的特征在于，存在一个以农民、农民工和城市下岗工人为主体的庞大的底层社会，并且这个底层与位于其之上的社会结构之间是断裂的（孙立平，2002）。孙立平指出，面对失业和下岗，"人们总是对创造再就业寄予厚望"，然而很可能"这些人永远不会再回到社会的主导产业当中去"。金字塔形的社会结构正在发生断裂，一些人被甩了出去，没办法再进入流动的社会结构中来。

　　最后是以李强为代表的，视户籍制度为社会流动的核心障碍，其导致中国社会显著的城乡差别。他进一步指出，中国社会的阶层结构呈现为"倒丁字形"，位于下层的是一个庞大的农村社会，并指出它和金字塔形社会结构的核心区别在于：社会给予下层成员向上流动的空间非常狭窄且没有"缓冲"（李强，2005），这样的阶层关系使社会结构陷于紧张状态。

　　以上学者对社会阶层结构的研究虽然在所选择的视角、所依据的社会分层的指标等方面存在差异，但都在致力于找到一个关键因素或几个关键因素综合起来的可以对全体社会成员进行测量的指标，并以此建构一个对整个社会的成员都适用的阶层结构图式，笔者将其概括为总体性社会阶层结构图式。

但是现实社会的复杂性往往难以被总体性社会阶层结构图式简化，马克思在研究具体国家时就曾列举过比两个阶级的模式要丰富得多的"多阶级模式"。在诸多实际的阶层分析和比较中，我们发现总体性的社会阶层结构图式往往使不上力，比如新马克思主义者沃勒斯坦面对经济全球化的情景时，很难通过两个阶级的模式回答为何欧美发达国家和亚非拉发展中国家的资产阶级在获取的剩余价值比重上会存在差异。因此，才有了沃勒斯坦对于阶层理论的突出贡献，即以各个国家的发达程度为标准，建构一个由核心区、半边缘区和边缘区构成的世界体系，且每一个区域内部都有其内在的社会阶层结构，但是这个阶层结构要放置在"核心－边缘"的区域结构中来理解，以此对剩余价值比重在不同国家的不同分布做出解释。他还指出边缘区庞大的无产阶级受到来自核心、半边缘国家以及本国资产阶级的三重剥削，也正因如此，边缘国家的中产阶层才无法壮大，反过来，这也是理解核心国家中产阶层壮大何以可能的重要线索（Wallerstein，1983：283－304、1991）。

就本书以农民城市化为具体社会流动现象的分析而言，沃勒斯坦带给笔者的重大理论启示在于，不再将整个社会视为一个平面化的总体，可以将其先划分为不同的区域类型，由此社会阶层结构图式才真正意义上从简单结构走向复杂结构。

中国经济社会发展的诸多层面在区域分布上都呈现显著的不均衡，这已经成为学界的共识，但在是否将这种不均衡作为中国社会阶层分析的重要考量这个问题上并没有形成共识。换言之，即是否应该基于这种不均衡，对幅员辽阔的中国社会进行阶层研究时进行一个区域①社会的划分，甚至，这个问题并没有引起国内学者足够的重视。在笔者看来，其原因主要有两点：一是已有的对当代中国社会阶层的研究和中国社会阶层结构图式的判断所依托的理论资源的影响，即源于西方阶层的简单总体性社会阶层结构图式这种研究进路的影响；二是这些研究中国阶层的理论产生时所经历的

①　这里讲的区域并非一个纯物理空间上的概念，而是对一些社会属性同质化的物理空间进行的类型化处理。

特定社会实践，具体来说，尚处于改革开放初期的中国社会阶层在很多方面存在的多样性和复杂性还遮蔽在强大的制度惯性之中，即在这些研究形成时，现实的复杂性还没有充分地呈现。

（二） 阶层划分的方法：属性式阶级划分与层级式阶层划分

与总体性社会分层研究相对应的还有对某一特定社区的阶层分化进行人类学描述和阶层划分的研究。1929 年罗伯特·林德和海伦·林德以"中镇（Middletown）"为特定的研究对象，通过实地调研研究该社区的社会分层现象（Lynd and Lynd，1929），为美国的社会分层研究开创了一种新的研究进路。沃纳沿着这一进路将其研究的一个美国小镇划分为上中下三个层级，再把每一个层级分为上下两层，但是他的层级很难有清楚的阶层界限（李强：2010：159—160）。沃纳的阶层研究的重大贡献并不在于他划分的六个阶层本身，而是其抛开对阶层之间质的不同的关注，转向以社会成员对某一类或者一些社会资源的占有量的多少及其在社会评价体系中所占据的位置进行层级上的划分，并明确指出了各层级之间的上下关系，但是这种上下关系又具有相对性，即在这个特定社会属于上层的人，到另一个特定社会中则不一定是上层。

这是阶层划分方法上从属性式阶级划分基础上生长出层级式阶层划分方法的重要创新，前者的典型是马克思开创的以是否占有生产资料为指标进行的阶级划分，这种方式的特点是强调不同阶级之间必然具有完全不同的属性，因此阶级之间的界限十分明确，有生产资料的是资产阶级，没有生产资料的是无产阶级。后者的典型就是沃纳的研究。

由此看来，层级式阶层划分事实上考虑了具体社会现实中存在的群体间差别的诸多面向，并以此将社会分成不同的层次。源于韦伯的社会分层所依据的指标的多元性、中产阶级的出现、中产阶级内部纷繁复杂的差异性，以及对这一群体能否冠之以"阶级"这一称呼的争论等，这些因素是属性式阶级划分方法面对复杂的社会现实在具体应用中的困难。但对于量的把握，往往又存在难以将阶层间的界限学理化的困难，因而在这一研究进路下开展的社会阶层研究呈现的景象往往也令人苦恼。

比如研究农民兼业的学者将分化的农户分为纯农户、Ⅰ类兼业户、Ⅱ类兼业户和非农户四种不同的类型就属于质的区别，因而界限也十分清晰。但是对某一具体农村社会的阶层划分的研究来说，分层的标准甚至类型的多少往往都具有某种程度上的随意性和不确定性，因为农村阶层分化并不是他们的研究对象本身，而只是对其他现象进行分析的强大的结构性要素，抑或分析工具和分析背景。比如杨华等在研究中部老年人自杀时，以农民家庭收入的多少为标准将中部农村社会分为富裕阶层、中上层、中间阶层和中下层（杨华、欧阳静，2013），但是，具体把"阶层藩篱"[①] 放在家庭收入的哪个点上以及为何放在这个点上，即家庭年收入为何是在 10 万以上或是 20 万以上才算得上富裕阶层这个问题，却未加说明。然而，这并没有妨碍所划分出来的阶层类别间的差异性发挥其微妙的解释力。这种解释力在很大程度上源于对各层级间上下关系进行的清晰界定，及其在日常生活中形塑的阶层互动形态。

笔者希望在研究中国农民的城市化这一相对具体的社会流动过程时，不仅做到在阶层分析的视野上实现从简单总体性社会阶层结构图式转向复杂区域性社会阶层结构图式，而且力图在区域社会和社会阶层结构的划分上综合两种阶层划分方式的优点。

（三） 社会流动与城市化

赖特将阶级分析的对象分为阶级结构与阶级形成两个方面，而阶级形成与社会流动过程是一体两面的。城市化无疑是当代中国最显著的社会流动现象，它是我国社会结构转型和变迁的关键。我国人口城市化的过程与"扩大中国社会的中间层"密切相关，这是国内外相关领域的研究者都不会否认的社会事实，也正因为如此，人口城市化才会获得政府、学界和媒体的广泛关注。

研究社会流动的学者更倾向于关注结构层面的、对下层社会成员实现

---

① "阶层藩篱"指的是将不同阶层区别开来的阶层边界（高勇，2009）。

向上的社会流动的不利因素，简而言之，社会流动的不利因素是社会的强势阶层为了维护自身的优势地位而设置障碍，并以此对处于劣势阶层的社会成员进行的社会排斥。学界对通过努力实现向上的社会流动的现象也有关注，但相对较少，一些研究者甚至将这种向上的社会流动看成被上层允许的、有利于上层自身社会地位稳固的社会存在。新韦伯主义者的杰出代表弗兰克·帕金就曾明确地说过，向上的社会流动是上层为了维护自身地位的稳定从而展开的对下层社会精英的筛选，精英不断被吸纳进社会的相对优势阶层从而改变了其"政治态度"，而不断流失精英的社会下层也丧失了其政治领导人，即阶层冲突不会发生，原因在于向上的社会流动本身是社会上层为保护自身地位而建构的一个政治安全阀机制（Parkin，1971：48）。

在这种研究氛围中产生的代际流动和代内流动的概念并没有更多地致力于分析代内流动和代际流动是如何实现的，而将注意力放在代际流动和代内流动的发生率以检验宏观社会结构的开放或封闭程度，并指出，这两个社会流动的发生率与社会结构的封闭程度成反比（Giddens，1975：107）。由此，本应成为反映社会个体阶层实践是如何可能的阶层分析理论的概念没有朝着这个方向发展。

正因为如此，一些国内学者对城市化这一社会流动现象的关注才没有转变到"农民阶层是如何实现城市化的"这个问题的关注中来，而是不断地在农民这一社会流动主体之外的社会结构层面，去寻找导致中国城市化率滞后、农民城市化发展缓慢的原因。因此，不论是孙立平提出的"断裂的底层社会"，还是李强提出的"倒丁字型社会结构"，以及陆学艺等提出的"中国社会十大阶层"，都指出了中国社会结构目前存在的最突出的问题，即下层农村社会过于庞大而中间社会阶层发育不足。作为整个社会"消费前卫"和"政治后卫"的中间阶层发育不足是中国社会结构紧张、经济发展后劲不足等问题的关键原因。同时他们进一步认为，整个社会结构目前留给下层农村社会成员实现向上的社会流动从而转变成为社会中间阶层的空间过于狭小，比如孙立平的"断裂论"、李强的"倒丁字型"等，虽然在对中国社会结构的描述上存在一些差异，但在解释中国当前社会结构

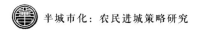

形态的成因上却保持了高度一致，即都将当前中国的体制性城乡二元结构作为形塑中国下层过大而中间阶层发育不足的核心结构性因素，其中城乡二元的户籍制度通过限制人口流动阻碍农民城市化又是其中的关键环节（陆学艺，2002；李强，2011：257；孙立平，2002）。

但是，笔者认为这些理论无法对当前中国农民城市化的实践进行完全的解释。

首先，它们不能回答越来越多的农民从打工的大城市返回家乡附近的中小城市买房定居这种现象到底暗含着一种怎样的阶层流动意涵。

其次，快速城市化过程中农村社会仍然非常稳定，并没有对社会整合构成威胁，即"断裂论"和"倒丁字型"的结构紧张论背后预设的社会冲突预言没有发生。

再次，农民以向上的社会流动为动力的城市化具有明显的去精英化特征，最明显的就是，越来越多的非经济精英、非文化精英、非政治精英的一般农民家庭也参与以进城买房在城市定居为目标的城市化过程中来。这说明维持农村社会稳定的并非社会上层通过政治安全阀机制让农村社会丧失了"政治精英"，而很有可能是农村社会仍然有着相对明确和宽广的发展空间，即社会结构留给农民的上升通道并没有达到"断裂"或者"异常狭窄"的程度。

最后，它们也没有揭示，大部分农民家庭并不会选择让全部家庭成员都进入城市生活这种家庭安排背后所蕴藏的代际流动在农民家庭中的发生机制。

（四）"三重中间位置"：与农民家庭的社会流动相适应的区域性社会阶层图式

笔者着力于建构一个复杂区域性社会阶层结构图式，为此，下文将从两个层面对农民城市化这一具体的社会流动过程所面对的社会结构进行剖析和梳理。

参照沃勒斯坦的"世界体系论"，笔者按农民家庭进入某一特定社会定居生活的难易程度将城乡社会分为三个区域：一是现代化和市场化程度都很高、经济发达，且房价远远超过一般农民家庭所能承受之范围的城市地区，笔者以"核心发达城市"来概括；二是现代化和市场化程度都很低、经济匮乏，且房屋没有商品化的广大农村地区，笔者以"边缘农村"来概括；三是现代化和市场化程度一般，经济不发达，房屋价格在农民家庭可以承受之范围的许多中小城市，笔者以"半边缘中小城市"来概括。

在区分上述三个区域的基础上，进一步在各个区域内部对具体社会进行阶层划分。

在边缘农村，相对来说，单个村庄内部的同质性相对于单个城市社会而言要大得多。其中最突出的同质性在于单个农村社会内部的所有成员均享有集体土地承包经营权，尤其在 21 世纪初取消农业税费改革以来，集体土地承包经营权的权利属性格外凸显，该同质性决定着边缘农村的成员均享有土地这一基本的生产资料。但是每一个村庄内部又因为各个农户的家庭经济状况不同而分化为不同的层次，笔者以能否自主完成家庭再生产为标准，在农村社会中先将无法自主完成简单家庭再生产的贫弱阶层与其他阶层区别开来；然后根据家庭在完成简单家庭再生产后还有没有资源可以用于投资以促进家庭发展为标准，将基本没有资源用于投资家庭发展的中间阶层与剩余群体区别开来；最后，根据在追求家庭发展的目标时，是否存在资源压力为标准将不存在资源压力的富裕阶层再区别出来，剩余部分为中上阶层。由此，农村社会被分为贫弱阶层、中间阶层、中上阶层和富裕阶层。同时，他们都属于农村社会的有产者。

在半边缘中小城市，从农民家庭追求向上的阶层流动这一视角来看，大致存在三类群体。第一类是和自己差不多甚至比自己的处境还差一些的城市居民，他们或者是在城市没有房子的普通工人群体，或者是虽然在城市有房子但工作不稳定，比如在工厂从事非技术性工作的普通工人，甚至下岗的普通工人家庭。这部分群体往往需要依赖政府救济，笔者将这部分群体称为半边缘中小城市贫弱的无产者。第二类是在城市拥有自己的房子且有稳定收入来源的普通市民家庭，这是农民家庭在城市化过程中致力于追赶的市民阶层。其中稳定的收入来源分为两种情况，一是有技术的技术工人，以及在工厂、企业、事业单位或者政府部门等工作的有着高等及以上学历的管理人员或白领；二是自雇者，一般包括在城市自己做生意的小老板，因为所掌握的社会财富有限，他们更多依靠自己劳动经营，但并不排除雇工的情况，事实上，他们也常雇工，只是雇工数量少、工资低。第三类是在城市拥有自己的房子且收入来源非常稳定的富裕市民家庭。这是农民家庭在城市化过程中极少能追赶上的市民阶层，他们或者是拥有自己的企业的大老板，或者是地方政府的高级官员，或者是地方高校里的高级知识分子，他们是该地方的组织、文化或经济层面的精英群体。由此，半边缘中小城市社会按照农民家庭在城市化过程中是否能够追赶这一标准分为三个阶层，即无须追赶的城市贫弱无产者、致力于追赶的城市中间阶层和极少能赶上的城市富裕阶层。

在核心发达城市，相对于农民家庭的城市化目标而言，只存在两种类型的市民群体，一类是在城市买得起房屋的市民群体，另一类是在城市买不起房屋的市民群体。这两种类型各自都至少存在两种不同的情况，其中买得起房屋的市民群体中，一种是已经拥有自己的房屋的市民群体，但这部分市民并不一定过得好，比如在单位改制之后下岗的普通工人，即便有住房，他们的住房往往在当下看来就是老旧的"危房"或"棚户区"；另一种是虽然目前还没有拥有自己的房屋，但因为收入比较可观，因而在未来某一天能够买得起房屋。而买不起房屋的市民群体中，绝大部分是外来的流动人口，他们的工资水平在整个城市中差不多是最低的，且远低于该城市的房价水平；少部分是城市中的贫弱阶层，他们从事着同外来务工人员差不多的工作，拥有着同外来务工人员差不多的工资水平，甚至因为家庭主要劳动力缺失而没有稳定的收入来源，笔者将这部分群体称为核心发达城市社会的弱势无产者，他们与改制后的城市下岗工人一起成为政府救济的主要对象。而相对于农民家庭的城市化目标而言，核心发达城市更像是为实现农民家庭收入最大化而让部分家庭成员来此——因为这里的经济机会往往更加密集且工资水平也更高——务工经商的驿站。

在阶层流动过程中的文化缓冲的限制与在诸多因素限制下必须维持的半城市化格局下，还存在着一个影响农民家庭社会流动的关键指标，即流入的定居地与流出的农村之间的空间距离，并由此划分三个阶序，即距离遥远的远方城市、距离适中的就近城市和农民家庭当下所处的农村。从第三章的分析可知，就近城市化不仅是城市化过程中农民家庭文化适应的需要，更是半城市化状态下农民家庭的理性选择。

由此，农民家庭以定居生活为导向的城市化过程所面对的整个社会阶层结构就得以呈现。在这个阶层结构图式中，笔者先将总体社会以农民家庭进入的可能性为标准分为由核心发达城市、半边缘中小城市和边缘农村三个主体构成的区域社会体系，再根据与追求城市化的农民家庭之间的差异大小为标准，每个区域的具体社会区分为不同的阶层或市民群体。通过对社会阶层结构进行解剖，笔者发现，农民家庭最有可能致力于实现的向上的阶层流动是就近跻身半边缘中小城市的中间阶层。即与农民家庭的城市化过程相适应的是一个"三重中间位置"的阶层结构图式：首先，半边缘中小城市在区域社会体系中处于中间位置；其次，中小城市中间阶层的市民群体也处于其具体社会中的中间位置；再次，就近的城市处于农民家庭社会流动时空距离上的中间位置。第三章中的图 3-1 是这种"三重中间位置"的直观呈现。

二 半城市化格局下从农村有产者到"三重中间位置"的阶层实践

然而，即便是与半边缘中小城市社会中间阶层的市民家庭相比，农民家庭还是存在三点劣势。首先，农民家庭不拥有该城市的房屋，而往往需要为此支付相当金额的成本。其次，相对于该阶层的市民家庭，农民家庭劳动力的平均素质偏低，因而家庭成员的平均工资水平也偏低。最后，前述两点劣势决定了农民家庭无法支撑自己像所跻身阶层的市民家庭那样在城市生活。在农民家庭看来，这一阶层的市民家庭生活有两个突出特征，一是全部家庭成员都生活在城市，二是相对自如地参与城市消费。与此相对应的是，农民家庭也有着根植于其享有的土地承包经营权而延展出的三大优势。出于对优势的利用和对劣势的弥合，农民家庭在城市化过程中普遍选择了半城市化路径。本节的核心任务是，分析半城市化格局下农民家庭的阶层归属，由此进一步提炼出农民城市化所呈现的阶层实践图景。

（一）　在城市立足的基本条件、阶层意涵及其现实可能性

"要在城市立足"是农民家庭对于其年轻的家庭成员去城市闯荡时提出的要求。笔者在驻村调查时专门就"怎样才算是在城市立足了"这一问题询问了许多调查对象，得到的答案整理起来主要有两点。首先，得在城市有住的地方。但这个地方不能是租的，这样不稳定，这个地方得是属于自己的。其次，要在城市有体面的工作和收入。所谓体面指的是，他们要么得拥有较高的学历，这样就可以在这个城市成为公务员、地方官员、医生、律师、老师或者其他企事业单位的白领；要么得有一门手艺，厨艺、理发、美容、计算机技术、汽车修理美容、室内装修、开货车等，各行各业的手艺那么多，总有可以学的。学了一门手艺，不仅意味着可以当技工，还意味着可以自己独立门户当老板，但前提是得有这个经济条件，总之有了手艺就肯定能比卖苦力的普通工人强；家里条件稍微好点的，就在城市弄个门面做点小生意，比如开超市、卖服装、卖水果蔬菜等；要么个人特别有本事的，做房地产或包工头发家致富成大老板，但这只是农村中的极少数。

农民家庭对其年轻家庭成员所寄予的这些期望，是以具备实现的可能性为基础的，而并非不切实际的妄想。这种实现的可能性表现在如下几个方面。

首先表现在教育方面，九年义务教育的普及和 2005 年以来的高校扩招，让绝大多数农民家庭的子女都接受了相对良好的基础教育，并且越来越多的农民家庭的子女正在接受或已经接受了大学的高等教育。后者的结果是，农村中的一些人能够"跃出农门"进入一些相对体面的行业或领域，比如成为医生、银行的工作人员、政府官员或者普通公务员、企业单位的会计

师、城市里各类学校的教师等，笔者所调查的楚市 7 个村民小组就不乏这样的案例。但是，这部分群体在农村社会整体中的占比并不大，随时都在发生的因各种原因而产生的辍学和九年义务教育之后所面对的各项选拔类考试对大量农村学子的淘汰——农村学子所拥有教育资源相对于城市而言存在劣势，所以淘汰率往往高于城市。

其次表现在工业化发展带来的分工细化和行业专门化方面，这为没能接受高等教育、数量更大的群体"跃出农门"在城市立足提供了空间和机会。在笔者调查的这些村庄，从历时态来看，改革开放以来分工与学手艺的潮流有三个阶段。一是 20 世纪 90 年代，非常流行学开车，因为到处搞建设、搞土木工程以及人口流动政策松动，开推土机、开货车、开客车等在当时是非常"吃香"的手艺，不少农村人因为有这些技能，赚了钱，有些甚至在城市买房定居了。二是 2000 年到 2010 年，城市化迅猛发展，各地"大拆大建"，商品房小区异军突起，这使得泥瓦匠、室内装修等行业技术也开始"吃香"，农村里"师傅带徒弟"的现象并不鲜见。此外这一阶段城市服务业也得到了迅速发展，发型师、美容师、厨师等也非常"吃香"，农村年轻人做这些的特别多。三是 2010 年以来，整个经济发展不景气，但越来越多的私家车壮大了另一个服务行业，即汽车修理和汽车美容，这也成为在农村青年中新流行起来的手艺。许多掌握着这些手艺的农村年轻人都在城市获得了一份不错的工作，或者说有一份不错的且相对稳定的收入。

再次表现在核心发达城市对农民工群体劳动力的开放性方面，这为既没能接受高等教育又没有掌握一门手艺的农村年轻人带来相对来说能够获得比半边缘中小城市更可观的劳动收入的机会。这是绝大多数农民家庭的年轻人在放弃学业之后最普遍的社会经历，到核心发达城市打工的农村年轻人深知自己既没有学历又没有钱，不可能在大城市立足，因此，他们在"高不可攀"的城市只为自己设定了一个非常纯粹的目标，即挣钱和攒钱。而至于攒到什么时候再从核心发达城市退出，不同农民家庭的打算存在差异，但其有一个核心的交叉点，即家庭的资源贮备要满足整个家庭应付在半边缘中小城市立足的需要这个基本条件。这里的资源贮备包括经济资源和人力资源，即农民家庭具备了可以放弃核心发达城市较高收入机会的经济基础，简而言之，即能够在半边缘中小城市立足。具体表现为，他们或者攒够了能够在半边缘中小城市买房定居所需的资金，或者攒够了能够在半边缘中小城市自己做生意的启动资金，或者他们的家人为他们准备好了前述物质基础——这一种可能往往使进入核心发达城市务工的农村年轻人群体能够较早地从"驿站"退出。

复次表现在半边缘中小城市社会中间阶层的市民群体还没有形成明确的阶层屏障这个方面，即这个群体还在随着工业化和城市化的发展而增加和壮大，这个阶层没有形成明显的对底层农民群体的阶层流动的排斥。最核心的体现是半边缘中小城市的房价为农民家庭所承受；次核心的体现是，这些城市的工业化还未成型，农业社会的气息仍然浓厚，因此对人口有序从农村转移出来以充实城市经济体系中的各行各业也存在需求；再就是，这些城市一般没有设置户籍准入的制度障碍，相反，还鼓励农业转移人口落户。相对于核心发达城市动辄过万的房价、落户的高要求和已经非常成熟且在进行产业升级的工业体系而言，半边缘中小城市显然没有农民家庭进入的障碍，因为核心区域社会的这些城市相比于半边缘中小城市而言，更倾向于吸纳高层次人才。

最后表现在农村的年轻人在城市立足有其家庭为后盾这一方面。农村年轻人在城市立足呈现为代际流动的结果，同时这种代际流动背后有着一个清晰的家庭发展秩序，它展现的是农村家庭的年轻人在城市立足是如何可能的。事实上，不论是接受高等教育还是在某一行业领域中习得某种手艺，或多或少都离不开来自家庭的代际支持。但农民家庭对年轻人在城市立足最突出的支持表现在帮助其在城市买房。从实际发生的情况来看，越来越多的农民家庭都进城买房了，有的是依靠自己长期以来积累的财富全款付清，有的是依靠自己的积累和找亲朋好友借钱相助付清，有的还在按揭，但从买房的资金来源来看，单纯依靠年轻人的情况是极少数，换言之，绝大多数农民家庭的年轻人在城市获得自己的房屋依赖父母的经济支持，并且是以直接的经济支持为主。而与此同时，农民家庭的经济资源也是有限的，在城市购买一套房屋并且装修好，往往需要花费他们数十年的积蓄，甚至还会提前消费掉他们未来一些年的劳动所得。如此一来，整个农民家庭只有减少其家庭的消费需求，其理性的选择是，将家庭的人口结构在城乡之间调整到最优状态，即向纯劳动力结构这一最优的理想类型靠近，在现象上最直观的表现是家中在劳动力市场上已经不具备竞争力或者竞争力较弱的中老年人退回或者留守农村务农，以此尽量使每个人都在为家庭资源的积累做加法。最典型的有两类"做加法"的行为：一是以追求家庭发展为目标，从农村不断向在城市生活的家庭成员输送资源；二是农村家庭的老年人在农村自养。

农民家庭追求"在城市立足"的城市化实践明确彰显着其跻身"三重中间位置"的阶层实践目标，综合宏观国家制度、工业化发展，从社会结构和微观家庭行动等方面来看，农民家庭具备跻身"三重中间位置"的客观可能。在农民城市化彰显的阶层实践目标及其现实可能性明确之后，需要进一步分析的是，农民家庭如何实现这一目标？他们实现这一目标的方式又彰显着怎样的阶层实践意涵？下文将继续分析。

（二） 维持半城市化状态的必要性及其阶层意涵

第三章的分析指出了农民家庭维持半城市化状态是其追求的城市化目标与其在城市获取收入的能力不匹配而产生的客观需要，而半城市化的本质是以进城定居生活为目标的农民家庭在实现目标的过程中继续与农村保持经济和制度关联的状态，其中经济关联指的是农民家庭收入仍然由农村收入和城市收入两个部分构成；制度关联指的是农民家庭仍然有成员，往往是多数成员维持着农民的制度身份。并且，与农村保持经济关联的农民家庭必然也与农村保持着制度关联。但仅与农村保持着制度关联的农民家庭有三种不同的情况：一是拥有承包地和宅基地，只是暂时闲置或者将经营权流转给别人；二是没有承包地，但是有宅基地，不过宅基地闲置；三是既没有宅基地也没有承包地的空挂户，这类农户有不少寄希望于政策改变或者找集体要地实现其作为集体经济组织成员的权利。

农民家庭的这种半城市化状态除了能够为实现城市化具体目标进行支撑之外，还具有潜藏于这种保障和支撑功能之中的深刻阶层意涵，即农民家庭维持半城市化状态是维持其作为农村有产者这一阶层位置的阶层实践。同时，这种农村有产者的身份有其特殊性而必须加以说明。

首先，农民家庭作为农村有产者与资本家企业主等财产所有者有着本质的差别，即农民家庭对土地享有的权利并非私有权或者所有权，而是依托于其作为集体经济组织成员的基础上所享有的承包经营权。因此农村农民家庭作为有产者，利用自己所拥有的财产权利的空间相对狭窄。具体说来，农民并不拥有对自己承包经营的土地进行买卖的权利，并且不具备变更土地利用性质的权利，农村土地的所有者是农民户籍所在的村集体经济组织，但买卖交易的主体只能是国家，即国家从集体手中将土地征用后再由国家将征用来的土地在市场上进行交易。

其次，农民家庭作为农村有产者，其对土地所享有的承包经营权具有比较完整的排他性，尤其是对集体经济组织成员之外的其他人的排斥，这为农民家庭作为底层有产者设置了一个相对完整的社会屏蔽机制。构成这个社会屏蔽机制的核心要素是《土地管理法》，它将农村土地要素与城市土地要素相区隔，将前者屏蔽在土地要素市场之外，其后果是将城市工商资本及其所有者隔绝在拥有农村土地的所有权和承包经营权之外。

再次，农民家庭作为农村有产者从土地中获得的最根本的权利在于，土地作为农业生产资料对农民生存权的保障，这一点源于我国《土地管理法》对农村土地用途的管制——农地农用和对农村宅基地的管制，农民仅有居住或使用的权力。农地农用的规定将可能产生更大效益或者产生土地增值收益的非农使用行为以法律的形式予以禁止。但国家对农村土地的用途管制保障的是土地作为农业生产资料和农民生活资料的最基础的功能，拥有对这一基础功能的垄断权的农民家庭能够由此将土地这一生产生活资料与自身劳动力结合从而获得生存安全。

最后，也是最重要的，农民家庭作为农村有产者，并且是具有上述三种特征的有产者，为自己进城立足提供了更具稳固性且可增长的弹性空间。

农民家庭作为农村有产者对其立足城市这一目标实现的弹性表现在三个方面。一是，当农民家庭在城市获取收入的能力与其整体家庭成员进入城市生活——指向城市中间阶层的生活方式——所可能产生的消费需求不匹配时，部分家庭成员留守农村靠土地生活是其维持在城市的家庭成员体面生活的保障。二是，当在城市生活的家庭成员获取城市收入的能力仍然无法满足其指向城市中间阶层的消费需要时，在农村生活的家庭成员可以通过工农兼业收入，至少通过向城市家庭成员输送农产品，使城市家庭成员节省家庭简单再生产的开支，将其有限的收入集中到指向城市中间阶层的消费领域中。三是，当进城农民家庭无法继续维持在城市作为中间阶层而生活，换言之，即在城市立足失败时，因为家庭维持着半城市化状态，或维持着其农村有产者的阶层身份，可以随时返回农村，或者成为纯农户，或者像前述两种状态一样以农村为基础为实现城市化目标降低成本或直接提供显性或隐性的经济支持。

需要强调的是，农民家庭的农村有产者身份还是一种稳固的弹性空间，这种稳固性源于农村有产者这种阶层身份的强结构性，换言之，这一特殊阶层身份具有一定程度的制度强制性。因为农民家庭并不拥有农村土地的完整产权，尤其是没有办法让自己承包经营的土地直接进入城市的土地要素市场，且不讨论是否有农民能获得不错的市场价格，至少可以肯定的是，农民除了自己经营承包地之外，可以选择将经营权流转给他人，这里的"他人"涵盖面广，既可以是本村人，也可以是外村人，甚至可以是城市工商资本者，但工商资本对流转过去的土地没有更改其利用性质的权利。农民还可以选择将承包权一并放弃，但他放弃的对象限定得就比较窄，只能是村集体或者村集体经济组织的其他成员，楚市的农村一般管这种现象叫转让。显而易见的是，市场范围的高度封闭性和所受管制的严格性，无论是经营权流转，还是承包权的放弃或转让，都不会给农民家庭带来可观的回报。户均 10 多亩的承包地规模往往使得这个收入不值一提，对于多数对农村收入还有依赖的农民家庭而言，还不如自己耕种的收入多，对于这些农民家庭，拥有土地承包经营权的意义比放弃大得多；而对于不依赖农村收入的农民家庭而言，这点收入是不值一提的，转让或放弃承包权得到的比流转经营权多的那么一点于他们而言意义也不大。因此，农民家庭与其放弃或转让承包权，倒不如将这一权利攥在手里，以防万一。这个"万一"有可能是政策变动，也有可能是自己的家庭在城市立足的过程中重新出现了对农村的需要，且往往后一种可能性对农民家庭实现城市化的目标而言意义更大。如此一来，农民家庭作为农村有产者的阶层身份对农民进城立足所生成的弹性空间，就在一个强制度结构下被"强制"赋予了稳固性。

另外还需要加以说明的是，农民家庭作为农村有产者的阶层身份为农民进城立足塑造的弹性空间还具有可增长性。这种增长性一方面来自农民家庭之间不同步的进城立足的能力和阶段，及由二者决定的对农村收入和农村土地的依赖程度；另一方面，与强制度结构赋予农民家庭作为农村无产者这一阶层身份的社会屏蔽相关。前者产生的后果是，随着城市化进程的逐步推进，越来越多的农民家庭开始摆脱对农村的经济依赖，这意味着他们将不再直接实践土地的经营权；换言之，这意味着仍然对农村收入存在依赖的农民家庭可经营的户均土地规模可能得到增长。而后者是将这种可能性变成现实的关键，即农村有产者的社会排他性将土地作为农业生产资料生产价值的功能限制在底层农村社会。如此，不再直接实践土地经营权的农民家庭将土地经营权让渡给继续直接实践土地经营权的农民家庭——事实上这一现象在当前的农村正在不断发生。后者的农村收入得到增长，这将为其向在城市生活的家庭成员输送更多的资源提供了更大的可能性，即农村有产者的阶层身份为农民家庭进城立足塑造的弹性空间有可增长性。

综上，农民家庭跻身"三重中间位置"在阶层实践中表现出来的是以家庭发展秩序为载体、以半城市化为策略，保持其作为农村有产者所具有的有限但却意义重大的阶层优势。

（三）　农民家庭进城的阶层实践：从农村有产者到"三重中间位置"

从农民家庭由"半城市化"向"彻底城市化"转变的城市化道路来

看，农民家庭阶层实践的起点是农村有产者，阶层实践的目标是就近跻身半边缘城市社会的中间阶层，即农民城市化所应对的社会结构的"三重中间位置"。

结合农民家庭城市化参与的具体内容来看，仅参与了进城务工的农民家庭仍然属于农村有产者，即使他们被雇用，他们也与城市的工人存在着本质差别。这种差别不仅在于是否拥有城市户籍及其背后隐含的或大或小的社会福利，更在于是否拥有作为基本生产资料和生活资料的土地。

而参与了进城买房定居甚至全部家庭成员都已经进城生活但没有完全参与户籍城市化的农民家庭则具备着双重阶层属性，即既有"三重中间位置"的属性，又有农村有产者的属性。虽然这些农民家庭既未完全融入"三重中间位置"，也不再完全是农村有产者，但是他们有一个明确的阶层指向，即以农村有产者的阶层身份塑造的稳固且有增长可能的弹性空间为支撑点，以实现跻身"三重中间位置"的阶层流动目标。为了追求向上的阶层流动、实现发展性目标，农民家庭往往以一个脉络清晰的家庭发展秩序来推动其年轻成员实现阶层位置向上流动的目标。因此，农民家庭在城市化过程中所具备的这种双重阶层属性也是家庭发展秩序的内在要求。此外，农民家庭的这种双重阶层属性将在农民家庭整体无法离开农村有产者这一支撑点时长期存在，并且有长期存在的必要。

完全参与了户籍城市化的农民家庭则已经彻底不再是农村有产者。只有当农民家庭实现在城市立足的目标，或确定成功跻身"三重中间位置"时，他们才会放弃农村有产者的阶层身份。因而，这部分新市民家庭——已成为市民的农民家庭——在阶层属性上已经完全可以定性为"三重中间位置"，甚至更高的阶层位置，但更高的阶层位置只有极少数农民家庭能够一次性实现，农民家庭向上社会流动的普遍归属仍然是"三重中间位置"。这一"三重中间位置"会成为新市民家庭进一步向上流动的新的阶层实践平台。

综合以上讨论，笔者将农民家庭城市化的阶层实践概括为农民家庭从农村有产者到"三重中间位置"的向上的社会流动过程。这个过程不是一蹴而就的，需要经过农民家庭几代人的共同努力，即以"年轻人发展、中年人支撑、老年人自养"的家庭发展秩序循序推进。并且，在农村有产者与"三重中间位置"之间没有中间状态，即实践中除了同时具备底层有产者和"三重中间位置"的双重阶层属性之外不存在一个处于两者之间的阶层状态可以让农民家庭实现向"三重中间位置"的过渡。接下来将对农民家庭城市化阶层实践所蕴含的这一特征进行详细论述。

三　农民半城市化实践的阶层规避：避免沦为贫弱无产者

上文已经论证了农民家庭通过城市化实现的向上的阶层流动有其上限，"三重中间位置"是其在城市化过程中最有可能获得的阶层位置。农村有产者是农民家庭实现向上阶层流动的阶层起点，且农民家庭的城市化是从农村有产者到"三重中间位置"的阶层实践。是否存在第三种阶层状态可以代替农村有产者和"双重阶层属性"而成为农民家庭实现城市化目标更好的阶层实践选择，这个问题需要得到详细的阐述。这是从阶层实践的角度理解农民家庭维持半城市化状态或维持双重阶层属性的核心。

（一）　社会屏蔽：城市贫弱无产者和农村有产者之间的比较

不论是在核心发达城市还是半边缘中小城市，都存在着一个笔者将其称为"城市贫弱无产者"的社会阶层，但因为所在的城市不同，这两个区域社会的城市贫弱无产者的阶层生活处境也存在差异，因此笔者将分属两个区域社会的城市贫弱无产者区别为两个不同的阶层群体。同时，他们与农村有产者也存在着质的差别，下文力图通过社会屏蔽这一概念来勾勒出这些差别。

这里选择的社会屏蔽（social closure）是弗兰克·帕金社会分层理论的主要概念，社会屏蔽是各个社会集团都试图将获得资源和机会的可能性归属到具有某种资格的小圈子里而设定的一套程序，这个程序使符合资格者能够获得最大的收益。因此，集团就必须选择某种社会的或自然的属性，作为排除他人的正当理由，帕金认为这种社会排他在资本主义社会体现为精巧设计的财产制度、资格或技术证书制度（Parkin，1979：44－45）。

核心发达城市的社会屏蔽由两个要素形塑而成，一是高昂的房价，二是高门槛的户籍准入。笔者认为两者之中最根本的屏蔽是"高昂的房价"。"高昂的房价"筛选出来的是买得起该城市房屋从而能够在这个城市定居生活的人口，而买得起该城市的房屋必然意味着他们有着相当可观的家庭收入，那么他们迈过这些城市的户籍准入门槛的可能性也更高。换言之，核心发达城市的户籍准入高门槛针对的是那些没有能力在这些城市购买房屋的外来务工人员，包括来自半边缘中小城市的市民，也包括边缘农村地区的农民，其中后者是最主要的群体。

半边缘中小城市的社会屏蔽并不显著，但也不是完全不存在，其构成要素也是房价和户籍，只是房价尚在农民家庭可以通过努力承受的范围之内。一些中小城市的户籍是与人们能否在该城市获得稳定的工作或拥有稳定的住所为前提，因为许多农民家庭能够通过努力在中小城市获得稳定的住所，进而他们也能实现在这些中小城市落户的目标。所以说，半边缘中小城市的社会屏蔽并不显著。并且，半边缘中小城市的经济发展水平不高，因此其能支撑的社会福利水平也相当有限，甚至还没有农村有产者的阶层身份背后所具备的对生产和生活资料的基本保障这种福利有吸引力。农民之所以想要获得该城市户籍往往是因为其家中有幼小学龄儿童而产生了在城市接受教育的诉求。半边缘中小城市的社会屏蔽筛选的是能够在这个城市购买房屋并在该城市立足下来的"外来人口"，受空间距离和文化缓冲的影响，构成这个"外来人口"的主体是其辖区内的农业转移人口。具体来说，他们是大多数——除脱钩型半城市化农民家庭之外——因还无法依靠城市收入实现整个家庭都立足城市的目标，因而，尚处于半城市化状态下的农民家庭和农村社会的贫弱阶层；与其说他们是被屏蔽的，还不如说他们是自愿放弃进入这些城市成为市民的。因为农村有产者阶层身份背后的福利，比中小城市捆绑在城市户籍上的社会福利要可靠且有利用价值得多。

　　边缘农村社会也存在着社会屏蔽，这是从总体性社会结构转向区域性社会结构视野之后所获得的有分析价值的又一清晰认识，它凸显的是作为区域性社会体系构成部分的农村相对于另外两个城市区域社会而言所具有的独特性。而这个独特性在阶层高低位置被绝对化的总体性社会结构中很可能被理所当然地视为劣势，即总体性社会结构简化了不同社会群体之间所具有的相对关系的复杂性。因为社会成员在各自区域社会内部具体的社会分层结构中所处的位置并不等于他在其他区域社会内部的具体阶层位置，即阶层位置的上下关系具有相对性：半边缘中小城市的中间阶层到了发达大中城市很可能成为后者的下层，同样农村社会的富裕阶层到了半边缘中小城市则极可能是后者的中间阶层甚至是上层，而农村社会的中上阶层到了半边缘中小城市也很可能是后者的中间阶层。复杂社会结构所立足的客观现实反映的是，农村社会的农民与城市社会的市民之间存在着可以比较的东西，这个东西除了经常被讨论的市民社会对农民的社会屏蔽之外，还有容易被忽视的农村社会对市民的社会屏蔽。这个社会屏蔽体现为由土地制度和与之相关的限制户籍"非转农"的户籍政策。如上文所述，这些社会屏蔽客观上达到的效果不仅可以保障农民家庭的生存安全，更使下层有产者这一阶层身份成为农民家庭进城立足的稳固且可增长的弹性空间。

　　从农民家庭进城定居生活的目标来看，核心发达城市有一类群体是农民家庭望尘莫及的，即买得起该城市的房屋的群体。他们或者本身就是该城市的市民且一直拥有该城市的房产，或者虽是外来人口但因为是该城市中的高收入群体因而有购买该城市房屋的能力。而在核心发达城市中，买不起房屋的两个不同群体之间是存在本质区别的，从城市视野出发，且往往从总体性社会阶层结构图式出发对两个不同群体进行的分析也倾向于产生相同的判断，因为总体性社会阶层结构图式在做出城市社会优于农村社会这一判断时，很自然地认为市民身份天然比农民身份好，而没有对其内在的复杂性进行进一步的追问——不少学者认为他们的区别在于是否拥有该城市的户籍。在核心发达城市，拥有该城市户籍对于城市贫弱阶层而言意味着可以享受发达城市以雄厚的经济实力为后盾支撑的相对优越的社会福利兜底，而没有该城市户籍的外来务工人员则没有这种优势，因此，不论媒体还是学者和政府都认为只有推进户籍制度改革才能做到让外来务工人员，尤其是外来农民工享受到更公平的待遇。但是，从城乡关联的视野，抑或是从区域性社会分层结构图式的视野来看，没有从制度上摆脱农民身份的农民工与城市贫弱市民的核心区别在于前者是农村社会的有产者，后者是城市社会的贫弱无产者，两者之间孰优孰劣无法简单下定论。

在这两种阶层位置中，笔者以更有利于为农民家庭实现城市化目标获得经济资源作为衡量它们孰优孰劣的标准。从前文所做的农民家庭与市民家庭的对比来看，农民家庭存在的有限的优势均衍生于其作为农村有产者所享有的土地承包经营权和由农村社会屏蔽要素形塑的高度封闭的农村要素市场对农村劳动力及其土地资源的保护。而发达城市社会贫弱无产者相对于农民家庭而言享受的发达城市的社会福利是其显在优势，但这些福利中许多是隐性或者无法直接兑现成货币收入的，另一些显性的货币福利也只能在达到一定年龄要求或者一定程度的贫困之后才能获得，且这些福利大都是兜底保障，即保障的是其基本生活需要，所以这一优势无法为家庭的发展性追求生长出资源来。由此，农村有产者是一种能够使农民家庭在实现城市化目标的过程中相对具有优势的阶层身份，这个身份使农民家庭在城乡之间灵活调整其家庭成员分布以适应其在城市立足的能力和状态，让农民家庭在这个过程中通过用有产者身份保障的生存安全保持其在变迁社会中的个体安全，以及通过劳动所得而不是政府救济使农民家庭不至于产生无尊严感等社会不良情绪。

农村有产者相对于城市贫弱无产者的阶层位置优势在半边缘中小城市这一区域社会中体现得更为明显，因为半边缘中小城市的无产者相对于核心发达城市的无产者而言一定是处于劣势的。

因此，现实存在的区域性社会结构中的各个阶层，或许城市贫弱无产者是农民家庭可以选择的唯一阶层位置，但城市贫弱无产者并不是能助力于农民家庭城市化目标实现的第三种阶层状态。不仅如此，城市贫弱无产者——这里主要指的是核心发达城市的贫弱无产者——的阶层位置或许还并不是农民家庭可以获至的，即这个阶层的社会屏蔽难以消除，或者这个社会屏蔽将连同其背后的福利一并消除。这表明农民家庭沦为城市贫弱无产者后的阶层状态具有不确定性或高风险性。因此，事实上也可以认为，农民家庭维持其农村有产者的阶层身份或者保持其同时具有农村有产者及"三重中间位置"的双重阶层属性背后的行为逻辑是避免沦为城市贫弱无产者。下文将进一步分别阐述城市贫弱无产者的高风险性和农民城市化实践的阶层规避这两个问题的内在机理。

（二） 城市限制贫弱无产者的阶层规模及其机理浅析

在核心发达城市，属于贫弱无产者的市民家庭具有如下特征：没有能力在该城市购买房屋，其所拥有的最大的财富就是自己的劳动力和发达城市户籍。前者使他们可以通过就业获得劳动报酬，受制于其劳动力素质，其劳动报酬并不可观，其多为普通工人；后者使他们可以获得这个城市为其市民提供的社会福利保障。在半边缘中小城市，贫弱无产者市民家庭的特征是：没有能力通过劳动收入支撑其家庭完成再生产，普通工人，他们也享受着所居住的城市对其市民生活的保障，但标准远远低于核心发达城市。我国的普通工人绝大部分由并不拥有市民身份的农业转移劳动力构成，而他们在阶层属性上还是农村的有产者，因此上述两个城市区域社会的贫弱无产者的规模比较有限。

事实上，对于有着具体的城市化目标的农民家庭而言，只有核心发达城市社会的户籍才具有价值，其背后捆绑着很大的利益。此外，除非买房定居后考虑小孩上学，否则，农民家庭将户籍迁往中小城市的意愿并不强烈。

核心发达城市严格的户籍准入制度以及该区域社会的高房价一道将绝大部分农民家庭排斥在外，也就是说，即便他们能进入这些城市务工也无法成为拥有这些城市户籍的市民。因为进入发达城市的农民家庭在职业属性和购房能力上与该城市贫弱无产者无甚差异，换言之，即使他们能够拥有发达城市的户籍，最多也是成为城市社会贫弱的无产者。因此，发达城市严格的户籍准入制度，在某种程度上可以认为是核心发达城市限制其贫弱无产者规模的手段。

若发达城市不限制其贫弱无产者的规模，那么可以预见的后果也非常明确。首先，且不论发达城市政府是否拥有这个财政实力，其财力都将被高水平的社会福利所耗散，而集中用于谋划城市经济发展的财力空间将被极大地挤压。一个人均收入水平很低的发展中国家及其社会却拥有着高水平的社会福利，这本身就难以想象。

其次，也是很真实的，就是核心发达城市在取消户籍准入的同时，一并解绑了附着在该城市户籍上的社会福利，或者因为财力有限但需要提供服务和保障的对象规模庞大而只能极大地降低社会福利水平，其结果很可能是公共服务水平急剧下降，如医疗、教育，甚至居住空间等，有高消费能力的市民难以忍受，进而这些公共服务将迅速地高度市场化和等级化（周建国，2009），随之而来的是，阶层结构进一步固化，而原以为生活能够被保障的城市贫弱无产者所面临的却是另一种"意料之外"的景象，即一个更加糟糕的生活状态，最糟糕的是除了自己的劳动力，城市为其市民提供的社会福利变得更低甚至没有了。

面对规模扩大的贫弱无产者，政府实施各项社会保障的能力也被减弱，最明显的是，若城市经济不景气，大面积失业的情况发生，贫弱无产者是最先丢掉工作的群体，但因为这个群体数量大，政府很难在这种困难时期一下子创造这么多就业机会来满足他们对工作机会的需求。因此，这种糟糕的生活状态背后还蕴藏着极大的与市场波动同时发生的失业风险，最坏的后果是贫弱无产者的生存安全都置于市场风险之中。

高度风险化和贫弱化的城市无产者高度同质化，并且不再具备李强所描述的"起到阻止大规模、整体型社会冲突发生，发挥了缓解社会矛盾功能"的当前中国社会阶层群体利益"碎片化"的社会基础，这个社会基础是其所描述的，中国当前社会群体的差异是多重差异的交织（李强，2008）。相反，达伦多夫所建构的由潜在利益向显在利益转变及由准群体向利益群体转变（Dahrendorf，1959：185 - 191）的社会基础——韦伯所界定

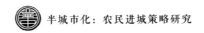

的阶级冲突并不必然发生的社会基础（Weber，1994b：250）的相反方向——反而成熟起来，由此，城市社会以阶层冲突呈现的阶层行动——或称阶级行动——被蕴藏的可能性也将大大提高。

城市贫弱无产者阶层规模有限，而农业转移劳动力继续保留着其农村有产者的阶层身份。农民与市民的身份差异，两个不同阶层群体有着不同的避风港——政府和土地，正是这些构成城市社会的弱势阶层群体利益"碎片化"的社会基础，给予整个经济发展和社会稳定一个应对危机和化解矛盾的弹性空间。

核心发达城市区域尚且如此，财力和经济发展水平相对更弱的半边缘中小城市区域就更不敢扩大城市贫弱无产者规模了。事实上，因为整个中小城市经济所能够提供的就业机会有限，因此，即便他们想扩大贫弱无产者规模，也没有条件。此外，还有一点需要指出的是，根据区域性社会阶层结构图式的建构可以推测，农民家庭不至于不理性到主动沦为明显不如自己的阶层，即半边缘中小城市的贫弱无产者阶层，他们也不愿意将自己置于高度风险化的生存境地。

（三） 半城市化是农民家庭避免沦为城市贫弱无产者的阶层实践

半城市化状态下农民家庭的阶层归属有两种不同的状态：一是完全的农村有产者状态，一是同时兼具农村有产者和"三重中间位置"的双重阶层属性的状态。半城市化状态下农民家庭的阶层规避在上文的描述中也凸显出来，即避免沦为城市贫弱无产者，尤其能体现这种阶层规避行为逻辑的半城市化类型是后路型半城市化。

后路型半城市化与托举型半城市化和减负型半城市化相比的核心区别在于农民家庭收入的构成，即前者没有农村收入，而后两者均有农村收入。后路型半城市化与脱钩型半城市化相比的核心差别在于农民家庭在城市获取收入的能力是否能够支撑一个人口结构并不理想的家庭在城市生活，最重要的甄别标准是，他们在城市的收入能否负担家庭中的老龄人口留在城市养老①。因为后路型半城市化状态下的农民家庭尚处于一个劳动力结构理想的阶段，它应对家庭人口结构不理想状态的能力尚处于未知状态。这一半城市化类型中的农民家庭若急于迈入彻底城市化阶段，则很可能使自身陷入窘境，详见案例 4 - 1 所示。

案例 4 - 1 加村 3 组秦人列，现年 63 岁，2010 年时儿子要在楚市买一套房子，但是家里的钱不够，为了凑钱，秦人列把当时放在农村闲置的房屋和 7 亩耕地一起转让给同村民小组的另一个农户，共筹得 2 万元钱，导致其现在成了村里的空挂户。2010 年时，秦人列夫妇还能在楚市做环卫工，自己养活自己，现在两口子在楚市租了一个小破房子收破烂，自己也住在这里，因为儿子买的房子不大，住在一起不方便。现在眼看秦人列夫妇都要超过 65 周岁了，环卫工的工作做不了了，秦人列开始觉得在城里收破烂还不如回家种田，至少在村里种田不会被别人瞧不起。他初中文化程度的儿子和媳妇在城市都是普通的工人，他们根本没有能力负担两个老人家在城市养老。所以，现在秦人列非常后悔，"当时是被逼急了，也糊涂了，先借钱再还上都比卖了'命根子'来得好，现在想买回来也不可能了"。

同样处于后路型半城市化状态的曾日辉，即第三章的案例 3 - 5，与案例 4 - 1 形成了鲜明对比。秦人列的家庭在理想的人口结构下支撑其全部家庭成员在楚市生活是不成问题的，可是随着家庭生命周期的推进，其家庭人口结构会逐渐偏离理想型，而进入一个在城市获取收入的能力与其在城市指向"三重中间位置"的消费需求不匹配的阶段。虽然他保留着农民的制度身份，但其自己主动放弃了集体赋予他的权利，也不能再找集体要回，除非后来有其他的村民再放弃这一权利且愿意有偿转让给他，但这种可能

---

① 因为农民当前的养老模式还是以家庭为单位承担的，社会养老保障的解释路径在农村还不适用。在致力于城市化的过程中，家庭中的养老资源是被压缩的，能将其家庭中的老年人养老保障转为社会养老保障的情况很少见。

性很小。由此他不再具有作为农村有产者的身份，其后果就是，拉低整个家庭在城市的阶层位置，很可能落入边缘中小城市的贫弱无产者行列。若秦人列没有丧失这一阶层身份，就可像曾日辉一样，在应对市场风险和家庭人口的结构性风险时，利用农村对外部市场具有高度封闭性的土地和劳动力要素重新在城乡之间实现家庭劳动力的优化配置，有弹性地应对风险和不确定性。

秦人列的体验是深刻的，是他对自己当前在城市生活状态和原来的邻里乡亲在村里的生活状态进行对比后产生的认识，更是他对接下来自己在城市如何生活下去的担忧。"在村里生活的邻里乡亲，不管70岁还是80岁，只要能劳动，就可以种田，就可以自己养活自己，捞鱼摸虾、串门打牌、闲话家常，周遭都是熟悉的老相识，想来这种养老状态也挺舒适，没谁会瞧不起谁，大家都是种田的，谈不上尊严不尊严。"但是在楚市收废品的秦人列，和废品住在一起，儿子都不愿过来多看两眼，更何况别人，他没有积蓄、收入微薄，年岁越大，越可能会没了收入，指望儿子也不行，儿子也不宽裕，儿子还得为自己攒点儿，因为儿子的工作也不稳定，不攒点，失业了怎么办？指望政府救济，又好赖有个儿子，贫困核算的标准是家庭人均收入水平。

所幸，在笔者调查的这些农民家庭中，类似秦人列的家庭并不多，甚至非常罕见。很多农户听闻秦人列把田和宅子都卖了也觉得不可思议，他们认为除非真的能一家人都在城市立足，否则不能卖这些东西。即便当下所持有的这些农村资源并不能为后路型半城市化状态下的农民家庭带来直接的经济收入，但继续持有它们，是对未来的风险性和不确定性——甚至对一些家庭来说具有必然性——所导致的可能沦为城市贫弱无产者这一危机生活状态进行规避的可靠资源。

农民家庭在实现跻身"三重中间位置"的城市化目标过程中避免沦为城市贫弱无产者的重要路径就是维持半城市化状态。即在城市化的过程中，继续与农村保持关联，当这个家庭在城市获取收入的能力与城市化目标还不匹配的时候，这种关联主要表现为经济关联，典型是托举型半城市化和减负型半城市化两种状态下的农民家庭。当二者匹配了，但前景并不明确时，这种关联表现为显在的制度关联和潜在的或预防型的经济关联，典型的是后路型半城市化状态下的农民家庭。当二者匹配了，同时又有着非常明显的确定性，通常这种确定性以其能支撑家庭中的老龄人口进城养老为标志，典型的是脱钩型半城市化状态下的农民家庭，这一状态下的农民家庭是有能力向彻底城市化转变的农民家庭，笔者将在第七章对其进行详细论述。

农民家庭成员在城乡之间维持半城市化的具体形态是多样的，但总体上来看，一个核心共性是家庭成员在城乡之间拆分或者流动的生活状态，在现象上表现为农民家庭非整体性的城市化和不稳定的城市化。从以上的阶层分析和农民家庭的阶层实践分析来看，这两种城市化状态，包括作为其根源的半城市化状态本身，背后都具有远比抽象的城乡二元结构丰富得多的内容。当市民也并非一个确切且无差异从而可以简单指标化的对象时，这些城市化状态也远不是"让农业转移人口享受市民同等待遇"这一学界主张和政策号召所能解决的。笔者力图从阶层分析这一角度发现这些状态背后非常重要的内容，即在当前的经济发展水平、政府能力和制度设置等条件下，避免沦为高度风险化的城市贫弱无产者是农民家庭在从农村有产者跻身"三重中间位置"的阶层实践——或称城市化实践——过程中，自发的阶层规避，虽作为个体行动单位的农民家庭的目的只在于保障以阶层和城市化实践求得家庭发展过程中的个体安全，但其产生的意义远不止于此。

四　本章小结

第一，本章完成了从总体性社会阶层结构图式的视野中跳脱出来，转向以区域性社会体系为基础的阶层结构图式建构，无论是区域性社会的划分还是区域社会内部各具体社会阶层或社会群体的划分均以农民进城定居生活的重要考量为指标或依据。从而得到一个农民很难实现定居的核心发达城市、农民可以通过努力实现定居的半边缘中小城市和农民当下定居的边缘农村三个区域构成的区域性社会体系。在各个区域社会内部的具体社会——一般以一个城市或一个村庄为具体社会的基本单元——中，以农民家庭的阶层流动上限为边界，将核心发达城市划分为两个群体，即上限之外的买得起房能定居的群体和上限之内的买不起房不能定居的群体；将半边缘中小城市划分为三个阶层，即农民家庭阶层流动上限之外的富裕阶层、上限之内的中间阶层和与农民家庭相当甚至不如农民家庭的城市贫弱阶层，受到空间距离和文化缓冲的影响，就近的中小城市的中间阶层是农民家庭半城市化实践所致力于达到的阶层，本书将这一阶层在整个区域性社会阶层结构图式中称为"三重中间位置"。再以农民进城立足的能力为指标将农民家庭当前生活的边缘农村社会分为四个不同的阶层，这四个不同阶层所具有的分析意义将在第五章从村庄视阈论述半城市化状态所具有的发展性意涵时凸现出来。

第二，首先对农民家庭城市化目标所具有的阶层实践意涵及其现实可能性进行剖析，其次对农民家庭在进城过程中保持半城市化状态的本质及其阶层意涵进行梳理。研究发现，农村社会不同于另外两个区域社会中的贫弱市民的关键在于农民虽然身陷巨大的社会压力之中，但仍保有其农村有产者的社会阶层身份，并对其特征进行了梳理。结合农民家庭城市化的经验分析，农民家庭的城市化实践其实是一个从农村有产者跻身"三重中间位置"的阶层实践。

第三，以社会屏蔽为核心，在本章所建构的区域性社会阶层结构图式的框架内，论证农村有产者是农民家庭跻身"三重中间位置"最优的阶层起点。对城市贫弱无产者和农村有产者之于城市化农民家庭的效用进行比较分析，发现了农民家庭在阶层实践中的阶层规避，即在从农村有产者跻身"三重中间位置"的过程中避免沦为城市贫弱的无产者，由此更深刻地理解农民家庭在城市化和向上的阶层流动过程中保持半城市化状态及其背后以农村有产者这一阶层身份为底色的双重阶层属性的内在机理。

第五章

半城市化的发展性意涵与发展型半城市化

本章的主要任务在于从农民家庭、村庄社会、城市发展和整体社会四个不同的层面或视阈来阐述半城市化——包括半城市化状态本身、内含的就近城市化及其所具有的跻身"三重中间位置"等阶层实践内容——所具有的发展性意涵。在此基础上提出"发展型半城市化"的概念,在突出"半城市化"状态所具有的发展性意涵的同时,将本书所强调的"半城市化"与学界已有的"半城市化"研究相区别。

一 家庭裂变:半城市化格局下农民家庭发展的现实路径

家庭视阈中半城市化的发展型意涵集中体现在三个方面。首先,农民家庭的收入获得了极大的增长,这是无须再论证的事实。其次,农民家庭以参与城市化的社会行动形成的代际流动,其结果是许多农民家庭,尤其是这些农民家庭中的年轻家庭成员实现了跻身"三重中间位置"甚至更高社会阶层的代际流动。这一具体的代际流动通过农民家庭以半城市化为载体所生长出的家庭发展秩序得以实现。最后,在与半城市化相亲和同时也是农民家庭跻身"三重中间位置"重要内容之一的就近城市化路径下,因家庭发展秩序对维持半城市化状态的客观需要而造成的农民家庭拆分式再生产,呈现极大的时空弥合,这一弥合在很大程度上改变了过去媒体和学界所渲染出的"三留守"问题之严重性。下文将重点对后两个方面进行论述。

(一) 跻身"三重中间位置"与社会结构中农民家庭发展的实现和前景

代际流动的本意是,子代相对于父代而言在社会地位上的变化。社会地位指的是个人在一定社会结构中所处的位置，在这里，具体表现为农民家庭在城市化实践中，年轻人的社会地位相对于中老年人实现了向上的流动，这种差别是下层农村社会与"三重中间位置"的差别。

农民家庭的城市化目标是跻身"三重中间位置"，这一目标的实现将使农民家庭获得相对于农村而言要优越得多的"生活机会"，包括接触和获得相对优越的教育资源的机会、享受更便捷的现代公共服务的机会、获得市场经济机会的可能性、从婚姻的角度来看甚至是从农村走出的广大男性青年接触更多女性的机会，以及进一步实现向上的阶层流动的机会，等等。换言之，这一更优越的"生活机会"将成为跻身"三重中间位置"的农民家庭开启新生活的场域。但是，农民家庭获得这一生活机会后最大的受益者是年轻的家庭成员，不论是教育资源、婚姻资源还是市场机会，进入一个高一些的社会平台将拓展年轻人未来生活的可能，这是一个不争的事实。也正是在这个意义上，本书认为，农民家庭跻身"三重中间位置"的城市化实践也是在当前社会结构下实现代际流动的阶层实践，表现为农民家庭中的年轻人相对于其他家庭成员所获得的发展，这种发展具体表现为比农村更好的生活机会。

年轻人发展具体表现在以下四个方面。首先，他们是进城务工的主要群体，同时也是基本上没有务农经验的新生代农民工，务农多半也不在他们未来的职业规划当中，因此，他们的职业相对于普遍有过务农经历甚至不少现在还在务农的父辈而言发生了明显的变化。其次，他们的社会生活多半在城市，且不少年轻人在整个家庭的共同努力下在城市拥有了属于自己的住房，他们未来的生活安排是以城市为蓝本的，而他们的父辈即使有外出务工的经历，却不一定指望在城市生活一辈子，农村始终在他们的考虑范围之中。再次，他们往往是农民家庭中户籍城市化的先锋，即他们是农民家庭中率先从制度上获得市民身份的群体，相对而言父辈们的户籍城市化少之又少。最后，年轻人可以为他们的子代获取更丰富的社会资源提供和创造更多的机会。

在家庭生命周期的循环往复之中，年轻人跻身"三重中间位置"带给处于农村社会之中的农民家庭不断向上发展的希望,因此,农民家庭中年轻人的发展就意味着整个家庭都获得了发展和进一步发展的希望。只是农民家庭这种以年轻人为发展主体的背后有一个半城市化的格局作为支撑,否则年轻人的发展也无从谈起。

(二) 拆分、时空弥合与再整合:农民家庭微观经济社会结构的发展现实与前景

笔者将农民城市化进程中的资本流动分解为五个过程。

一是,农民家庭的剩余劳动力往城市——这里的城市既包括半边缘的中小城市也包括核心发达城市,但更主要的是核心发达城市——流动的过程,其形成的潮流是进城务工,作为剩余劳动力转移出去的大都是相对更具竞争优势的年轻劳动力。

二是,城市资本以农民工工资的形式流入农村的过程,其结果是农民家庭的收入水平和消费能力上升,甚至掀起了农民建房的热潮。

三是,大城市的资本通过农民工返回家乡所在的半边缘中小城市买房定居实现向中小城市的流动,其形成的潮流是农民就近城市化,以及由第二类资本流动伴生的家乡附近中小城市的消费增长和周期性繁荣,典型表现是中小城市与小县城的"春节经济"。

四是,农村内生的资本通过代际支持的方式向城市流动,托举型和减负型两类半城市化农民家庭的微观资本流动是农村资源流入城市的真实写照,其后果是农村的衰败和萧条。

五是,农民家庭成员跻身"三重中间位置"的切实实践,或换言之,家庭成员逐步入住了其所选择的定居城市,使农村劳动力往城市流动的过程进一步具体化,即流入半边缘中小城市,带来半边缘中小城市的人口集聚。

上述第一个资本流动过程在绝大部分农村家庭存在,不同农民家庭之间的差异在于是否为家庭的整体性进城务工。第二个过程在很大程度上与城市化农民家庭当前的生活重心仍在农村相关,农民的主要消费行为在农

村。第三个过程同第四和第五个过程的聚焦点均是农民进城买房定居，农民进城买房是农民未来的生活安排从农村转向城市的关键标志，在一定程度上可认为是资本流动从第二个过程向第三和第四个过程的转折点，第三个过程强调城市系统之间的资本流动，而第四个过程强调的是农村资源通过支撑农民家庭跻身"三重中间位置"向城市流动。进城买房定居也是农村劳动力流动从第一个过程到第五个过程的转折点。最后需要指出的是，第五个过程是第三和第四个过程发生的基础，即正因为农民家庭有成员将会或者已经买房定居在半边缘中小城市，才会形成两类明确的以促成跻身"三重中间位置"为导向的资本进入半边缘中小城市的流动过程。

下面以在楚市以内购买了房屋且处于半城市化状态的166户农民家庭为分析对象。他们在资本流动上的特征有以下两点：首先，在城市买房意味着资本流动的第二个过程将极大弱化，甚至不复存在；其次，第三和第四个资本流动过程的存在意味着城市化农民家庭并没有整体性地定居城市，这些农民家庭中或者有部分家庭成员在大城市务工，或者需要部分家庭成员继续在农村为其城市化供血，可据此分析农民就近城市化的未入住和部分入住的定居形态。

笔者根据城市化农民家庭是否还存在资本流动的第三和第四个过程，将城市化农民家庭定居城市的具体形态分为Ⅰ阶段、Ⅱ阶段、Ⅲ阶段和Ⅳ阶段。其中Ⅰ、Ⅱ阶段为未入住和部分入住两种类型的具体形态，Ⅲ、Ⅳ阶段为整体性移居城市的具体形态，但在Ⅲ阶段中，家庭成员并没有都定居在城市，具体如表5-1所示。不同居住形态形塑不同的城市化农民家庭的微观经济社会结构，农民家庭实现"彻底城市化"的过程即家庭的微观经济社会结构从拆分走向时空弥合再逐渐实现完全整合的过程。

表5-1　资本流动视角下城市化农民家庭的定居形态分布

| | | 资本：大城市→中小城市 | |
		否	是
资本： 农村→城市	是	Ⅰ阶段（托举型、减负型）	Ⅱ阶段（托举型、减负型）
	否	Ⅲ阶段（后路型、脱钩型）	Ⅳ阶段（后路型、脱钩型）

1. Ⅰ阶段：代际拆分与夫妻拆分

已在楚市内拥有城市房屋的 92 户托举型和减负型城市化农民家庭中，处于Ⅰ阶段的总户数为 38 户，其中包括托举型未入住的 18 户、托举型部分入住的 4 户、减负型未入住的 13 户以及减负型部分入住的 3 户，其资本流动属性在第三和第四个过程都存在，即城市化农民家庭成员中既有去大城市打工的也有留在农村务农的，其具体特征如下。

第一，在Ⅰ阶段，托举型和减负型半城市化状态下的农民家庭，有 31 户还处于未入住状态，他们的家庭成员在微观经济结构中所处的位置存在着明显的差异，即年轻劳动力外出务工，一般是去沿海发达地区或省城等就业机会更多且工资水平相对更高的城市或地区；中年劳动力则留在农村务农或提供经营性服务，农闲时外出打短工，兼负家庭劳动力再生产的责任，即帮助子代抚养小孩以及完成自己赡养老人的责任。这种微观经济结构造成的家庭微观社会生活结构是两至三代人的代际拆分，即中年人与年轻人之间的拆分以及已有小孩的年轻人与自己的小孩之间的拆分。在沿海发达城市与楚市之间时空距离的影响下，这种代际拆分的结果往往是一家人只有在春节的时候才能短暂团聚。

第二，Ⅰ阶段中托举型和减负型城市化农民家庭部分入住的 7 户在微观经济结构上的状态与未入住状态一样，在社会生活结构特征上也存在代际拆分；但在微观社会生活结构上存在差异：年轻人外出务工，中年夫妻的其中一人因孙辈接受教育等而进入城市生活，另一个人则留在农村继续务农，造成中年夫妻在一定时间段中"被分居"的生活形态，即夫妻拆分。但是这种拆分在就近城市化的路径中可以通过低成本往返于城乡之间而获得弥合。

第三，代际拆分是城市化农民家庭为跻身"三重中间位置"积聚更多的资本，通过代际分工的形式充分发挥家庭劳动力的优势实现家庭收入最大化的经营策略。夫妻拆分不仅是收入最大化的策略，还是农民家庭为了让后代享受更好的教育、医疗等公共服务，"不输在起跑线上"，同时尽可能地保障农村收入的策略。这两个维度的拆分状态是农民家庭在城市化进程中定居形态的初级阶段，但并非必经阶段。

2. Ⅱ阶段：　拆分式家庭微观经济社会结构的时空弥合

处于Ⅱ阶段的城市化农民家庭共有 54 户，其中包括托举型城市化农民家庭未入住的 3 户、部分入住的 25 户；减负型城市化农民家庭部分入住的26 户，其资本流动特征是有第四个过程但没有第三个过程，即家庭成员中没有人去大城市务工，但是有人在农村务农。处于Ⅱ阶段托举型未入住的 3户存在特殊性，可以解释其年轻劳动力没有外出务工也没有入住所选择的定居城市的房屋，2 户的年轻人在省城当行业学徒，为了学习手艺，需要做几年的免费劳动力，还有 1 户还在大学接受高等教育。其余 51 户部分入住的城市化农民家庭的微观经济社会结构特征如下。

第一，Ⅱ阶段部分入住的城市化农民家庭中托举型和减负型的核心差别在于获取当前城市化资本的主要来源不同，其中托举型的主要收入来自农村，而减负型的则是在楚市以内的城市收入。托举型的重要特征在于农村资本通过代际支持的方式支撑农民家庭的城市化，而减负型的重要特征则在于，通过土地养老的家庭生活安排和以代际支持实现的从农村对城市家庭的物资供给，能够在相当程度上缓解在城市的家庭成员的生活压力。这种差别共同体现了代际拆分之于城市化农民家庭的重要经济意涵。

第二，年轻人和中年人在城乡之间截然有序的代际分工仍然是Ⅱ阶段农民家庭的微观经济社会结构，但代际拆分的第二个层面，即年轻人与自己的小孩之间的拆分随着年轻人定居城市而消解；同时，年轻人就近城市化在时间和空间上大大弥合了因年轻人和中年人之间的代际分工而仍然存在的拆分。很多处于Ⅱ阶段的农民家庭为了年轻人能有充分的时间在城市就业，而且他们的小孩也能在城市享受更好的公共服务，同时农村的收入也因其不可或缺而需持续，特殊时期的夫妻拆分将成为城市化农民家庭必要的社会生活安排，同时代际拆分得到了极大时空弥合，即代际拆分的时间和空间都随着就近半城市化而缩短了，为夫妻拆分的弥合创造了更大的、可选择的弹性空间。

第三，定居形态处于Ⅱ阶段的农民家庭的微观经济社会结构的关键词在于时空弥合，即此阶段仍然属于拆分式再生产，但又比简单的城乡拆分式劳动力再生产含有更广泛的内容，即就近定居的城市化极大地弥合了城乡"拆分"的时间和空间距离，使得这一距离可以用极小的时间和物质成本来弥合，并且便利了农村对城市的资源输入。

3. Ⅲ阶段： 非典型的城市化农民家庭拆分式再生产结构

处于Ⅲ阶段的城市化农民家庭共有 12 户，其中 11 户属于后路型，包括未入住的 8 户和部分入住的 3 户；只有 1 户未入住的属于脱钩型。Ⅲ阶段的资本流动属性是有第三个过程，但没有第四个过程，这意味着托举型城市化农民家庭有部分成员或者全部成员在大城市务工，但没有成员从农村获得资本支持。

未入住的 9 户农民家庭成员均在外地务工，但不一定在同一个城市，因此是否存在拆分的情况并不能确定，就调查数据来看这 9 户中有 7 户都在同一个城市，而且往往是父母先去务工或经商再介绍子女过去；部分入住的 3 户中，有 2 户是年轻劳动力外出务工，中年人入住，详见案例 5 - 1；另外 1 户是中年劳动力外出务工，年轻人入住。明显可见的是Ⅲ阶段的城市化农民家庭在微观经济结构上不再有"半工半农"式的代际分工，即他们实现了家庭微观城乡二元经济结构的整合，但在家庭生活上还存在着一定的拆分。只是从具体形态上来讲，这种家庭的微观经济社会结构已经与因工作关系而无法同在一个城市生活的城市家庭基本同构，因此并非典型的城市化农民家庭的拆分式再生产结构。

案例 5 - 1 加村 8 组马凤梅，属于部分入住所选择定居城市的脱钩型半城市化农民家庭。现年 52 岁，丈夫去世 10 多年了，去世之前是在楚市做烟酒生意的，去世时两个儿子都成年了，儿子都是初中毕业的文化程度。配偶去世之后，一家三口都去江苏打工，2009 年在楚市买了一套房子，2015 年又在楚市买了一套房子，两个儿子一人一套。2015 年之后，马凤梅就没有外出打工了，因为身体渐渐吃不消，儿子也快要结婚了，就留在楚市找了一个轻松的活挣点生活费，并帮儿子

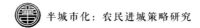

张罗婚事。但两个儿子都还在江苏打工。一家人只有马凤梅的户口还在农村，户头上还有 6 亩耕地和一块闲置的宅基地，耕地托管给亲戚了，宅基地上的房屋年久失修已经不能住人了。

4. Ⅳ阶段： 整体性定居城市与家庭劳动力拆分式再生产的重新整合

处于Ⅳ阶段的城市化农民家庭主要来自后路型和脱钩型两种类型，共有 62 户，其中后路型整体性定居城市的城市化农民家庭有 15 户，脱钩型整体性定居城市的城市化农民家庭有 47 户，其根本特征在于全家人都生活在其定居的城市之中。

第一，Ⅳ阶段中后路型整体性定居城市的 15 户农民家庭仍然因其对农村资源存在的预防型依赖而处于整合但不稳定的微观经济社会结构之中，它致力于实现向稳定形态过渡，但也随时准备着退守到Ⅱ阶段甚至Ⅰ阶段的状态，案例 4 - 1 是这种状态的真实写照。

第二，在Ⅳ阶段，脱钩型半城市化状态下整体性定居城市的有 47 户农民家庭，他们以实现从土地养老到进城养老的转变为标志，彻底结束了城市化过程中农民家庭成员在城乡之间的拆分，并彻底摆脱了家庭经济结构中的农村底色，是城市化农民家庭微观经济社会结构再整合的理想形态，如案例 5 - 2 所示。

案例 5 - 2 巷村组李中义，62 岁，李中义的儿子是楚市第一人民医院的医生，2005 年就在楚市定居下来。2005 年至 2010 年李中义的妻子在楚市帮儿子带小孩，给儿子、媳妇做饭洗衣服。2010 年李中义的儿子已经能自如地应对在楚市生活的各项经济负担了，在李中义同意之后就把李中义也接到楚市生活，结束了一家人两地分居的日子。

（三） 农民家庭发展的阵痛及其愈合

与已经处于"三重中间位置"的市民家庭相比，农民家庭存在着三大起点劣势，农民家庭在城市获取收入的能力与其指向"三重中间位置"的消费需求之间不匹配，从而使得农民家庭没有能力支撑全体家庭成员都按照市民家庭的生活方式生活，这是农民家庭三大起点劣势的集中体现。面对这种现实，农民家庭只能通过半城市化状态维持其作为农村有产者在特定的社会屏蔽机制作用下所享有的有限优势，以尽量对这些劣势进行弥合。总体上来看，农民家庭弥合劣势的策略在于，将家庭成员在城乡之间进行合理分布，即在"不匹配"仍然存在的阶段，尽量维持家庭人口结构的全劳动力化。由此，在劳动力市场中更有竞争力的年轻人往往分布在城市，而没有优势甚至完全退出劳动力市场的中老年人则更多地分布在农村，这种分布致力于农民家庭生产能力的最大化。由此，农民家庭在跻身"三重中间位置"的过程中就需要策略性地维持着半城市化状态，以应对"不匹配"的客观现实。

半城市化带来的最突出的消极后果是"三留守"问题，即由于家庭成员在城乡之间的拆分而产生的留守妇女、留守老人和留守儿童的现象。留守老人和留守儿童是代际拆分产生的结果，留守妇女则是夫妻拆分产生的结果。从楚市的经验来看，代际拆分在处于托举型半城市化和减负型半城市化状态中的农民家庭中是必然存在的，甚至在部分后路型半城市化的农民家庭中也存在着，是农民家庭在跻身"三重中间位置"过程中比较普遍的家庭再生产状态，具体表现为中年人与年轻人这一组亲子关系的拆分、中年人与老年人这一组亲子关系的拆分以及年轻人与自己的子女——家庭中的孙辈——这组亲子关系的拆分，但这三组亲子关系都拆分的情况也会在同一个农民家庭中发生；夫妻拆分更多地存在于减负型半城市化农民家庭之中，并且以中年夫妻的拆分为主要形态，具体表现为为了进城帮子女带小孩而发生的夫妻拆分以及为了在农闲期开展兼业而发生的夫妻拆分。

在农民家庭还没有参与进城买房定居的过程中来时，农民家庭的城市化就还没有跻身"三重中间位置"的迹象，因而，农民家庭成员在城乡之间的拆分往往伴随着遥远的距离——对于楚市的农民家庭而言是去往遥远的核心发达城市和对春节的期盼——因为家庭的团圆只能在春节时实现。在这种情况下，城市化过程中农民家庭的社会生活往往被描述得带有悲情色彩，隔代抚养的社会问题、留守儿童的情感和教育问题、留守老人的晚年照料问题，等等，这些问题被发现后，半城市化的状态被认为是培育这些社会问题的温床。然而事实上，农村老年人的养老危机是在家庭养老模式向社会养老模式转型过程中出现的结构性问题，而并非必然由农民家庭半城市化导致；少年儿童的教育问题和青少年犯罪问题，也并不是半城市化状态下农民家庭独有的问题，它们属于一个更加客观的研究领域，也并非扭转半城市化格局之后就必然能随着半城市化状态的终结而终结的。

但是，笔者并不倾向于否认半城市化状态限制了农民家庭享受完整的家庭生活，以及以此为基础的各种情感需求的满足。笔者认为，这是农民家庭在追求家庭发展的过程中或许要承受的阵痛，这种阵痛或者要由追求发展的个体承受，或者要由国家或社会花费巨大的成本来预防抑或是减轻，而阵痛之所以是阵痛，关键就在于，它可以通过发展目标的实现而消失，但会因新的发展目标的到来而再次以不同的"疼痛形式"出现。

而跻身"三重中间位置"的就近城市化实践将开启被遥远的距离所拆分的农民家庭的新生活状态，这种新生活状态的核心在于使半城市化造成的阵痛趋向于消失。四类半城市化状态中的农民家庭就近在中小城市买房并且入住以后发生了一些新的情况，具体来说，如果像脱钩型半城市化农民家庭一样，全员入住城市，则意味着家庭拆分的彻底完结。如果像后路型半城市化农民家庭一样，有人入住中小城市，但也有人因为中小城市提供的经济机会不充足而继续前往核心发达城市务工，以增加整个家庭的收入，那么这种拆分就不具有农民家庭拆分的典型性，因为这种拆分在市民家庭中也并不鲜见。如果像托举型半城市化一样，因为对农村收入存在着较强的依赖，农民家庭中的中老年人往往不会离开农村，因此入住城市的往往是家庭中的年轻人或者是年轻人和他们的小孩，这种情况下，农民家庭在半城市化格局下的代际拆分就几乎只存在于年轻人和中年人之间，但是这种拆分的空间距离可以通过极低的时间和经济成本得到弥合，而且不至于影响农民家庭在城乡之间的生产生活布局，这意味着对于半城市化状态下的农民家庭而言，完整的家庭生活和丰富的社会情感体验也不再显得那么遥远。如果是像减负型农民家庭一样，情况就较为多样化，家庭拆分有可能同托举型半城市化状态下的农民家庭一样，也有可能并没有结束任何一种代际拆分，反而还因把孙辈送到城里上学而导致夫妻拆分，但毕竟农民家庭的后代能够在城市这一条件相对优越的场域中成长，代际拆分也存在着结束的希望，而夫妻拆分因其空间距离短而可以在更短暂的周期和更低的成本中弥合。

以上这些发展的希望和结束阵痛的可能性会对买了房却没有入住的半城市化农民家庭以及还未买房的半城市化农民家庭形成牵引力，或者，这些希望和可能性本来就是他们正在努力获得的，由此，半城市化农民家庭当下对阵痛的忍耐才是值得的。综上，在农民家庭视阈中，半城市化的发展性意涵首先表现为农民家庭的发展，这种发展以跻身"三重中间位置"为核心，以农民家庭增收为经济基础，以拆分的家庭再生产带来的阵痛为代价，但是这种阵痛将随着农民家庭真正开始跻身"三重中间位置"的实践逐渐消失。

二 农民城市化与农业去过密化

半城市化的功能之一在于以农村收入为农民家庭的城市化提供资源支撑，但在当前"人均一亩三分地、户均不过十亩"的小农人地关系格局下，寄希望于让农村成为所有农民家庭城市化资源支撑的主力是不现实的。农民家庭所处的城市化状态存在差异，即交错分布于半城市化的四个具体类型和彻底城市化之中，也即农民家庭在以农村收入为资源支撑的力度上存在差别。本节的核心是在村域范围中讨论这种交错分布与农民城市化之间的关联性，从中发现了一个"农民城市化—农业去过密化—农民阶层流动资本增量—农民城市化"这一良性循环的半城市化路径。

（一） 四类不同半城市化状态下农民家庭的地权实践

四类半城市化农民家庭与农村关联的核心差别在于各自对其所享有的农村土地权利的实践形态，下文简称"地权实践"。农村地权包括两类具体权利，一是农民对农村耕地的承包经营权；二是农民对村集体建设用地的使用权。农地承包经营权的四类实践形态：托举型为扩张型实质享有、减负型为维持型实质享有、后路型为预防型实质持有、脱钩型为制度上的形式持有、彻底城市化为制度上的彻底退出。楚市 257 户城市化农民家庭的农地承包经营权实践形态的具体分布与其城市化类型同步。"实质享有"指的是农民家庭还在从农村的土地上获得资本支持；"实质持有"指的是在资本上存在依赖，但又不必然直接行使农村以土地为核心的权利，而只是继续持有；"形式持有"指的是既没有资本上的依赖，也不直接行使权利，城市化农民家庭与农村地权的关系仅限于制度上的规定；"彻底退出"指的是城市化农民家庭整体实现了户籍城市化，在制度上不再能持有农村地权的状态。

宅基地使用权的具体实践形态如下：托举型和减负型均为使用；后路型和脱钩型包括三种，即闲置、转出、复垦；彻底城市化为制度性退出。楚市 257 户城市化农民家庭的宅基地使用权实践形态分布如表 5 - 2 所示。

表 5 - 2　楚市 257 户城市化农民家庭宅基地使用权的实践形态的类型分布

单位：户

城市化类型 实践状态	托举型	减负型	后路型	脱钩型	彻底城市化	合计
使用	76	72	0	0	0	148
转出	0	0	3	15	0	18
闲置	0	0	33	28	0	61
复垦	0	0	4	12	0	16
制度性退出	0	0	0	0	14	14
合计	76	72	40	55	14	257

　　注：托举型和减负型城市化农民家庭中均有成员长期或农忙时周期性在农村居住，即都还在实际行使自身的宅基地使用权，本书并不否认他们所参与的复杂的宅基地转入或转出的行为，但这并不影响他们实际使用宅基地的权利实践。

1. 彻底退出: 彻底城市化的新市民家庭的地权实践

笔者调查的楚市 257 户农民家庭中, 有 14 户从制度上彻底退出了农村, 即实现整户的户籍城市化, 即彻底退出了两类农村土地权利实践。需要注意的是, 制度性彻底退出占比很少, 且这 14 户农民家庭的情况大部分发生在 2000 年以前的税费时期, 即以资源汲取为纽带的国家和农民关系紧张的时期, 那时户籍进城还是非常困难的; 自从进入以资源输入为纽带的国家与农民关系的新时期以来, 特别是中西部中小城市的户籍政策发生逆转时, 即 "农转非全面放开, 非转农明令禁止" 时, 奇怪的是出现了 "户籍的逆城市化" 现象。以楚市为例, 2015 年全年, 楚市户籍农转非的只有 2 人, 非转农的却有 400 多人。

2. 制度性形式持有: 脱钩型半城市化农民家庭的地权实践

55 户脱钩型半城市化农民家庭存在以下四种情况, 即在农村既没有宅基地又没有耕地的空挂户、有宅基地但是没有耕地的、有耕地没有宅基地的以及既有耕地又有宅基地的。具体分布详见表 5-3。

表 5-3 55 户脱钩型半城市化农民家庭的地权实践分布

单位: 户

	有耕地	没有耕地	合计
有宅基地	26	2	28
没有宅基地	10	17	27
合计	36	19	55

这 55 户脱钩型半城市化农民家庭地权实践的具体情况如下。

第一, 有 17 户为空挂户, 他们既不拥有农村集体建设用地的使用权——有的将自己的房屋转让、有的随房屋倒塌自然退出了; 也不拥有农村耕地的承包经营权——有的将自己的耕地以 "卖房搭地" 的形式转让了, 还有的在税费时期退给村集体了。这些空挂户就目前农村承包经营格局已经固化的情况来看, 拥有的最显而易见的、与农村户口相挂钩且与城市户口相比具有相对优势的是死后能无偿获得一块坟地, 因此很多空挂户户头上只有一个老人。

第二，28 户有宅基地和 36 户有耕地的脱钩型半城市化状态下的农民家庭，其农村地权实践以制度性的形式持有为典型特征。28 户有宅基地的脱钩型城市化农民家庭的宅基地都处于闲置状态，其中 15 户宅基地之上的房屋已经出现垮塌或裂缝而不能住人，若不修缮，则存在自然退出宅基地的可能。36 户有耕地的脱钩型城市化农民家庭并没有直接行使其经营权，而是将土地无偿或低价流转或托管给亲朋好友，自己则只是在形式上持有承包经营权，其中大部分是为了"等政策"①而主动持有。如案例 5 – 3 呈现的是农民家庭户籍城市化意愿不强的第二套逻辑，即权利的逻辑，这与大多数半城市化状态下农民家庭的保障性逻辑存在重大差别，区分这一差别的意义将在本书的第六章和第七章中得以凸显；小部分则是因难以平衡的历史遗留矛盾而"被持有"的，如案例 5 – 4 所示。

案例 5 – 3 加村 6 组吴树清，现年 73 岁，儿子现年 44 岁，儿子年轻时在南京开货车认识了南京本地姑娘而喜结良缘，将户口迁到南京并在南京落户。2008 年吴树清的儿子把他和他老伴接到南京生活，给他们在小区里开了一个小百货商店打发时间。现在只有两个老人的户口在农村，他们在村里还有 7 亩地和一块宅基地。据吴树清的邻居季大云说，他们不差钱，不想把地便宜且永久性地转让给别人，"要占着地皮等政策"。

案例 5 – 4 加村 6 村吴树可，老两口都快 80 岁了，有三个儿子，老大在南京安家；老二在县城当大专的老师，也安家了；老幺是公安大学毕业的，现在在楚市的派出所当所长，在楚市安家后就把吴树可夫妇接到楚市生活了。目前只有两个老人的户口在家，宅基地自然退出后吴树清自己在原宅基地上种了几棵树，免得被别人占了去；耕地

---

① 因为目前的农村土地政策走向还不明朗，"等政策"其实是等机会，等所享有的农村地权可以兑换成收益。

也有 2.5 亩，但他都不知道自己有田，因为早在 2002 年他就去楚市生活把田撂荒了，后来被别人捡去种。2015 年年底，加村开展土地确权工作，因为各种历史矛盾难以调和，加村选择了矛盾最少的方式，即以 1997 年加村第二次分田的数据为准进行确权。村里发现将近 20 年不种田的吴树可当时分得了 2.5 亩田，就给他打电话，通知他回来签字。

第三，促成小农农业适度规模经营，并逐步实现去过密化。只是在制度上形式持有农村地权的脱钩型半城市化农民家庭，对农村地权作为农业生产生活性质的资料并不具有实质性依赖。其中有耕地的 36 户在形式上持有地权并让渡了其经营权，总共为农村土地要素市场自发流转供给了 423 亩耕地，由于承包格局固化和与承包格局固化同在的农地细碎化分布格局没有给资本下乡提供规模流转的空间，反而给农村自发土地流转和部分农户实现适度规模经营创造了条件，这在一定程度上推动了小农农业经营的去过密化。

3. 预防型实质持有：后路型城市化农民家庭的农村地权实践

40 户后路型城市化农民家庭都还拥有着农村耕地，多达 33 户也还保留着农村宅基地。他们在两类地权的具体实践上与 26 户既有耕地又有宅基地的脱钩型半城市化农民家庭相似，表现为宅基地的闲置和耕地的转包；不一样的是出于对农村资本的预防性依赖，他们对这两类地权作为农业生产生活资料仍然可能有实质性的需求，因此更不会轻易做出"卖房搭地"、从经济上彻底与农村"断奶"的决定。有一户后路型城市化的农民家庭做出了着急与农村"断奶"的错误决定后当前的生活状态，可以为我们从另一个侧面理解这一类型的农民家庭对农村地权的预防型实质持有的意义所在，详见案例 4 - 1。

此外，40 户后路型城市化农民家庭均在农村拥有一定面积的承包经营权，总面积达 507 亩。因为他们只是持有土地的承包权，将这些土地的经营权让渡出来间接为其他还在直接从事农业经营的农户实现适度规模经营创造了空间，且在一定程度上推动了小农农业经营的去过密化。

4. 维持型实质享有：减负型半城市化农民家庭的农村地权实践

从 72 户减负型农民家庭的收入水平及其受收入水平影响的应对城市生活压力的能力来看，存在两种减负类型，一是拥有较高城市收入，能充分应对城市生活压力的城市化农民家庭，此为主动减负型，共 15 户，如案例 5 - 5 所示；二是城市收入一般无法充分应对城市生活压力的城市化农民家庭，此为被动减负型，共 57 户。

案例 5 - 5 巷村 9 组罗金武，现年 53 岁，儿子在成都工作，月薪上万，媳妇也在成都工作，月薪 5000 元。2011 年罗金武的儿子靠自己在楚市买了一套房子，2012 年又买了车，现在夫妻俩都在成都工作。小孩上幼儿园了，由罗金武的老婆带着在楚市上学，住在楚市的房子里。罗金武儿子的收入水平足够应对城市生活的消费，不需要罗金武的资助。但是罗金武还是觉得现在能挣一分就是一分，"儿子挣的他自己攒着以后用，我挣我的，有备无患，还这么年轻总不可能让儿子养起来"。罗金武在巷村种了 16.5 亩田，这些田都是他自己的，他也没有扩大种植规模的想法，因为没什么经济负担，他一个人忙不过来就花钱雇工，最多就是少赚点。

减负型半城市化农民家庭农村地权实践的突出特征是维持型实质享有，其中主动减负型是主观意愿上的维持甚至削减当前经营规模，被动减负型则是受客观的土地生产资料规模限制而处于少量扩张、总体维持的实质享有阶段，详见案例 5 - 6。总体来看，他们的农业经营处于维持当前规模的阶段：被动减负型城市化农民家庭农业规模扩张的能力和空间被限制，主动减负型城市化农民家庭也不急于减少当前土地或退出。

案例 5 - 6 加村 3 组陈远锋，夫妻二人现年都为 54 岁，大儿子 1984 年出生，湖北大学毕业，在武汉工作，儿子 2004 年参加工作开始攒钱在武汉买房，直到 2015 年才在武汉凑够了已经增加到 30 万元的首

付，包括陈远锋资助的 8 万，2016 年年底结婚。大儿子在武汉的生活
压力很大，得赚钱娶媳妇，陈远锋很着急，但是因为自己要帮小儿子
带小孩，也不能去外面打工，只能在家务农。陈远锋家的承包地共有
10 亩，总共经营面积为 18 亩，有 8 亩都是同组处于后路型城市化阶段
的弟弟周勇家的承包地。陈远锋想种 30 亩地，这样才能尽快让大儿子
在武汉安家立足，但受农地流转"关系地权"的影响，他的扩张规模
总体上受到了限制，就他这一户的具体情况来看，与他社会关系比较
密切的农户大多还在村里从事农业经营，因此他没有足够的实现规模
扩张的空间。为了挣钱，陈远锋从 2015 年开始利用自家后院养鸡，但
由于资金缺乏和承担风险的能力有限，只能养 100~200 只鸡，小打小
闹一番。

5. 扩张型实质享有：托举型半城市化农民家庭的农村地权实践

76 户托举型半城市化农民家庭农村地权实践的突出特征在于经营规模
的低成本扩大，这一地权实践为家庭城市化提供资源支撑。因为有部分托
举型半城市化农民家庭的农村收入主要来自在农村的经营性服务，如贩卖
农产品、开餐馆、开打米厂或开农资店等，这部分家庭有 7 户，他们的地权
实践模式并不具有代表性，因此这里不做讨论。笔者将以村民小组为单位
呈现剩余 69 户从事农业经营的半城市化农民家庭的地权扩张样态，详见表
5-4。

表 5-4　69 户托举型半城市化农民家庭的土地经营权扩张情况

	户均承包面积（亩）	户均经营面积（亩）	户均扩张程度	户均流转价格（元/亩）
梅村组（7 户）	13.7	34.0	2.48	200
巷村组（7 户）	13.3	33.4	2.51	200
加村 1 组（13 户）	12.7	38.4	3.02	150
加村 2 组（8 户）	12.7	34.9	2.75	150
加村 3 组（9 户）	9.2	37.0	4.02	200

续表

	户均承包面积 （亩）	户均经营面积 （亩）	户均扩张程度	户均流转价格 （元/亩）
目村 1 组（10 户）	11.7	33.1	2.83	250
目村 2 组（15 户）	14.8	27.9	1.89	250
69 户平均值	12.6	33.8	2.74	202.90

注：扩张程度 = 经营面积/承包面积；平均值采用加权平均算法；此外构成托举型半城市化农民家庭土地经营权扩张空间的主要有四个组成部分，分别是脱钩型城市化农民家庭的土地经营权流转、后路型城市化农民家庭的土地经营权流转、所在村集体未分到户的面积（包括容易发生涝灾的低洼地以及作为村集体资产的水面）以及外村或国有农场的流转面积。其中田亩仅保留小数点后一位，其余保留小数点后两位。

首先，从事农业的托举型半城市化农民家庭的农村地权实践呈现明显的经营权扩张特征。由表 5 - 4 可知，这 69 户农民家庭的实际经营面积是承包面积的两倍之多，且大部分从事农业经营的托举型城市化农民家庭的流转面积都超过了自己的承包面积，户均扩张程度高达 2.74。若以 30 亩土地为农民家庭实现规模经营的最低标准，这 69 户中有 37 户已实现了适度规模经营。这种经营权扩张在一定程度上可以说是脱钩型和后路型半城市化状态下的农民家庭让渡了农地经营权的结果，是托举型半城市化农民家庭实现收入最大化的经营策略，也是许多托举型半城市化农民家庭的家庭收入水平之所以能够同其他类型的城市化农民家庭一样对城市化进行强有力的资源支撑的关键。在此路径下，农村资源通过代际支持的方式向城市流动才得以产生。

其次，土地经营权扩张的实现具有低成本的特征。从表 5 - 4 各村 7 个村民小组的土地流转价格来看，户均每亩耕地的流转价格仅为 202.90 元。这与笔者在湖北公安县、湖北沙洋县、武汉江夏区等地调查的几类以工商资本为主体的每亩 400—600 元甚至 1000 元的流转价格相比无疑是很低的。这种差异形成于细碎、插花的承包经营格局固化和不同步的农民土地权利实践状态及主张，其无法为工商资本提供成片、成规模流转的土地，但促成本村内部流通的土地要素市场形成一个间接的抑制价格增长的机制。

最后，经营权扩张的空间仍然不足，但空间正在随着城市化进程的推进逐渐加大。虽然多达 37 户农户都已实现了适度规模经营，但许多从事农业经营的小农仍然存在着进一步扩大规模的需求，但村内及周边地区土地供应不足，由此土地形成供不应求的局面。这种局面表明劳动力过密化的农业生产问题仍然存在，并将在农民家庭从农村向城市转移的过程中长期存在。但是，去过密化正在逐步随着脱钩型、后路型和主动减负型半城市化农民家庭逐渐退出农业生产、让渡经营权得以实现。

（二） 农民城市化与农业去过密化的良性循环

从楚市 257 户农民家庭的城市化实践来看，有 14 户已经完全实现了城市化，即他们从经济上和制度上彻底与农村脱钩；还有脱钩型半城市化状态的 55 户与后路型半城市化状态的 40 户农民家庭的经济收入不再从农村获得，即不管他们是否还拥有农村土地的承包经营权，他们都不再直接从事农业劳动。他们通过村社内部自发永久性转让、自发短期流转和熟人间无偿托管等形式共让渡出 930 多亩耕地，这为村内其他直接从事农业经营的农户实现适度规模经营创造了空间，并在一定程度上推动了小农农业经营的去过密化。

目前村中经营规模的扩张不仅远未达到农业领域劳动生产效率的规模要求，而且也还未满足农民家庭实现规模扩张的需要：不少直接从事农业经营的托举型和减负型半城市化状态下的农民家庭仍对扩大经营面积有着强烈的需求，其中减负型半城市化状态下的 72 户农民家庭中有 44 户希望——并且有能力经营和管理——扩大农业经营面积，但村社内部让渡出来的、可供规模扩张的土地十分有限。

但是农业经营的去过密化仍然在发生，并且会随着城市化的有序推进继续发生，这种发生在直接从事农业经营的、处于托举型半城市化的农民家庭农业经营规模的扩张过程中得到集中体现，也将随着他们对土地经营权甚至承包权的逐渐让渡而进一步发生。

农业领域的去过密化在很大程度上使得托举型半城市化状态下农民家庭的经济收入中来自农村的部分得到显著增长，且来自城市的部分在代际分工的策略性安排下并未减少，由此家庭收入总体上得到增长。这将直接增加他们在城市体面生活所需的经济资本：托举型半城市化状态下多达55户已经在城市购房，其中楚市以内有50户，这50户中有29户已经入住，此外这50户中有32户是在楚市市区购买的房屋。农民家庭中从事农业经营的都是家庭中的中老年人，年轻人则在城市务工或者经商，或许他们以后也不会再回村从事农业经营。随着中老年人劳动能力逐渐衰退，他们或者直接因为其家庭在长期的积累和在城市立足的过程中具备了在城市体面生活的经济资本直接进入城市生活，或者逐渐缩减土地经营规模。

此外，减负型半城市化状态下已经在城市买房定居的农民家庭中有28户存在着与农村在经济上的关联脱钩的可能，即退出农业经营，因为他们的城市收入水平较高且趋于稳定。

这两种可能性的意义在于进一步生成农业规模经营的空间，以满足部分托举型和减负型半城市化状态下的农民家庭实现经营规模扩张的需求，增加其跻身"三重中间位置"所需的经济资本。由此，出现了"农民城市化—农业去过密化—农民阶层流动资本增量—农民城市化"良性循环的半城市化图景，这个图景并不排斥后路型半城市化农民家庭退回农村。

（三） 村庄内部社会阶层结构的动态发展

在农民城市化—农业去过密化的良性循环过程中，村社内部的社会阶层结构也在经历一个相应的动态发展过程。这个过程的核心有两点，一是原富裕阶层和部分中上阶层走出农村，二是原中间阶层和贫弱阶层在村社中的阶层位置上移，后者以前者为前提。

具体来说，虽然特定农户的农村收入是否能够得到增加具有偶然性，但是随着部分农民家庭城市化或跻身"三重中间位置"这一阶层实践的率先完成，在村庄经济分层结构中处于中上层及以上的农民家庭将会让渡出其所分享的农业剩余，从而增加了中层及以下的农民家庭获得农业剩余的必然性。这内部还隐含着一个农村中的富裕阶层与中上阶层随着城市化的实现而"析出"村庄，而仍然属于村庄的农民家庭将面临一个新的阶层排列的可能，并集中表现为原先的中间阶层和贫弱阶层具有成为村庄中上层甚至富裕阶层的可能性。需要指出的是，这里的阶层划分仍然以农民家庭参与城市化的能力为指标。

三 城市化的可逆性与去城市两极分化

城市视阈下，半城市化所具有的发展性意涵主要体现在两个方面：一是半城市化使农民家庭的城市化具有可逆性，这种可逆性对农民家庭完成城市化目标具有深刻的意义；二是农民家庭城市化的可逆性给趋于紧张的城市两极分化带来了巨大的结构弹性，在这种弹性的作用下，作为核心发达城市社会一级的贫民窟居民存在着巨大的流动性。"大城市的类贫民窟"只是他们为了实现阶层流动增加家庭经济收入而暂时居住的驿站，且作为城市体系一级的中西部中小城市也因农业转移人口跻身"三重中间位置"而具有发展的可能，因此半城市化赋予我国城市发展以"去城市两极分化"机制。此外，农民家庭城市化的可逆性是半城市化进一步凸显其"去城市两极分化"机制的基础。

（一） 半城市化路径下农民家庭城市化的可逆性

人口半城市化状态饱受诟病的原因之一就是它并非一种不可逆的城市化状态，因为进城务工的农业转移人口无法获得城市户籍，而只能在城乡之间往返，从而形成颇具中国特色的"农民工现象"。不可逆的城市化状态指的是，农业转移人口进入城市之后，就永久地定居下来，成为城市的居民，他们的生产和生活都将在城市进行。

城市视野下，学界倾向于从一个理想状态的"本体性市民"假设出发，对农业转移人口的城市融入和市民化程度进行测量。然而具体城市社会内部的高度分化和不同城市之间显著的异质性，却将"本体性市民"这一假设前提基本瓦解。农民城市化过程中从农民向市民身份的转变也不单纯是职业上的变化，更不能因为职业变了而制度身份没变，就认为农业转移人口由制度赋予的"农民"身份对农民的城市化产生了绝对性的阻碍。因此，通过农民工往返城乡之间、农民家庭非整体性迁移、户籍城市化滞后于人口城市化等常见现象呈现的半城市化状态也就不能只在制度主义的视角下来解读。这两种视野至少在一个方面是高度一致的，即当前的半城市化状态是不可取的，是体制性城乡二元结构下城市化的异化现象。

然而，笔者倾向于将半城市化现象本身作为一个客观事实，即笔者是从底层的视野出发对农民家庭选择和维持的半城市化状态进行理解和剖析。在当前的结构下，以农民家庭为研究单位，以阶层分析为研究视角，笔者发现，农民的城市化是农民以追求家庭发展为目标致力于跻身"三重中间位置"的过程，但是这一过程的实现客观上使农民家庭呈现了一个清晰的家庭发展秩序，农民家庭也因此需要在一个相对长的时段内维持着半城市化状态，即维持其作为农村有产者的阶层身份，避免沦为城市贫弱无产者。

在跻身"三重中间位置"的阶层实践中，维持半城市化状态的农民家庭的城市化是可逆的，这种可逆性表现在以下两个方面。

首先，外出务工不等于外出定居，绝大部分有过外出务工经历的农民家庭有着这样的城市化体验，尤其在还没有参与进城买房的城市化农民家庭与处于城市化定居形态的Ⅰ阶段和Ⅲ阶段的城市化农民家庭之中，半城市化的可逆性体现得非常突出。可以认为，农民劳动力的城市化或生产方式的城市化并不必然要求他们的社会生活也一并在该城市实现城市化。进城务工的农民可以在往返于城乡的过程中，将务工所得寄回农村，或者直接携带积攒的务工所得返乡，但这并不等于他们会在农村消费或者回到农村生活，因为他们完全可以——并且已经广泛发生——在家乡所在的城市定居并实现城市化。换言之，他们可以选择直接将外出务工所得用于消费需要，也可以选择攒起来用于以后进城买房。因此，半城市化路径下，农民家庭城市化的可逆性表现为，他们可以从农村进入大城市务工，也可以从大城市返回农村，或者从大城市返回家乡附近的中小城市。

其次，农民家庭就近进入半边缘中小城市定居也并不等于从此不会再回到农村，处于后路型半城市化状态下的农民家庭和进城定居形态处于Ⅱ

阶段的农民家庭有对这种可逆性的体验。对于后路型半城市化状态下的农民家庭而言，虽然目前所有的家庭成员都居住在城市，即实现了家庭的整体性迁移，但当遭遇风险而无法继续支撑指向"三重中间位置"的城市生活时，与农村保持的制度关联还可以为他们避免沦为城市贫弱无产者而退回农村提供了一个选择。也即，他们还存在着退回农村的可能，这种退回或者是个别中老年劳动力的退回，或者是家庭的整体性退回，但后者发生的可能性比较小。对于进城定居形态处于Ⅱ阶段的农民家庭而言，农村对于他们的家庭经济生活和社会生活而言都是不可分割的，这一阶段存在的代际拆分和夫妻拆分也将使这些家庭的成员在城乡之间保持经济上和社会生活上的往返。因此，在半城市化路径下，农民家庭城市化的可逆性还表现为他们可以在定居城市和农村之间往返。

农民家庭城市化具有的这些可逆性的内容对其实现跻身"三重中间位置"的阶层实践具有重要意义：给予农民家庭进入大城市务工的自由，为农民家庭实现向上的阶层流动提供了丰富的获得资源的机会；给予农民家庭从大城市退回农村的自由，农民家庭在大城市获得体面生活的机会极少，因为他们无法在大城市获得属于自己的房屋；给予农民家庭进入中小城市的自由，为农民家庭实现向上的阶层流动拓展了极大的空间；给予农民家庭在大城市和中小城市之间往返的自由，有助于面临巨大资源积聚压力的农民家庭在中小城市工资水平有限和经济机会不充足的情况下进入大城市获取经济机会，这有助于农民家庭在进入大城市定居生活所存在的现实困难下让他们利用大城市的经济机会和务工所得流入中小城市定居生活；最后，给予农民家庭在城乡之间往返的自由，能够使农民家庭以作为农村有产者所具有的有限阶层优势来减少其与市民家庭在起点上的劣势，同时避免因各种风险而沦为城市贫弱的无产者，从而在充分保障农民家庭个体生存安全的基础之上顺利实现跻身"三重中间位置"的城市化目标。

（二） 城市两极分化的弹性化与"去城市两极分化"

城市两极分化主要表现在两个维度：一是城市社会内部社会成员之间

的两极分化，这种两极分化以社会财富和制度身份分化为主要表现形式，在现象上以城市类贫民窟居民和非类贫民窟的城市市民为代表（白南生、李靖，2008）；二是城市体系的两极分化，指的是各个城市发展不均衡的现象，分化的两端分别是发达的沿海大城市和行政中心城市与不发达的中西部中小城市。也即存在一个地位分明的城市等级体系，这种地位上的不均衡不仅与城市的行政级别相关也与城市的地理位置和经济发展水平相关，这些因素嵌套在一起形塑了城市等级体系。

半城市化路径下"可逆的城市化"和跻身"三重中间位置"的城市化实践丰富了城市化过程中资本流动的过程，即在农村劳动力资本往城市流动的同时，增加了四个资本流动过程：城市资本以工资的形式被农民带回农村，农村资本通过代际支持的方式向中小城市流动，大城市资本通过工资的形式向中小城市流动，农业转移人口进入中小城市定居增加中小城市劳动力资本的流动。尤其，第二和第三个城市化过程中的资本流动可以突破"空间极化后才能产生'涓流效应'"这一城市化的经济学假设。因此，虽然"城市的人口和面积的自然规模决定于净集聚效应是否已经被穷尽。只要净集聚效应没有被穷尽，就没有理由认为阻止人口的流入"，但是也没有理由阻止农民家庭为了实现跻身"三重中间位置"的城市化目标而从大城市退回到家乡的中小城市，因为城市化的本质是人的城市化，而不是单个城市自身经济效益的最大化，因为他们并不必然要以自己有限的消费能力来为某一特定城市的经济繁荣做贡献（潘明清、高文亮，2014；胡秋阳，2012）。

在这个可逆的城市化过程中，大城市以类贫民窟居民和市民为两极的分化虽然存在，但该结构远未固化，因此也不必然带来城市管理者的政治紧张感。换言之，城市社会的两极分化虽然存在，但作为其主要构成群体的农民工群体，存在着极大的退回农村或者家乡附近中小城市的可能，农民工从发达大城市周期性退回，这是与客观经济市场状况和社会生活节奏相适应的，它使得城市社会两极分化富于弹性。这使得我国的城市两极分化与许多发展中国家，如印度、菲律宾等国相比具有一个重要特征，即城市的类贫民窟并不至于成为城市的"毒瘤",因为,维持着下层无产者身份的农民家庭并非必须忍受贫民窟中"远不如乡"的生活,他们有着退出的自由;同时因为农民家庭有着跻身"三重中间位置"的极大可能性,为了将这一可能性变成现实需要积累足够的经济资源,因此免不了需要在一段时间甚至是相对长的时间内忍受城市"贫民窟"的生活,但目标明晰且有希望以及"知道自己并不属于这里","能够在'三重中间位置'立足就返乡"的这种憧憬使"忍受"变得有价值。因此,至少在当前及今后一个相对长的时间内,城市类贫民窟仍能源源不断地为城市提供充足的劳动力资源,只是这些劳动力并不必然属于这里,他们具有流动性,这与我们以往对贫民窟在结构上的想象是不同的(邵宇等,2013)。

中小城市在就近城市化实践的过程中由于资本流动和有序的人口集聚,即农业转移人口进入中小城市定居而带来中小城市劳动力资本的积聚,获得了较显著的发展。根据集聚经济学假设,人口集聚和中小城市基础设施建设的完善也一样增加了这些城市获得资本青睐的可能,从而进一步推动城市发展,在一定程度上在对以发达的大城市和中西部中小城市为两极的城市等级体系二元结构进行弥合。

中小城市在农民家庭跻身"三重中间位置"的城市化实践中获得资本青睐的可能性源于两个方面。

首先,以农民家庭为载体从大城市和农村流入的直接经济资本在一定程度上可以认为是中西部中小城市经济在当前阶段保持活力的关键之一。例如笔者调查的羊县就是其中之一,羊县是一个农业大县,工业和服务业发展都非常薄弱,属于劳动力净输出的小县城,激发其经济活力的两个主要资本分别是来自农村的消费支出(包括买房和日常消费支出)和创业;以及来自外出务工的本地劳动力从发达城市带回来的劳动报酬在县城中的消费。羊县平时门可罗雀的商场、酒店,到了春节就会变得门庭若市;而春节过后,就回到了日常状态。因此,对于羊县的城市经济运转来说,至少有两个经济形式很重要,即房地产经济和"春节经济",它们至少间接地为城市基础设施建设的完善提供了资源。

其次，随着农民家庭定居城市的形态逐渐发展，即逐渐实现跻身"三重中间位置"的城市化目标，中小城市的人口也逐渐积聚。因为拥有自己的房屋——且已经不需再还贷了——之后，聚集在中小城市的农业转移人口省去了去往大城市务工所需的交通租房费用和更大的社会人情生活成本。中小城市相对低水平的工资在权衡后就变得可以接受，这一变化同中小城市基础设施建设完善和相对低廉的土地价格一道，成为中小城市进行招商引资的相对优势。

当前，我国的城市化水平和经济发展水平都存在着非常突出的区域不均衡，然而，农民家庭跻身"三重中间位置"的城市化实践一方面提升了处于弱势区域的中小城市的城市化水平，另一方面也为其经济发展水平的增长提供了人口集聚的客观条件。即中小城市并非不存在从"房地产经济""春节经济"逐渐向更加完善和健全的"产业经济"发展的可能。

需要说明的是，在农民家庭跻身"三重中间位置"的城市化实践过程中，中西部中小城市获得了发展，但这种情况与我国 20 世纪 80 年代末 90 年代初提倡的"大力发展小城镇"具有显著的区别。最重要的区别在于，当初提倡的"大力发展小城镇"的目的在于限制农村人口涌入大城市造成大城市社会的不稳定，因此，农业转移劳动力只能在"小城镇"就业；然而，当前的中小城市发展，却正是以农业转移劳动力可以自由地进入大城市打工为前提的，他们将在大城市务工的报酬积攒，回家乡消费和创业，给家乡所在的中小城市的经济发展带来活力。另外一点需要明确指出的区别在于，当初提倡的"大力发展小城镇"对农业转移劳动力的安置办法是"离土不离乡、进厂不进城"，即强调使农民变为工人，但并不强调将农民变为市民；然而当前的中小城市发展强调农业转移人口"进厂也进城""离土也可以离乡"，是农民家庭通过跻身"双重中间位置"而实现的从农民身份向能够在城市立足的市民身份的转变。

四　结构优化与社会稳定

衡量城市化水平的标准主要有两个：一是人口城市化率，即特定社会中居住在城市的人口占社会总人口的比重；二是城市的现代化水平，是对城市建设水平、经济发展水平的描述。笔者认为，城市化的质量应该是两者的综合，即高质量的城市化应该既包括城市人口的增长，同时也包括在城市人口增长的过程中，进城人口的生活质量与城市建设相关，也与城市经济发展水平相关，进城人口的收入水平与城市经济发展水平劳动力受教育水平紧密相关。其都能得到相应的提高，从城市化的主体，或者再具体一点，从农民家庭的角度来看，有质量的城市化是进入城市之后能比在农村生活得更好。

从第二章的论述可知，我国农民城市化的动力源于向上的社会流动，源于对优于乡村的城市生活的追求。他们进入城市的底线是"要能够在城市立足"，而"立足"需要实现的目标有两个：一是要在城市拥有自己的房屋；二是要在城市拥有体面的工作和稳定的收入。由此，农民家庭的城市化实践就成为跻身"三重中间位置"的阶层实践。

从农民家庭城市化实践的具体经验来看，已经实现彻底城市化的 14 户和处于脱钩型半城市化状态下的 55 户农民家庭属于已经"能够在城市立足"的新市民家庭或准市长家庭。这意味着，他们不仅实现了在城市拥有自己的房屋的目标，还能够在城市获得体面的工作和稳定的收入，即他们在城市获取收入的能力能够支撑其整个家庭在城市完成各种家庭再生产任务，甚至参与城市的各类消费生活。从这个层面上来讲，这些新市民家庭和准市民家庭的城市化质量无疑是很高的。

而当前仍然处于后路型、减负型和托举型半城市化状态下的 188 户农民家庭中，已经在城市购买了房屋的有 135 户，即有 135 户半城市化状态下的农民家庭实现了在城市立足的第一个目标；他们正在争取实现第二个目标，这个目标的实现以家庭劳动力素质的提升和家庭各项资本的积累为前提。因此这些家庭特别重视对下一代即孙辈的教育，特别重视让年轻人习得一门手艺，同时也会根据家庭需要，选择做出外出务工或留在村庄务农等家庭生产活动安排，尽可能为第二个目标的实现创造经济条件。在某种程度上来讲，农民家庭在城市立足的两个目标是相辅相成的，对于大多数农民家庭而言，第一个目标的实现为第二个目标的实现提供了一个很好的平台，因为农民家庭的年轻人和孙辈可以此获得接触相较于农村而言丰富得多的各类社会资源。

还没有在城市购买房屋的 53 户农民家庭因为"立足城市"的两个目标都还没有实现，因此他们的任务就比实现了第一个目标的 135 户更重。但不管怎么样，他们的共同之处是，其所追求和致力于实现的未来城市生活样态是像那些已经成为新市民家庭和准市民家庭所达到的那样。而在此之前，出于获取城市收入的能力和在城市的消费需求之间的不匹配或者匹配的不稳定性，而只能举全家之力支撑部分家庭成员进入"三重中间位置"的生活，除非这个农民家庭有着具有优势的全劳动力的人口结构。同时，为了不至于沦为城市贫弱无产者，将自身直接置于高度的市场风险和生存风险之中，自发维系着半城市化的状态。总之言而，他们致力于实现的也是高质量的城市化。

农民家庭高质量的城市化的两个目标正在稳步实现，虽然这种高质量的城市化所需的资源量巨大、所需的周期较长，但是这种城市化不仅给城市带来丰富的直接经济资本和劳动力资源，而且不会给城市带来各种令人头痛的城市病（李浩，2013），中小城市因中间阶层的扩充而增添了活力。

因此，从国家和社会的整体视阈出发，半城市化的发展性意涵首先表现为人口城市化不断地高质量发生，虽然从目前来看，人口城市化在数量上存在着滞后现象，但这种滞后从农民家庭跻身"三重中间位置"的高质量城市化实践来看具有合理性。

我国社会阶层中"该扩大的阶层规模没有扩大、该缩小的阶层规模又没有缩小"的问题正在随着农民家庭跻身"三重中间位置"的不断实现而逐步改变，即社会结构的中间阶层正在扩张，并将持续处于扩张过程之中，这将带来社会结构从"金字塔形"向"橄榄形"转变，即社会结构的现代化。

最后，农民家庭在跻身"三重中间位置"的过程中，需要在一个相当长的时间内维持着半城市化的状态。维持半城市化状态即维持其作为农村社会有产者的阶层身份，这是他们在变迁社会中维护个体安全的结构性选择，而农村社会成员个体安全的维系是变迁社会中社会各项指标不断发展的同时还能保证社会稳定的关键。换言之，半城市化赋予农民城市化的可逆性使城市社会的二元结构弹性化，这在很大程度上成为城市社会稳定的安全阀，这是底层社会"利益碎片化"（李强，2008）最核心的社会基础，而社会稳定反过来又为经济进一步发展创造了良好的社会环境。

五　发展型半城市化

行文至此，笔者力图以"发展型半城市化"来提炼前文中提出的诸多概念和一般用语，目的在于呈现笔者在经验调查中发现的农民城市化实践过程所具有的行为特征及其内在机理。

发展型半城市化的基础是"半城市化"，关键是"发展"，即笔者从农民家庭的半城市化实践中发现了半城市化所具有的发展性意涵，这是笔者的研究与从制度视野和城市视野出发而诟病半城市化状态的诸多研究的区别所在。笔者以农民家庭为研究单元，以阶层分析为视野，发现农民城市化的动力和目标、农民家庭实现目标的方式以及作为该方式之客观要求而生成的城市化一般路径，逐步梳理出农民家庭维持半城市化状态及采取就近城市化实践策略的合理性。然后，以已有研究为基础建立了一个农民城市化所应对的区域性社会阶层结构图式，并以此对农民家庭的半城市化实践所具有的阶层实践意涵进行剖析，对已有的阶层研究和农民城市化研究进行回应。最后，以上述分析和提炼为基础，进一步总结和发现农民家庭的半城市化实践所具有的发展性意涵，并希望在此以"发展型半城市化"来对上述研究进行梳理。

"发展型半城市化"的核心要义如下。

第一，农民家庭城市化的动力在于走出农村社会，实现向上的社会流动。从当前各项社会资源向城市倾斜的格局来看，实现城市化与农民家庭向上的社会流动目标相吻合。

第二，农民家庭城市化的目标或阶层实践的目标是像市民家庭一样能在城市体面地生活，能在城市立足。这要求农民家庭至少要实现两个目标，即在城市拥有属于自己的稳定住所和拥有相对体面的工作及稳定的收入。这一城市化目标在当前下层社会正遭遇各项社会资源匮乏的社会挤压的形势下具有紧迫性。

第三，农民家庭当前获取城市收入的能力与城市化任务紧迫性之间的张力，导致农民家庭获取城市收入的能力与其在城市立足要求的相应消费需求不匹配，由此在农民家庭内部形成了一个"年轻人发展、中年人支撑、老年人自养"的家庭发展秩序。

第四，农民家庭维持半城市化状态是其在致力于实现城市化目标的实践中形成的家庭发展秩序的内在要求，并且就近城市化实践路径也是半城市化格局下农民家庭做出的理性选择。半城市化的核心是农民家庭在城市化的过程中维持着与农村的经济关联和制度关联，其中后者是前者的必要非充分条件。由此，根据农民家庭所处的城市化状态的差异性，将其分为四种半城市化状态和彻底城市化状态，其中四种半城市化状态指的是与农村经济关联最为密切的托举型半城市化状态、与农村经济关联次密切的减负型半城市化状态、对农民经济资源存在着预防性依赖的后路型半城市化状态和对农村没有经济依赖却仍保持着制度关联的脱钩型半城市化状态。其中，脱钩型半城市化状态下的农民家庭可以被认为是"准市民家庭"。

第五，从阶层分析的视角出发，农民家庭通过城市化实践落实的阶层实践所面对的是：一个由农民家庭难以立足的核心发达城市、农民家庭可以立足的半边缘中小城市和农民家庭当前所立足的边缘农村三个区域社会，以及各具体社会内部以农民家庭能力文化适应力、时空距离和文化适应力等形塑的不同的阶层格局构成的复杂区域性社会阶层结构图式。在这个图式中，农民家庭立足城市的目标可以抽象化为农民家庭跻身"三重中间位置"的阶层实践，第一重指的是流向半边缘中小城市的阶层或城市化实践；第二重指的是获得半边缘中小城市社会中间阶层这一社会位置的阶层或城市化实践；第三重指的是流向家乡附近的半边缘中小城市，即就近城市化的阶层或城市化实践。在这一城市化实践中，农民家庭普遍面临着"不匹配"的困境，因而自主维持着半城市化状态，在相当长时期内保留着作为城市贫弱无产者的阶层身份，或者在保持农村有产者这一阶层身份的同时已经初步具备"三重中间位置"的阶层身份而呈现"双重阶层属性"，农民家庭这么做的目的很明确，即在城市化的过程中利用其虽然有限但却有用的阶层优势，避免沦为城市贫弱无产者。

第六，农民家庭跻身"三重中间位置"的半城市化实践具有非常丰富的发展性意涵。从家庭视阈来看，农民家庭在这个过程中获得了相对农村社会而言优越得多的生活机会，并且还在这个过程中实现了农民家庭的微观经济社会结构从低社会阶层位置上的整合向在"三重中间位置"上的再整合的发展或发展的前景。从村庄视阈来看，农民家庭的半城市化促成了一个有序的"农民城市化—农业去过密化"的良性循环，它以四类半城市化状态下农民家庭不同的地权实践样态为分析基础。从城市视阈来看，农民家庭的半城市化实践意味着我国农民的城市化具有可逆性，这种可逆性是城市两极分化获得弹性进而生成"去城市两极分化"机制的基础。最后，从整体视阈来看，高质量的城市化不断发生、社会中间阶层规模扩大，由此，在快速变迁过程中农村有产者身份对农民家庭个体安全的保障维系着整体社会的稳定。

第六章

发展型半城市化的制度
结构：保护型二元结构

既然半城市化已经被证实为具有丰富发展性意涵的城市化状态，那么接下来需要进一步梳理和阐述的是：是否存在一个对发展型半城市化予以支撑并得以制度化的保护型结构，或者说一个保护型的制度结构？该结构的核心要素有哪些？它们如何对农民家庭跻身"三重中间位置"的城市化实践进行支撑和保护？

制度包括正式制度和非正式制度。在本书中，正式制度指的是国家或相关权力机构颁布的成文的规定、政策和文件；非正式制度指的是家庭和熟人社会中不成文的、约定俗成且对处于其中的个体实践产生约束的人伦秩序和社会秩序等。笔者通过家庭、熟人社会和国家三个不同层次的社会关系场域，对构成发展型半城市化的制度结构的各个要素进行了梳理。发现家庭制度层面的家庭合力和"恩往下流"；熟人社会内部的"关系地权"和"道义秩序"；国家制度层面的"耕者有其田"、可逆的人口迁徙和城市发展战略部署等要素是形塑发展型半城市化的重要制度要素。最后，笔者将由这些发现组成的制度结构总结为"保护型二元结构"，其中熟人社会内部的"关系地权"和"道义秩序"与国家制度层面的"耕者有其田"同时构成了半城市化所依赖的土地产权制度基础。

一　从家庭合力到"恩往下流"

"家庭又成了根深蒂固的组织，被认为是民族生命的基石"（梁漱溟，2011：34）。家庭视阈下，发展型半城市化有一个重要的发展面向，即农民家庭向上的阶层流动，主要表现为代际流动，农民家庭在致力于实现该流动的过程中呈现"年轻人发展、中年人支撑和老年人自养"的家庭发展秩序。

然而，"家庭发展秩序在家庭内部是如何可能的"这个问题却还没有得到解答，笔者从如下四个命题对这一问题进行分析。首先，年轻人的发展等同于整个家庭的发展，因此在发展的过程中要动员整个家庭，使整个家庭在实现城市化目标时能形成合力。其次，中年人支撑年轻人追求的发展是其人生意义之所在，"娶亲完配、生养死葬"是家庭赋予其成员最重要的、具有生命意义的事件。再次，中年人对年轻人发展目标的支撑导致整个家庭资源极度向年轻人倾斜，老年人只能自养；然而在年轻人的发展等同于整个家庭的发展这一命题下，老年人也认同了"自养"的宿命，因此，家庭的代际关系趋于平和，家庭发展秩序没有造成家庭关系的紧张。最后，在家庭内部，支配家庭财产的权力合法性源于其与家庭发展的目标相契合的程度。

这些命题得以成立的基础是农民家庭背后隐藏的"家庭制度"，家庭制度往往是非正式的，是约束家庭成员行为与规定家庭财产支配方式和用途的礼仪、道德、人伦和秩序，所有这些制度要素，在这里所表现出来的可以凝结为一点，即"个人生命价值与家庭的发展和延续紧密相关"（桂华，2014：19）。

（一）"家的整体性"：对"年轻人的发展等同于整个家庭的发展"的解答

不论是从主观意愿还是从客观现实来看，以跻身"三重中间位置"为目标的城市化的主体都是农民家庭中的年轻人群体。年轻人有更强烈的对城市丰富物质文化生活的向往；年轻人有更强烈的不希望回到农村种田的未来职业规划；年轻人有更长的劳动时间继续留在城市劳动力市场并有更强的竞争力；年轻人有更强烈的不希望其子代在各方面资源都匮乏的农村再接受教育而输在起跑线上的意愿；更直接的是，在当前的婚姻市场下，农村的男性青年如果不能进城安居，将会面临着很大的婚姻困难。

2008年河镇梅村兴建新农村，该村一位52岁的中年妇女花5万元钱给儿子买了一套房，可是到2014年笔者调查的时候，这位中年妇女说，"这房子白买了，钱也白花了，儿子不要，他只要城里的房子，说什么也不回农村，说农村的房子讨不到老婆，说农村的房子再好也只是农村的"。年轻人主观上不愿意回农村生活，已经成为比较普遍的社会认知。

主观意愿和客观现实形塑着年轻人要实现在城市立足的结构性目标，具体来讲，这个目标就是跻身"三重中间位置"，实现代际流动。但年轻人并不是孤立存在的，他们是家庭的一分子，是家庭未来发展的希望之所在，年轻人肩负着延续其家庭并使之最好发展的使命。

在子家庭对母家庭的继替过程中，家庭的生命周期循环往复，但并不是简单的重复——"你需为它（家庭）增加财富，你需为它提高地位……最叹息的是不幸而败家"（卢作孚，1934），而是，在家庭继替的过程中往往伴随着家庭社会地位的起落。无子嗣的家庭极可能面临着"家庭衰亡"的到来，当下农村中的纯女且不招婿的农户就是如此，走向衰亡的家庭自然也丧失了发展和向上流动的意愿和动力，这也是本书为何不对这类"走向衰亡的家庭"进行讨论的根本原因。

但这种家庭只是极少数，大多数家庭的生命周期会在家庭继替的过程中得到循环，这一循环将随着代际流动的存在和可能使其家庭在社会结构中所处的具体位置发生上下波动。因此，家庭中的具体成员只是家庭绵延脉络上的一个环节，他们从属于作为整体的家。从这个意义上来讲，每个家庭成员的发展都可以等同于整个家庭的发展，当然，农民家庭中追求在城市立足的年轻人所获得的发展自然也是整个农民家庭获得了发展。某个成员的目标也将成为整个家庭在某一特定阶段的共同目标，由此，整个家庭方能为实现这个目标而形成合力。只是，不同家庭成员参与进来的方式和内在机理具有差异，显而易见的是，年轻人是过程中的受益者，而其他成员则需要另外再阐述。

（二）家的延续和发展："中年人支撑年轻人"的意义世界

在由年轻人、中年人和老年人构成的家庭结构中，中年人往往是整个家庭的支点，他们是当前家庭在继替的过程中母家庭的当家人，母家庭还在支撑，子家庭还没有取代母家庭的位置，甚至还未形成。作为支点的中年人是这个家庭承前启后的重要节点，在家庭中最大的使命便是对上"养老送终"，对下"娶亲完配"；对家庭的责任而言，最重要的是完成家庭的延续，最好是越来越好的延续，这是他们的人生意义之所在。

如此，段镇巷村49岁的蔡会计才会自豪地说，"我要为我儿子奋斗终生"；河镇梅村54岁的梁言才会说，"我要为我儿子挣钱、为我儿子奋斗，只要他需要，我就帮他带孩子，给他做饭，家里的人情我替他走，买房装修欠下的债，我去还，他们要在城里立足下来也不容易，不要给他们太大的压力，我们做父母的能分担多少是多少"。父母对子代甚至慷慨无私到甘愿"流血流泪"的地步。河镇梅村52岁的麦香，因为有两个儿子，负担比别人家重，她没日没夜地打工挣钱，农忙的时候，不雇工，自己种自己的田，起早摸黑地把自己的忙完了，再去给别人打工，顶着烈日，鼻孔都烂得直冒血了，也不放弃，只说一句"有么法咧"（即没办法的意思）。木镇目村的张加见，20世纪90年代时就外出做缝纫工，拿计件工资，拼命每天多劳动几个小时，因为长期站着缝纫，现在夫妻两个都患有严重的腰椎和颈椎疾病，但他们没觉得有什么不值得，至少儿子结婚、在老家的县城里安家立足没什么资金上的困难了。

显然，追求在城市安居乐业的农村年轻人，很难依靠自己的力量实现这个看上去就很困难的目标，不仅如此，因为深受城市现代消费生活观念的影响，他们往往没有什么节约意识，很多农村的中年人也时髦地用"月光族"来形容自己的子女。木镇目村5组的四英，现年48岁，有一个1991年出生的儿子，初中毕业之后就外出务工了，至今也没攒下一分钱，她儿子酷爱手机、平板、笔记本等各种数码产品，尤其喜欢iPhone的手机，每年苹果公司的手机都会推出新品，他也会将自己的手机"更新换代"。后来，四英夫妻眼看着儿子都25了，还没有谈女朋友，就开始催他找个女朋友回来，他反过来说"我在城里连个房子都没有，除非你们给我买房，不然我都不好意思找女朋友，找了别人也不一定愿意跟我回来"。2015年年底，四英夫妇花了10多万元在县城给儿子买房付了首付，要求儿子每个月用自己打工的工资还贷，这也没遏制住儿子换手机的频率，因为儿子说自己没钱还贷，这一年多来，房贷还是四英夫妇在承担。

在城市买房、在城市定居生活，需要农民家庭具有相当的资源支撑，对于农民家庭而言这笔资源的需求往往是巨大的。年轻人初入社会，极少能单靠自己的能力实现在城市立足的目标，他们对家庭的依赖基本是常态。在不少农民家庭跻身"三重中间位置"的最初阶段，具体来讲即买房和刚开始入住的阶段，中年人往往是整个家庭的挣钱主力。为了给子代在城市买个房子，年近50甚至超过50的他们，往往需要花掉自己通过务工和务农所获得的毕生积蓄，甚至有些还得负债，再通过之后几年的辛勤劳动去还债。为了让子代能轻装上阵在城市立足，家庭的债务、人情等负担往往也不会落到他们的头上，不仅如此，中年人还替他们承担着带孩子这一重大家庭任务；中年人"随时待命"，如有需要就去年轻人生活的城里帮忙洗衣做饭，再承担接送小孩上学等一系列家庭琐事，这一切为的就是让年轻人安心工作努力挣钱。

中年人在付出的同时，往往不会反问自己"我凭什么要为子代付出这么多"；相反，只有那些时乖命蹇的中年人会因自己无法像其他的农民家庭那样为儿子提供足够的经济支持而自责，甚至觉得是自己没有能力，对不起儿子。木镇目村5组53岁的钟秀一家就是典型代表。钟秀年轻时便患上了类风湿性关节炎，虽然病情遏制住了，但最多也只能算是半个劳动力，身边离不开丈夫的照顾，两个人都不能外出打工，钟秀不能种田，丈夫一个人也种不来，两口子一直以摆小摊卖菜为生，每年除去开支能存下的钱也就1万多元，好的时候也只有2万元，等到儿子结婚，女方家要彩礼的时候，刚好攒到8万元钱的彩礼。儿子结婚后，就要在城里买房，儿子媳妇都是受过高等教育且在城里有工作的，不会再回到农村了，但是钟秀夫妻一分钱也拿不出来了。儿子媳妇能靠自己贷款买房，借钱装修，总算是在城里住下了，好在工作稳定，还款能力还行。钟秀夫妻二人不停地责怪自己没能力，责怪自己帮不上忙，对儿子媳妇满怀愧疚。他们同样也做好了准备，去城里帮忙带孩子、做饭洗衣、帮忙打理杂事，只有被需要才能减少他们内心的愧疚。

段镇巷村的蔡会计在说"我要为我儿子奋斗终生"的时候，内心是骄傲的，因为他儿子不费吹灰之力就得到了在楚市市区的一套装修好了的房子，而为他做这一切的正是蔡会计，蔡会计做成这些事情付出了毕生的努力，甚至提前透支了自己未来几年的劳动。他说："只要儿子在城里过得好，这一切都是值得的，身为父母，一辈子不就是看着子女长大成人、成家立业，然后子孙满堂，日子过得红红火火，一家人共享天伦之乐吗？""趁自己还有足够的挣钱能力，就尽全力多挣些钱，为儿子攒够了，还得为自己攒，好不容易把儿子送进城了，可不能成为他们的拖累，为自己攒的是养老钱。"

（三）　发展的共识与向内用力：老年人自觉自养的内在逻辑

在具有发展性目标的农民家庭中，老年人的结构性位置和处境是相对尴尬的。尴尬的根本原因在于，他们逐渐丧失了劳动能力，不能像中年人那样为家庭的发展做出直接的经济贡献，也不可能像年轻人一样成为家庭未来发展的希望。作为整个家庭绵延过程中的一个环节，他们对家庭追求发展的目标有着坚定不移的认同，但他们能做的只能是不给压力甚大的家庭增加负担，具体方式是：在还有劳动能力的时候，自己劳动，尽己所能地养活自己，不给家庭实现发展的目标拖后腿；不能劳动了，就尽量自己照料自己，等到照料也吃力的时候，老人们都清楚，那是自己"行之将至"的时候了。

中年人在支撑年轻人实现发展目标的过程中，已经不堪重负，他们对老年人的忽视、无暇顾及甚至不闻不问，在对上"养老送终"的家庭责任中只能完成"送终"，"养老"则只能靠老年人自己。但这些通常都能够得到老年人的谅解，并且越来越多的老年人认为，就应该是这样，"老来加活①，

---

① 楚市的农民习惯把老年人叫"老家伙"，近年来，越来越多的老年人到了70岁甚至80岁都还在劳动，种地或者捞鱼摸虾，做得来什么就做什么，老年人的生活状态对比旧社会发生了翻天覆地的变化。农民将老年人当下的这种生活状态戏称为"老来加活"，"活"是"干活"的意思，"老来加活"往往和"老家伙"连在一起说，即"老家伙就是老来加活"。

要自觉，老人不自觉势必会引发家庭矛盾和纠纷，而且也根本改变不了'老来加活'的处境，'不加活'只会让自己家不如别人家过得好"。

2014 年笔者在河镇梅村调查时，曾和廖在化 85 岁高龄的老母亲有过一段交谈，对笔者造成了非常大的触动。廖在化有两个儿子，当时一个 28 岁、一个 26 岁，都还没有结婚，廖在化拼了命地种田，可是总共才 30 来亩地，又哪里够给两个儿子在城里买房子？老母亲不知哪天可能就去了，他也不能外出打工，只能在家附近找事情做，挣得少，挣钱机会也不多。廖在化的老母亲流着泪向笔者哭诉，觉得自己活得太久了，怎么就一直活着呢，她很希望自己一觉睡下就不再醒过来了，觉得自己是整个家庭的拖累，即便儿子媳妇一天只给她送一顿饭。老人家泪眼潸潸地说，"自己老不死，总不死，觉得自己活够了"，却也不能寻了短，这样儿子媳妇在大伙面前不好做人。木镇目村钟秀家 73 岁的老人 2016 年新年的时候瘫痪在床，一直偷着寻短，但一直不能得逞，老人家都糊涂了，还总是哭着说拖累子女了，瘫痪在床 7 个月后，终于如愿，不再是子女的负担了。

上面的两个例子主要描述的是生活不能自理的老人在家庭中的角色和处境，但大多数的老年人还是有生活自理能力和一定的劳动能力的。有七八十岁还能种自己的口粮田和菜园地的，有养牛卖的，有开荒旱地种点芝麻绿豆——有的用这个还钱、有的用这个换油，还有的会捞鱼摸虾，总之能自己挣的就不给子女添负担，毕竟"伢儿也造孽"①。段镇巷村蔡会计的父母亲，2016 年笔者调查时他们就已经都 76 岁了，所幸老两口身体都还硬朗，蔡会计的父亲种了 2 亩地的口粮田，养了一头牛，还种菜园地。蔡会计家里常吃的青菜都是在父母的园里采来的，因为蔡会计平时忙着挣钱，没时间打理菜园。告诉笔者这些事情的时候蔡会计的老父亲一脸的骄傲，也并没有对儿子有任何不满。

在笔者所调查的这些楚市农村，绝大部分老年人的生活状态完全可以

---

① 这句话是河镇梅村的很多老年人常说的，意思是孩子（伢儿）——指中年人——也过得苦（造孽），他们要帮自己儿子在城里买房，买了还要还债，还要多少再帮衬着，生活得很辛苦。这些内心独白往往是老年人不想依赖中年人养老而自己又想为这种情况进行开脱时，用来说给自己和别人听的。

用"自养"来概括，即自我养老。决定他们精神状态好坏的一个关键节点是"还有没有劳动能力"：但凡还有一点劳动能力，老年人的精神状态就是很积极的。即便子女无暇顾及他们，他们也能完全理解，在对整个家庭追求发展的目标高度认同的老年人心里，不拖累子女、不拖累家庭是他们觉得自己做的光荣的、有尊严的事情，所以他们愿意不断向内用力，即向自己的劳动能力获取养老的资源。然而这些老年人也对即将到来的丧失劳动能力的未来生活存在和担忧，最让老年人恐惧的事情就是生病，尤其是生大病，生病时"瞒和拖"是策略，也是家庭成员之间形成的不用言明的默契。大家都清楚，"本来就不多的钱只能花在刀刃上，而眼下，这个刀刃就是把年轻人送进城里去立足"。真到需要人照料的时候，老年人的心态急转直下，他们会自卑起来，觉得自己成了拖累，甚至觉得自己"多吃一口饭都是不对的"。

（四）"恩往下流"：家庭财产受支配于年轻人的发展目标

家庭财产的支配和使用是家庭制度的关键内容之一。在农民家庭追求跻身"三重中间位置"的发展型半城市化实践中，与家庭的发展性目标相吻合的各种消费行为，如"进城买房""在城市接受教育""在城市定居""拥有一辆小轿车"等，对农民家庭的经济资源具备绝对的支配权。这种支配对许多并不宽裕的农民家庭而言是透支性的，即相对于农民家庭当前的资源存量而言，他们消费实践已经属于提前消费了，用农民的话来说，就是"把自己未来几年的劳动也搭进去了"。

农民家庭的财产支配和使用之所以出现这种倾向的原因在于，在整个家庭为着同一个发展的目标而形成合力后，任何有助于实现该目标的消费行为及其对家庭资源的需求都具有合法性。所以我们才能看到，整个农民家庭的经济资源在其追求城市化的过程中，具有向年轻人绝对倾斜的支配和使用的特征。在"整体性的家与追求家庭的延续和发展"的伦理纲常中，家庭财产受支配于年轻人的发展目标的实质是传统家庭伦理中的"恩往下流"。

二 从"关系地权"到"道义秩序"

熟人社会是农民家庭所处的最基本的社会单元。从当前的熟人社会构成来看，联结熟人社会各成员之间关系的纽带主要有血缘、地缘和正式制度。其中，地缘是物理空间上社会成员之间最本质的关联，这一关联为他们相互之间相对紧密的互动提供了空间条件。血缘是社会空间中最本质的关联，"家庭生活的依赖关系是这样的强有力，有了它，常常可以破坏其他社会关系，至少是中间一层障壁"（梁漱溟，2011），熟人社会中，社会成员之间很可能有着血缘与地缘的双重关联。而正式制度是熟人社会各成员之间在政治维度发生社会关联的基础，土地集体所有制、基层民主自治制度、以村为单位的社会管理制度等，这些构成维系熟人社会成员相互关系的又一维度。它外在于血缘关系，却以地缘关系为基础，使熟人社会的各成员共享同一片土地资源、自上而下的政策资源等。总之，三个纽带相互交织，构成了熟人社会内部社会关系的深刻样态，即熟人社会即是一个社会关系的场域，同样也是一个社会资源的场域，熟人社会场域的纵深使其与农民家庭的城市化实践发生着深刻的关联。

这种关联体现在三个方面：第一，在熟人社会中社会关系联动着社会资源，尤其是进城农民家庭"带不走"的土地资源，"关系地权"是这种联动背后的机理，它形塑着当前熟人社会土地经营的格局；第二，在熟人社会以紧密的社会关系为基础形成的日常社会生活中的相互关怀与互助帮扶，这在一定程度上排解了进城农民家庭在拆分的家庭再生产阶段存在的忧虑，构建出熟人社会生活领域的"道义秩序"；第三，熟人社会中农民家庭所处的城市化阶段、家庭生命周期及其对农村社会资源——核心是土地资源——需求的紧迫程度和权力实践状态都具有差异，这种差异与前面两种关联一道，使熟人社会在历时态的城市化过程中能实现一种自平衡机制来满足农民家庭的阶段性需求。

（一）"关系地权"：社会资本联动社会资源形塑的土地经营格局

在熟人社会中，与农民家庭的城市化紧密相关又最能体现社会资本联动社会资源的现象是：存在着托举型半城市化状态下的农民家庭扩张型土地经营权实践与被动减负型半城市化状态下的农民家庭维持型土地经营权实践。这是两种不同的地权实践样态，然而，作为实践主体的农民家庭事实上对土地经营权扩张的需求程度是相当的笔者调查发现，这两种不同地权实践的生成背后有着深刻而有规律的社会差异。

笔者对农民家庭如何实现其土地经营权扩张进行了细致调查，并与渴望扩张而未能实现的农民家庭存在的困境进行对比发现，存在以下两个影响经营权扩张的社会关系因素。

首先，先赋性社会关系，尤其是亲兄弟和堂兄弟（下面简称兄弟）与其他很近的亲缘关系构成的社会资本的丰富性程度与经营权扩张存在正相关关系。兄弟多的家庭，总会发生个别甚至几个兄弟举家外出打工的情况，因为觉得种地赚不了钱，而现实条件也允许他们这么做。20世纪90年代末以来，这种情况并不鲜见，他们将尚年幼的小孩留给还能劳动，生活也还能自理的父母，而把父母留给其他兄弟照料，自己就安心外出务工了。过几年，小孩大了，也去城市打工，许多是去了自己父母身边。这些出去的人留在农村不种了的田地，自然地就流转给了还留在村里的兄弟。兄弟关系和亲戚关系是农民相互间流转土地时考虑的首要因素。河镇梅村56岁的曾福林说，"如果我的田我不种了，除非没有兄弟或者我兄弟也不种田，才能考虑把田流转给别人种，不然兄弟之间会容易产生矛盾，即使这个兄弟在外村，只要他想种并且能种，就要首先考虑他，兄弟不种，舅舅①也可能要种，自己不种的田，也不是想给谁就能给谁的，这里头有道道"。

其次，农民家庭边缘化的程度与经营权扩张能否实现存在反相关关系。

---

① 楚市的行政村绝大多数都是杂姓村，村内通婚甚至组内通婚的情况很常见，外甥和舅舅、姑妈和侄儿在同一个村甚至同一个组的情况是常有的。

或者反过来说，建构型社会关系的广泛性与经营权扩张能否实现存在着正相关关系，建构社会关系以密切发生社会交往的熟人社会为场域和现实可能。在熟人社会中，处境越边缘意味着极少有农民家庭会与这一家发生密切的社会交往，因此更少会有农民家庭愿意把大家都想要的田地流转给该农户；相反，一个农民家庭的社会关系网络越广泛，越是善交朋友，即便没有兄弟关系为支撑，他也很可能实现土地经营权的扩张。这是农民家庭相互间流转土地的经验现实中存在的第二个明显特征。

以烟镇加村现年 54 岁的陈清为例。他有一个 1989 年出生的儿子，现在在外面打工，还没有结婚，平日花钱没有节制，陈清现在正处于全力为儿子挣钱买房的阶段。他在加村 4 组本来有个弟弟，但是弟弟没有土地，也没种过田。他自己家里只有不到 6 亩的承包地，但他现在的种植规模有 30 来亩，加上鱼塘，共 50 多亩。这些田和鱼塘都是本组的朋友流转给他的，他平日很爱说，让人感觉是一个很重感情的人，平日也很重视同朋友来往，消息很灵通，春节的时候都会在家里摆上几桌招待同组的朋友，联络感情，在村里一般谁家决定外出都会在春节的时候相互交流。因此，只要谁家不种地了，且自己也没有兄弟姐妹想种，基本上都会给他一点，甚至都给他，有一户把自己家承包的 20 多亩的鱼塘都转包给他了。

再比如，段镇巷村 53 岁的张松，他是 20 世纪 90 年代的时候从隔壁的地级市迁过来的外来户，通常情况下他很可能沦为村庄中的边缘户，但是因为他人开朗，广交朋友，在村里人际关系很好，认了村民小组的一个大户为干爹，又认了另一户的儿子为干儿子。虽然他在巷村没有田，但现在经营着 30 多亩的耕地，且成为巷村 9 组经营规模最大的一户，而流转给他土地的正是他去了广州的干爹和去了美国的干儿子。

曾福林所说的"道道"其实上就是，产权主体对自己所享有的权利的不完全支配，或者说产权主体在支配自己的东西时必须受到纯市场交易规则之外的其他规则的约束。具体来说，农民家庭对他们所耕种的土地享有的处置权，至少受到先赋性社会关系和建构性社会关系的双重制约，其中前者是第一顺位，后者是第二顺位，导致不完全支配的核心因素是"关系地权"。"关系地权"形塑了熟人社会当前的土地经营权在各家各户中的分配格局。

在笔者所调查的七个村庄中，由彻底城市化、脱钩型半城市化和后路型半城市化所让渡出来的土地承包经营权，主要是经营权，土地合计有900多亩，由76户托举型半城市化状态下直接从事农业种植的69户农民家庭所享有，进而他们能够从农村和农业中获取足够的资源托举其家庭参与城市化，而其余一些农民家庭则没有享受到，呈现为减负型半城市化状态。

不论是与之前的经营格局相比，还是与今后的经营格局相比，当前村庄中形成的经营格局即在农户之间的分布不均衡的格局，具体来说，是部分农民家庭的经营规模得以扩张但可能还不够、部分农民家庭的经营规模未能扩张而期待扩张的格局，这种格局并不会固化。从城市化的不断发展来看，这种不均衡的格局将会在动态的变迁过程中逐渐实现均衡。

（二）"道义秩序"：紧密社会关系中的社会生活关怀与互助帮扶

笔者在自2012年以来每年不间断的驻村调查中有一个很直观的感受：有两类人与人之间的情感慰藉和互助帮扶是超出家庭之外的，它们以在漫长社会交往中形成的紧密社会关系为基础。

一类是熟人社会中的老年人之间基于共同生活记忆而产生的心心相惜。老年人相逢见面的一句寒暄、一次握手、一个拥抱、一段嬉笑怒骂等，这些都能够对老人产生情感慰藉。因为家庭再生产的拆分，不能进城打工的老年人被留守；中年人为了支撑年轻人发展疲于奔命，老年人又被家庭遗忘，现在，越来越多的老年人非正常死亡，引起政府和社会各界对农村老年人生活状态的高度关注。新农村养老保险、农村老年人协会、农村老年互助照料中心、农村老年人的节日盛会逐渐开始在农村从无到有地发展起来。亲历过老年人的几个节日并对农村老年人协会和互助照料中心进行过专项调查后，笔者发现，每到节日时，许多老年人都会盛装出席，许久不见的老爷爷们你捶我胸膛一拳。我拍你肩膀一掌，看似简单的你来我往，眼底洋溢着无限感慨，戏谑地相互"挖苦"说，"你怎么还没死"，得到的答案往往是"你也还活着嘛"。老人家回去之后都会幸福上好几天，回忆过去与那个老朋友一起在哪里做什么，日子就这么过着。许久不相见的老奶奶们，三五成群，手拉着手，家长里短地聊着。农村老人会的少，协会和互助照料中心能提供给老年人的就是一个感受人气的场域。熟悉的人在一起，不存在担心别人嫌弃，老人们看看别人跳舞、听听电视里的戏曲，和老朋友下个象棋、打打麻将，闲暇时光这么打发，比坐在家门口晒太阳发呆来得充实。村里谁家的老人去世了，总会引起还活着的老人的感慨；谁家的老人生病了，也会引起老朋友的挂念。

另一类是农民家庭相互之间的扶持。笔者先说一个有点长的故事。段镇巷村9组罗新，现年54岁，任村民小组的组长，他有两个儿子，大儿子1983年出生，小儿子1985年出生。大儿子于2013年结婚，为了让大儿子结婚，罗新掏钱出力给大儿子在楚市城郊高新区买了一套福利房；小儿子现年30多岁了，还没有成家，只有在城里买了房子之后才好介绍对象，罗新觉得压力很大。现在大儿子和媳妇都在楚市打工，罗新和爱人在家里种27亩地，自己的承包地只有11亩，剩余的16亩都是流转自别人的，其中有10亩是从朋友那里流转来的集体林场，1亩是同其私人关系很好的郑某流转给他的——200元每亩的租金；另外2亩是罗全的，罗全家庭十分特殊，他的儿子前两年车祸去世，家里获得了一些赔款，儿媳妇在楚市买了房子，马上要带着孙女改嫁，不种地了，于是把地以200元每亩的价格租了2亩给罗新。另外还有3亩是罗新找本组的一个种田大户张修松要的。张修松只有一个儿子，儿子早就结婚了，媳妇是广东人，孙子都已经有10岁了，儿子在外面跑长途货运，媳妇在家里帮忙种地，已经在城里买了房子，相比于罗新而言压力要轻多了。罗张两家关系很好，罗新的老婆还认张修松的儿媳妇当干闺女，因为罗新这几年实在是压力太大，就同张修松诉苦，让张修松答应给几亩地让他种几年，以渡难关，张修松便答应了。

事实上，类似"要田种"的事件在农村经常发生：目前正处于非常困难阶段的与日子过得稍微宽裕一点的农民家庭相互帮助。施以帮助的农民家庭倒不一定是出于对未来自己也可能陷入困境的预防才愿意的，与其这么认为，倒不如说是农民家庭相互之间的理解和给对方以"情面"。"理解"指的是，若罗新不是因为还有一个儿子未成家，压力太大，迫不得已，也不会找张修松开这个口，而张修松若不是理解罗新的"迫不得已"，也不至于让自己吃亏。"情面"指的是，这种请求并不会发生在任意两个人身上，而只会在存在先赋性亲属关系或较为紧密的建构性关系的两个人之间发生，即便从经济理性上来讲，这个请求的理说不通，但"情面"能通。

当下共同的生活处境和过去共同的生活记忆是农民家庭之间与老年人之间能够相互理解的基础，这种理解同熟人社会中不同成员之间相对紧密的社会关系一起勾勒了介于熟人社会之中、单个农民家庭之外，老年人相互间温情脉脉的关怀和农民家庭间鉴于"情面"的互助扶持的图景。笔者以为，用"道义秩序"来概括这幅图景最为贴切。这种道义秩序，一方面，在一定程度上缓解了农民家庭半城市化道路上给老年人群体带来的负面影响；另一方面，也在一定程度上缓解着农民家庭跻身"三重中间位置"所承受的巨大资源压力。

（三）　熟人社会中土地资源配置的自平衡

在熟人社会的制度要素中，需要指出的一点是，熟人社会中土地资源在农民家庭中的配置可以在历时态的发展过程中实现动态均衡，笔者将其称为熟人社会中土地资源配置的自平衡机制。这种自平衡产生于熟人社会中的两个不一致和一个可能。

第一个不一致是，农民家庭的半城市化状态不一致。这种不一致集中体现在他们是否直接实践对自己所承包的农地的经营权。托举型和减负型半城市化状态下的农民家庭与脱钩型和后路型半城市化状态下的农民家庭就是不一致的。这种不一致在"关系地权"的影响下会带来与原有承包经营格局不一样的不均衡的经营格局，但是这种不均衡不会固化，而是会随着农民家庭跻身"三重中间位置"或者随着农民家庭生命周期的波动发生变化，这也是接下来要讲到的一个不一致和一个可能。

第二个不一致是，熟人社会中不同农民家庭所处的生命周期的具体阶段是不一致的。这对于地权实践而言带来的后果有两点：实现了经营权扩张的农民家庭很可能因为务农的家庭成员逐渐老去而退出农业生产，若其家庭的年轻成员不愿"子承父业"，则这个家庭很可能会在相当范围内甚至完全退出土地经营权实践，从而为其他农户腾出经营权扩张的空间；此外，不同农民家庭所处的生命周期的具体阶段不同，意味着他们的家庭任务和负担大小也具有差异，此时"道义秩序"就可以发挥作用，对不均衡的经营格局进行适当的调适。

一个可能，即农民家庭实现向后路型或脱钩型甚至向彻底城市化的状态转变的可能，这主要是就当前处于减负型和托举型半城市化状态下的农民家庭而言的。比如，实现了经营权扩张的农民家庭的子女因为具有较高的受教育水平而拿着不错的工资收入，在城市安顿后，便不再对农村资源有太大的需求，甚至没有需求，而是想把父母接到城市去帮忙带小孩、料理家务，从而退出土地经营权实践。

第一个不一致助长了第三个可能性，同时，第三个可能性又很可能进一步推进第一个不一致；第二个不一致在助长第三个可能性的同时也在推进第一个不一致。这个过程循环往复，与前文描述的农业去过密化与农民城市化的良性循环相呼应。我们可以从中捕捉到一个熟人社会中土地资源配置在历时态上实现的自平衡，该"自平衡"使每一户依赖农村土地资源实现城市化目标的农民家庭都能满足适度规模经营的需求，只是在满足的具体时间节点上有先后差异。

然而，熟人社会中对发展型半城市化进行维系的制度要素却并不如农民家庭制度中的各个要素看上去那么稳固，前者的稳固，往往更直接地与国家层面的制度要素相关联。

三　"耕者有其田"

"耕者有其田"是鲜明的农地制度主张之一，张路雄是这一主张的一个代表。它指的是,"耕地归耕者所有……不耕者不能占有耕地";"不耕者占有耕地"的情况产生于城市化过程中发生的耕地的承包者和耕作者之间的分离。"耕者有其田"的制度主张意欲消除这种分离以及由之产生的对耕者权益和生产积极性的破坏;此外耕者对耕地的"有",仅限于承包经营权,而并非指所有权,这是农地制度最根本的一点;拥有农地所有权的集体经济组织有权将其所拥有的耕地向耕者手中集中而对本集体经济组织之内的成员对土地的承包关系制定相关规则(张路雄,2012:2—19)。笔者将从三个环节分别阐述"耕者有其田"的制度安排和农地实践与农民家庭城市化之间的细致关联。

"耕者有其田"是家庭发展秩序和村庄内的良性循环以及以二者为基础形成的可逆的城市化、去城市两极分化、结构发展和社会稳定半城市化的发展性意涵最重要的制度基础。简单地说,"耕者有其田"能在农民家庭跻身"三重中间位置"的过程中,使其保留"底层有产者"的阶层身份;更重要的是,它还能在土地耕作者与承包者分离的情况下,将村庄社会内部有限的土地资源制度化地保留给对农村资源还具有依赖的农民家庭耕作,实现农民家庭增收,从而为实现其年轻人的发展性目标增加经济资源。

然而,当前的农地制度安排却逐渐导致农村土地承包格局的固化。随着越来越多的农民家庭不直接从事农业生产,他们或者举家进入城市生活再也不会从事农业生产,或者只是举家进入城市务工暂时不从事农业生产,或者因为留在农村种地的家庭成员逐渐年老体弱而不得已减少耕种规模甚至不再耕种,等等。总之,土地承包者与耕作者分离的情况越来越普遍,情况复杂。村里的"不耕者"已经越来越多了,但他们仍然拥有着土地的承包权,这带来了农地承包格局的固化,在近年来不断强化个体权利的农地制度实践下,还进一步带来农地的收益由"非耕者"分享的外溢化,从而破坏了农民家庭增收的原有秩序。

所幸,当前农地状态除了承包格局固化之外还伴随着农地细碎化与农民家庭对土地的依赖方式和依赖程度存在差异而呈现的农地之于农民家庭的效用差异,这三者相互交织,产生的重要后果是,发生了承包者和耕作者分离的农地要素，要么只能以极低的价格在一个范围非常有限的熟人社会范围内流通，且受到关系地权和道义秩序的约束；要么就需要满足对农地存在强依赖的农民家庭开出的高价，才能在一定程度上与资本市场及其要求的规模经营相接轨，在农地用途被严格限制的情况下，高价往往意味着赔本，因此这种可能性并不会自发发生。因而才会出现农地要素以极低的价格在熟人社会内部自发流转的农地实践，这种实践的效用与"耕者有其田"所能产生的制度效用非常接近。

（一）"耕者有其田"为农民家庭跻身"三重中间位置"提供基础资源保障

之所以说"耕者有其田"是农民家庭跻身"三重中间位置"的基础资源保障，原因主要有以下两点。

首先，"耕者有其田"至少能为农民家庭提供基本的生存安全保障，是农民家庭在城市化过程中维持其"农村有产者"这一阶层身份时最基本的出发点，也是理解农民家庭户籍城市化意愿不强的关键因素之一，老年人自养是这一基本保障功能的核心体现。"耕者有其田"也是为广大农民家庭提供基本生存安全保障的最佳制度选择，这取决于我国两大基本国情。一是人口国情，尤其是人口的结构性国情，即人口老龄化和人口基数——尤其是农村人口的基数——庞大以及农村劳动力整体素质偏低，这使得自我实现的社会保障和依靠政府的社会保障都存在很大的困难；二是"发展中"的国情，"发展中"意味着我国经济发展存在着三个"不高"和一个重要任务，即经济发展水平不高、人均收入水平不高、企业平均利润率不高，重要任务是集中人力物力财力致力于实现国家经济转型，从提高产业利润率这一根本环节上扭转三个"不高"的经济发展局势，这意味着依靠国家、政府和企业为一个庞大的、素质偏低的农业转移人口提供社会保障不仅相当困难，而且还会将农民、政府、企业甚至是国家，都置于一个更高水平的市场风险和社会风险之中。因而，最稳妥的方式便是以广大农村和农村的土地为农民家庭进行兜底。

其次，在兜底的基础之上，随着农民家庭城市化的不断发生，"耕者有其田"还能够为越来越多的农民家庭跻身"三重中间位置"提供重要的资源支撑。这或明或暗地发生着，以代际支持的方式从农村流入城市的资本流动，为这一论点提供了关键的论据。从另一个角度来说，农民家庭在城市获取资源的能力与其"三重中间位置"的阶层指向之间的不匹配，客观上也要求农民家庭保持着"半工半耕"的家计模式，以农村收入弥补城市收入的不足。倘若这些对农村土地资源存在显著依赖的农民家庭无法实现土地资源的扩张，就只能兼业或者外出务工才能增加收入。当前在家务农且存在种植规模扩张需求的具体耕作者是一些 40 岁以上，绝大部分是 50 岁以上的中年人，如果有手艺且身体也允许，断不会常年留在家里种地，他们恰恰是没办法才留在家里种地的。对他们来说，兼业只有一个选择，就是去工地上做苦力，这比种田辛苦得多；外出打工，因为年龄大，没什么优势。2016 年东莞的一个手机硬件制造厂在楚市烟镇的加村招工，明确指出只招 45 周岁以下的人。在既有的耕地上种植经济作物风险又太大，棉花、黄豆的价格这些年波动大，农民不敢轻举妄动，油菜籽的保护价被取消后，收购价一蹶不振，只有种粮食最靠得住了。对他们来说，最好的增收办法便是扩大种地规模，这就要求承包者与耕作者分离的农地能够归这些农民家庭耕种，即实现"耕者有其田"。另外，农民家庭没办法为土地规模的扩张承担过高的租金，对于他们来说租金越少越好，最好没有，而能做到这一点的，也正是"耕者有其田"的制度安排。

（二） 农地承包格局的固化与对"耕者有其田"的偏离

楚市的这 7 个村庄的土地承包格局固化由来已久。20 世纪 80 年代初期，这 7 个村庄都实现了分田到户，第一次分田到户时规定的承包期为 15 年；1998 年进行二轮延包，但是许多地方走了过场，也有的村以抓阄的方式打乱重分，但并没有摸清各村事实上的具体承包关系。2005 年湖北省进行了完善二轮延包的工作，也没有对土地进行大调整，许多村庄所做的工作只是对每一户的田块数量、方位和面积进行统计。2004 年颁布的《土地管理法》规定农村土地承包关系自二轮延包以来保持 30 年不变。除了农民分家、农户之间的永久转让和互换、开荒等农户自发行为带来的承包关系变化之外，1998 年以来，农民家庭的承包格局并没有发生大的变化，"增人不增地、减人不减地"在楚市贯彻得非常彻底。因此，楚市这七个村庄的农地承包格局固化的特征也异常突出。近年来，随着土地确权、农地制度改革等政策性变动，农地承包关系"永久不变"的制度化倾向越发明显，这或将导致农地承包格局的永久性固化。

与农地承包格局固化同时发生的是农民外出务工和举家进城的现象越来越普遍，从而造成了农地承包者与耕作者之间的分离。整理可知，这种分离主要有三种不同的情况，分别是脱钩型半城市化状态下农民家庭与所承包的土地全部分离、后路型半城市化状态下农民家庭与所承包的土地全部分离和部分减负型半城市化状态下农民家庭与所承包的土地部分分离。其中，除了脱钩型半城市化农民家庭，其余的农民家庭与所承包的土地之间的分离在时间长短和占其承包面积的比例上都具有不确定性，这种不确定性受其在城市获取收入的能力大小和稳定性程度的影响。因此，保留对农地的承包权对这部分农民家庭而言就具有突出的重要性。反之，这种对农地承包权的享有对脱钩型半城市化状态下的农民家庭而言，重要性就不明显了，因为这部分农民家庭已经在城市拥有了稳定的收入，他们中不少家庭在城市过得甚是宽裕，农村只能农用的土地在他们那里能产生的边际效用就可以忽略不计了。

正是脱钩型半城市化状态下的农民家庭对农村土地承包权的继续持有构成了农地承包格局固化的关键。他们不关心农业耕作过程中对基础设施的需求，比如水利灌溉设施和机耕道设施，但这些设施的修建或修复，往往又需要他们同意，因为很可能涉及对部分农田的改造，这部分农田中，很可能就有他们的。他们也存在着对承包权继续持有的担忧，因为这些农民家庭往往只有一两个老年人的户口还在农村，即只有这些个老年人才算得上是集体经济组织的成员，而老年人年岁已高，他们去世后，其原有的承包地归谁所有？就这么退出，显然会有不甘愿，他们最倾向于将现有的承包关系永久固化下去，这是最有利于他们的政策走向。现在已经出现部分脱钩型半城市化状态下的农民家庭担心其承包权受到影响，而预防性地将自家的承包地从当前的耕作者那里要回来，在耕地上全部种上苗木。他们也不指望能挣钱，反正，栽上树了，这些田就都是自己的，烟镇加村8组这样做的农户就有2户。最后的结果是，农地承包格局固化将使得农地实践逐渐偏离"耕者有其田"。

（三）"细碎化"与"效用差异"联合作用下客观实践着的"耕者有其田"

承包格局固化远未涵盖经验中的农地状态全貌，从笔者对楚市这7个村庄的调查来看，农地实践至少还存在以下两个特征，正是这两个特征在对农地承包格局固化导致农地实践逐渐偏离"耕者有其田"这一倾向起着反作用力。

第一个特征是农地的细碎化。细碎化有两个含义，一是田块大小不一，楚市烟镇加村最小的田只有0.09分，最大的田块近2亩；二是各户的田块相互插花严重，段镇巷村有村民反映，自己家只有12亩地，却分布在全村东南西北各个角上，巡一次田，至少要花上半天的时间，抽水灌溉时更是麻烦。楚市虽属江汉平原，但地势并不平坦，以丘陵地形为主，又是水稻的主产区，因此，土壤肥沃程度、保水性、排水性、距离水源的远近、耕种起来的难易程度等，使田块之间差异极大。1983年第一次分田到户以来，各生产队或村民小组把田分给农户时"好赖搭配、田分三等"的方法由来已久，这也是造成田块细碎化的主要原因。

第二个特征是"效用差异"。具体来说，农业用地之于不同类型的农民家庭而言具有不同的效用价值。从城市化的角度来看，农民家庭的地权实践状态决定着土地之于农民家庭的效用，而决定地权实践状态差异的主要是农民家庭所处的半城市化状态，相对于不再需要依赖农村收入的农民家庭或者暂时不需要依赖农村收入的农民家庭而言，农业用地对于依然需要依赖农村收入的农民家庭而言具有更显著的效用价值。最能反映这种效用价值差异的是不同类型农民家庭所能接受的承包地流转价格，托举型半城市化状态下的农民家庭实现农地经营权扩张的平均价格只在 200 元每亩左右；但如果有人想要流转托举型半城市化状态下的农民家庭还在耕种的承包地，后者能够接受的流转价格至少是每亩 600 元，能到 1000 元最好，对此他们给出的理由是，"我自己种一亩地一年最少可以纯收入进千元，他（有意向流转土地的人）要是给不了这个价格，我还不如自己种，反正我年纪也大了，又不能出去打工，就靠着种田的这点收入"。据笔者理解，托举型和减负型半城市化状态下的农民家庭之所以对流转价格有至少每亩每年 600 元的期待，是因为相较于脱钩型和后路型与部分减负型半城市化状态下的农民家庭而言，他们将自己所耕种的承包地流转出去需要承受无法通过其他劳动方式填补的机会成本。无法填补的机会成本使得农业用地之于一些农民家庭而言具有更大的效用价值。

这两个特征单独看上去似乎都与承包格局固化和"耕者有其田"没什么关系，但承包格局固化、"细碎化"与"效用差异"这三个特征综合起来，就构成了一个奇怪的力量场，这个力量场将农地的经验状态引向尽量接近"耕者有其田"的方向。在这个力量场中，所有分散的力量都倾向于凝结为两股核心力量，一是在熟人社会内部抑制农地流转价格上涨的力量；二是在熟人社会之外设置过高的农地流转价格门槛，使熟人社会之外的主体不会贸然进入，比如每亩农地 600 元的流转价格就很可能使转入者经营亏本。

对于农业用地的效用价值不显著甚至没有效用的农民家庭来说，农地流转价格自然是越高越好，如果没有人愿意出这个高价，低了也能接受，反正他们自己不种，效用价值就为零；但对于农业用地的效用价值很显著的农民家庭来说，只有高价才可以接受。农地的细碎化分布意味着，农地效用价值存在显著差异的农民家庭的承包地相互插花、纵横交错在一起；而农地承包格局固化则意味着，这种插花分布的格局难以通过制度化的手段来解决。两者交织的结果是，若一个经营主体希望实现规模化、连片的经营，他就必须满足对农业用地的效用价值存在显著依赖的农民家庭开出的高价。

如此，他将面临四种不同的选择，但事实上真正理性的选择或许只有其中一种。第一种选择是，放弃连片甚至放弃规模化，去同农业用地的效用价值不显著的农民家庭"谈判"，开出介于农业用地的效用价值显著的农民家庭的要价和效用价值不显著的农民家庭的租金上限之间的农地流转价格，并且还必须能够像当地农民一样承受农地细碎化带来的耕作不便和在田间管理上花费的较高的时间和物质成本。可以想见的是，这种选择的投资回报率极低，并不是一个适合工商资本和其他在劳动力市场还有竞争力的劳动者的选择。

第二种选择是，向农业用地的效用价值显著的农民家庭提出的要价妥协，但农民自己都知道，这么高的租金，别人拿去，又只能种粮食的话，多半是要亏本的，理性的投资人不会做出这个选择。2014年10月底11月初，笔者在荆州市公安县的一个农村做驻村调查，有一个投资人在笔者所调查的农村流转了600多亩土地，种植两季农作物，一季水稻、一季小麦，每亩流转价格是660元（基本上按照1平方米1元钱的价格流转）。除去租金成本，这个老板还要支付雇人种田的工资、机械设备折旧、农药、化肥等费用，所以经营的这两年每年都亏本，好在他在村里还经营一个规模不小的打米厂，他戏称这也是"以工哺农"。若不是政府在以项目资源支持他这么干，他不会做出这种选择。

第三种选择是，在政府的介入下向农业用地效用价值显著的农民家庭提出的要价妥协，所赔的本由政府来买单。这一选择引入了除两种存在不同效用价值的农民家庭和熟人社会的第三者之外的第四个主体，即政府，笔者将在第七章详细讨论。

第四种选择是，放弃进入这个力量场。有政府项目支持的工商资本毕竟只是极少数，且往往只是通过"试点"的工作方式，小范围地推进。因此，没有政府支持的大多数，会"放弃进入这个力量场"。

所以，一些农民家庭在城市化的过程中让渡出来的土地就只能在熟人社会内部进行流转，在历时态的发展变化中，熟人社会内部的"关系地权"

"道义秩序"等内在非正式制度元素，就能使熟人社会自身的土地资源在农民家庭中的配置实现自平衡。虽然扩张了农地经营规模的农民家庭也为此付出了每亩 200 元左右的租金，但这个租金相对来说还是非常低的，也只有在熟人社会中才能形成在市场的逻辑下无法形成的价格，正是在这个意义上，笔者认为作为本书经验场域的这 7 个村庄的农地实践状态与"耕者有其田"能达到的制度效果具有趋同性。

四 可逆性与迁徙自由

从人口城市化的角度来讲，笔者认为迁徙自由至少应该包括两个方面，这两个方面来自城市与农村的对比，当前城市生活整体上无疑优于农村生活，但城市生活内部的分化比农村要大得多。在农地集体所有这一根本性制度前提下，农村生活为农民提供了生存安全保障，但也仅止于在"生存有余、小康不足"的状态中停步不前。城市生活固然整体上都好，但也有过得极不好的市民，甚至沦落到依赖政府救助、居无定所、没有工作或者工作极不稳定的地步，整个家庭在城市的生活质量甚至不如在农村的农民，后者不论怎样，至少都有着对生存安全的稳定预期。所以迁徙自由的两个条件，首先是要给予农民家庭尝试进入城市定居生活并为之努力奋斗的自由；其次还要给予农民家庭为了不沦为"在城市过得极不好"的群体而退回至少比这种情况要好的农村生活的自由。

迁徙自由并不排斥迁徙可逆的自由。马克思描述的英国城市的工人无产阶级确实有进入城市的自由，但他们却只能忍受着居住环境的恶劣和生存状态的被动，因为土地私有和"羊吃人"的"圈地运动"没有给予他们退回农村的自由，即他们的迁徙具有不可逆性。道格·桑德斯笔下印度从农村逃离出来进入城市贫民窟的农村转移人口也没有迁徙可逆的自由，因为"靠着种地根本没办法让孩子接受教育……20 世纪末，维达尔巴地区各地的农民因为作物歉收与债台高筑而发狂，而摆脱乡下陷阱唯一的办法就是策略性地死亡，即自杀"，所以"我们不要死，我们宁可住在贫民窟里"

（桑德斯，2014：102—103）。在农民只有"进入城市、逃离农村"这一种选择时，与其说这是自由迁徙，倒不如说这是被迫的迁徙、无奈的迁徙，毕竟，当留给农民生存的道路只有一条时，这或许就已经离"自由"太远了。

迁徙自由是农民进入城市最重要的制度前提，这个制度前提在改革开放甚至是严格限制人口流动的 20 世纪 90 年代末之前的中国是不存在的。限制人口流动的政策松动、收容遣返政策的取消、大部分中西部中小城市逐渐取消了户籍准入的限制、不少中小城市鼓励农民进城落户，在这些制度背景下，农民进城务工自 20 世纪 90 年代末以来已经显示了其波澜壮阔的浪潮，自此农民自由流入城市基本上可以实现，而且与众不同的是，我国的农村人口迁徙不仅开始有了进入城市的自由，还有着退回农村的自由。但是，在流入城市的实践中，农民的目标并非仅止于进入物理意义上的城市，即只要在城市里就好；也并非仅止于进入经济意义上的城市，即只要在城市务工就好；而是要实现在城市"安居乐业"，在城市立足，至少要使自己在城里比在农村过得好——因为我国农村土地的非私有制消除了农民为了生存只能进城这种无奈，否则这种迁移就不是他们想要的。

构成发展型半城市化的核心要素有四点：一是一定要实现发展，这种发展从表象上来看是在进入城市定居生活后能比在农村过得好，从理论意涵上来讲，是跻身"三重中间位置"；二是一定要具有发展所需的资源，在这个过程中农民家庭理想的目标是尽力最大化家庭收入；三是在尝试进入城市获取发展所需的资源的同时，还可以在农村保留自己的位置，毕竟进入城市立足并不容易；四是要存在客观上真正使农民可以在其中实现安居乐业——核心是安居——的中小城市，这与我国的城市发展战略相关，这一点将在后文进行论述。

发展型半城市化的第一个核心要素为农民进入城市规定了一个非常明确的目标和方向，这意味着他们不会以核心发达城市为目标，因为他们无法在核心发达城市实现定居的目标，但并不意味着他们不会进入核心发达城市，因为进入核心发达城市也并不一定是为了留下来。

发展型半城市化的第二个核心要素呈现的是，农民家庭为了实现进入城市定居生活这一发展目标而必须承受的获得"发展"所需资源的压力。然而，农村"人均一亩三分地、户均不过十亩"决定的"温饱有余、小康不足"的经济状态，显然无法为农民家庭提供获得这些资源的经济机会，所以农民家庭想要获得发展所需的资源。首先，需要作为农业剩余劳动力的部分家庭成员进入城市务工以获得收入；其次，一旦有人进入了城市，农村剩余劳动力的劳动生产效率就能得到极大的提高，单个劳动者的劳动所得也实现了增长；最后，在农民家庭进城过程中，当一些农民家庭整体上不再从事农业生产时，以户为单位发生的农业去过密化会进一步发生，以户为单位的经济收入也能进一步实现增长。在农民进入城市务工以增加经济收入时，面临着只有去往核心发达城市才能有更多经济机会的客观现实，这由我国经济发展在区域分布上的不均衡决定的。农民进入核心发达城市的目的是非常明确的，即获取进入城市定居生活所需要的资源，但他们定居生活的城市却不会是核心发达城市，因为这些城市的房价对于他们中的绝大部分而言是不可企及的，他们要定居生活的城市是那些虽然经济机会不如核心发达城市多，但在其他社会资源，如教育、物质文化生活、婚姻优势、公共医疗卫生等来看，比农村要好太多了，因而，中小城市对农民来说也是个不错的选择。因此，既要给予农民进入核心发达城市的自由，也要给予他们在获得了足够进入中小城市定居生活的资本时选择离开这座城市的自由，即要给予他们迁徙可逆的自由。

发展型半城市化的第三个核心要素即"农民家庭在尝试进入进城定居生活的同时在农村保留自己的'农村有产者'位置"。从人口自由迁徙的角度来判断，农民家庭做出这种选择的理由可以从两个层面来阐述。一是作为实现发展积累和获得资源的必要手段，做出这一判断的理由是，对于大多数农民家庭而言最大化家庭收入、最小化家庭生活开支的最优办法便是保持着与农村的经济关联，换言之，即采取"实质享有"的地权实践，也即保持着半城市化状态。二是考虑到存在着进入城市定居生活失败——沦落到生活水平不如村庄的地步——的可能，农民家庭要为自己留一个退回农村的可能，体现这一点的典型是后路型半城市化状态下的农民家庭。这一核心要素要求：既要给予农民家庭进入城市的自由，也要给予目前还没办法在城市立足的农民家庭在城乡之间往返的自由。

对于以跻身"三重中间位置"为城市化目标，且并非因为生存所迫进入城市而是出于发展追求才进入城市的农民家庭而言，往返于"核心发达城市—中小城市—乡村"这三个地方之间的自由才是他们想要的迁徙自由。因此，不论是户籍制度还是土地制度的改革，都应尽量不去破坏这一自由得以实现的根基，即可逆性——可以从城市退回农村，也可以从核心发达城市退回一般的中小城市，当然后者还需要有相应的国家城市发展战略为支撑。

五 大中小城市和小城镇协调发展

优先发展大城市还是优先发展小城镇一度是政策界和学界争论的焦点问题之一。后来，大量乡镇企业和村办企业破产，"离土不离乡、进厂不进城"的、以限制农村剩余劳动力涌入大城市为目的的小城镇发展战略宣告失败，这一争论才停息下来。但是，20 世纪 80 年代末以来，发展小城镇，强调大中小城市和小城镇协调发展就一直是我国城市发展战略中的重要内容，这一点是毋庸置疑的。

1988 年《中共中央关于农业和农村工作若干重大问题的决定》指出，"发展小城镇是带动农村经济和社会发展的一个重大战略"，但此时，城市化问题本身还未引起高度重视。2000 年，《中共中央、国务院关于促进小城镇健康发展的若干意见》第一次提出，"走出一条适合我国国情的大中小城市和小城镇协调发展的城市化道路"，并且第一次提出"加快城镇化[①]过程"。2001 年《第十个十五计划纲要》明确提出，"走符合我国国情，大中小城市和小城镇协调发展的多样城镇化道路，逐步形成合力的城镇体系……

---

① 本书采用的"城市化"概念与我国政策文件提出的"城镇化"概念在根本内涵上没有区别，为了更符合国内外研究的学术规范，本书统一采用"城镇化"的概念。

积极发展中小城市……发挥大城市的辐射带动作用"，并认为我国推进城镇化的条件已经成熟。2006 年《十一五规划纲要》提出，"坚持大中小城市和小城镇协调发展……积极稳妥地推进城镇化"。2011 年《十二五规划纲要》在延续之前城市发展思路的基础之上，进一步指出"以大城市为依托，以中小城市为重点……要把符合落户条件的农业转移人口逐步转为城镇居民作为推进城镇化的重要任务……中小城市和小城镇要根据实际放宽外来人口落户条件"，第一次明确提出基于中小城市来解决户籍城市化的问题。2016 年《十三五规划纲要》在前述战略部署的基础之上，进一步明确了我国城镇化的发展目标，即"到 2020 年，实现常住人口城镇化率达 60%、户籍人口城镇化率达 45%"。

此外，需要特别说明的是，从农民家庭进入城市定居生活的难易程度出发，或更直接地说，从他们在一个城市获得属于自己的住房的难易程度出发，笔者将我国的众多城市分为核心发达城市和半边缘中小城市，其中核心发达城市除了北上广深等特大城市、各个省的省会城市和其他直辖市之外，还包括处于发达地区，房价远超过农民家庭所能负担的中小城市，甚至小城镇，笔者 2015 年 4 月在浙江上虞的一个乡镇调查，听闻这个乡镇的房价在 2014 年时竟达到每平方米 9000 多元；而半边缘中小城市指的是房价尚在农民家庭通过几代人的合力能够负担的范围之内的城市，其典型是中西部的各地级市以及地级市下辖的县级市、县城和乡镇等。

发展型半城市化的第四个核心要素，即半边缘中小城市的存在及发展，在我国的城市发展战略中在一定程度上可以被涵盖到中小城市和小城镇之中。由此，本书所主张的、构成发展型半城市化主要载体的中小城市也同样在国家"协调发展"的城市发展战略之中，它是构成农民城市化过程中"迁徙可逆的自由"的重要方面。

六 保护型二元制度结构：发展型半城市化赖以生成的制度基础

本章的主要任务是对半城市化路径所依赖的制度基础和半城市化的发

展性意涵得以展开的制度前提进行梳理。笔者从正式制度和非正式制度两个不同的制度领域切入，分别在家庭层面、熟人社会层面和国家层面发现了发展型半城市化赖以生成的制度结构。在这里，笔者力图以"保护型二元制度结构"对本章的分析加以提炼，这一总结的重要性在于阐明各个层面的制度要素中存在的"二元性"。

从家庭层面来看，这种"二元性"集中表现为"传统与现代"的二元分野。其中，"现代"的部分表现为，农民家庭参与城市化进程之中追求由现代性赋予的文化目标的行为本身；"传统"的部分则表现为，城市化的主体并不是单个农民，自然也不会是单个农民工，甚至不是通过接受高等教育而走出村庄的以个体形式呈现的文化精英，而是这些个体背后的整个农民家庭。所谓"传统"的东西正是将农民家庭的每一个成员凝结起来形成合力共同致力于实现现代性赋予的文化目标所必要的，没有这个"传统"，家庭发展秩序不会自发产生，而"现代"部分的实现也将更加艰难。"传统与现代"的整合使农民家庭中的每个成员的力量形成合力，从而产生一种家庭发展秩序，致力于整个家庭或至少是部分家庭成员——往往是家庭中的年轻人——跻身"三重中间位置"。

从熟人社会层面来看，这种"二元性"集中表现为"市场与社会"的二元性。其中，"市场"的核心表现为经济理性，即追求经济价值最大化；"社会"的核心表现为社会理性，指的是农民家庭在追求经济价值最大化的同时因其生活在特定的社会生活场域之中——这个场域还具有"熟人社会"的特质——而受到该场域之中的各种社会规则的约束，"关系地权"和"道义秩序"是其所受约束的两个主要方面。这个"二元整合"一方面通过社会资本联动社会资源为农民家庭实现定居城市的城市化目标增加资源支撑；另一方面，在农民家庭为实现定居城市的城市化目标过程中，家庭微观经济社会结构的拆分会持续相当长时间，熟人社会的"社会性"会为这些农民家庭生产可以称之为"温情"和"意义"的东西。

最后，从国家层面来看，这种"二元性"体现在两方面：一是"城市与农村"的二元性，二是"核心发达城市和半边缘中小城市"的二元性。

集中体现前者的是城乡二元的土地制度和与之密切相关的户籍制度；集中体现后者的是我国的城市发展战略。"城市与农村"的二元分野通过"耕者有其田"的农地实践将有限的农业生产资料保留和整合到对农地效用价值存在强依赖的农民家庭之中，成为他们增加跻身"三重中间位置"所需的资本，还通过为农民家庭在进城定居安家的过程中保障他们在城市和农村之间往返的自由而在真正意义上增加农民家庭的迁徙自由。就"核心发达城市和半边缘中小城市"的二元分野而言，客观上核心发达城市的发展是经济理性的表现和结果，但同时也是政策选择的表现和结果，半边缘中小城市的发展一方面是区域均衡发展的内在要求，另一方面也为农民家庭实现定居城市的城市化目标提供了更具有现实意义的载体。

综上，从城市化的角度来看，这些"二元性"所带来的并不是不同领域之间的撕裂，而是整合。这些"二元性"通过农民家庭复杂的城市化实践得到整合，并共同促进我国城市化和现代化高质量地稳步推进，是以提出"保护型二元制度结构"。同时，这些"二元性"本身也需要得到保护和重视，尤其是在我国经济社会面临全面大转型的阶段，更不可过度偏向其中的一方，否则将带来"二元性的撕裂"。笔者将通过第七章对当前存在的"撕裂"现象进行梳理。

第七章

推进半城市化向彻底城市化
转变的政策分析

当半城市化本身无法实现向彻底城市化转变时，其发展性意涵就站不住脚。然而，在当前以发展中国家、人均收入水平低下为最根本特征的政策环境下，推进半城市化向彻底城市化转变的政策诉求并非盲目地采取积极推进人口城市化的战略，相反，需要立足于当前的政策环境，尤其需要对参与城市化同时作为推进人口城市化政策受众的农民进行类型上的划分，方能在复杂的经验中把握农民家庭向彻底城市化转变的过程中存在的真问题及由之产生的政策诉求。

本章将重点分析三个问题：首先，对不同的半城市化状态下农民家庭向彻底城市化状态转变存在的最紧迫的问题进行分析；其次，对当前国家和地方政府实践中推行的推进农民彻底城市化的政策目标和政策结果进行分析；最后，立足于半城市化立场，提出本书对推进彻底城市化的政策建议。

一　农民家庭由半城市化向彻底城市化转变过程中的梗阻问题分析

以农民家庭为单位进行分析时，笔者发现，推进农民彻底城市化政策的受众，不仅包括对农村资源不再依赖的脱钩型半城市化状态下的农民家庭，还包括有可能对农村资源重新建立依赖的后路型半城市化状态下的农民家庭，以及对农村资源仍然存在依赖甚至是较强的依赖的托举型和减负型半城市化状态下的农民家庭。由此，笔者力图以农民家庭城市化实践为经验前提，对不同半城市化状态下农民家庭向彻底城市化转变过程中各自存在的梗阻问题进行分析，并以之作为后续政策分析的基础。

（一）　脱钩型半城市化状态下农民家庭的"逆城市化"倾向

脱钩型半城市化状态下农民家庭的收入全部来源于在城市务工经商，

家庭成员也全部生活在城市，更重要的特征是，这部分农民家庭在城市生活得还不错，有着比其他半城市化状态下的农民家庭而言更强的获取城市收入的能力。他们与农村存在的关联在于：该家庭中还有部分成员的户口是农村户口；并且这个户头上很可能还有几亩承包地，但是他们绝大多数没有自己耕种，而是将承包地廉价甚至无偿流转给还在村里种地的人耕种；同样，他们很可能在村里还有闲置的老宅子或者空着的"屋场"①，但他们并没有再回来居住的可能，所以他们持有的农村的各项资源对他们而言，只要政策不变，就不会有效用价值。

因此，笔者认为，脱钩型半城市化状态下的农民家庭可以被称为"准市民家庭"，他们是已经实现家庭整体性跻身"三重中间位置"的农民家庭。以此为前提，他们向彻底城市化转变只需要保留农民这一制度身份的家庭成员数量逐渐变为零，这意味着他们将实现从"准市民家庭"向"新市民家庭"的转变，更意味着他们彻底退出了农村，他们在农村的宅基地和耕地将或者由集体再行分配，或者被他们处置，如永久性转让给还留在村里种地的人，楚市农村并不鲜见的"卖房搭地"情况就是在这类处置行为中发生的。

这些农民家庭保留着农民这一制度身份的成员数量变为零的过程在经验中的具体发生，有以下两种不同的理想情况。一是，一些农户原本家中就只有老年人的户口还在村里，随着老年人年事渐高，自然死亡，这些"准市民家庭"也就自然而然地切断了与农村仅存的制度关联，这在 14 户已经实现彻底城市化的"新市民家庭"的城市化实践中是比较常见的。而主动将老年人的户口迁入城市的情况非常少见，因为老年人进入城市生活的时间不会太长，因此没有将户籍迁入城市的必要，此外，将户籍留在农村，等走了之后还能落叶归根回乡安葬，绝大多数随子女进城生活的老年人死后也的确回乡安葬了。二是，一些农户家中只有老年人还保留着农民

---

① "屋场"是楚市农村的土话，指的是农民房屋所占的宅基地，一些农户因搬去城市，很久不回村，而且以后也可能不会再回来，就没有对村里的老房子进行修缮，有些都已经坍塌，有的将老房子的砖瓦低价处理了，就只剩了一个空的屋场。

的制度身份，年轻一些的家庭成员因工作、生活和子女教育的需要选择将户口迁入城市。

但是农业税费取消以来，伴随着自上而下越来越强调农户对自己所掌握的各项农村资源所具有的权利，"准市民家庭"自发向彻底城市化转变的个案越来越少见，这14例彻底城市化的个案也大多发生在2000年之前。不仅如此，一些"准市民家庭"中的"逆城市化"现象正在弥漫，即"准市民家庭"走向了彻底城市化的反面。

"准市民家庭"中发生的第一类"逆城市化"现象是户籍"农转非"屈指可数，而"非转农"的数量却在增加。楚市公安局的一个工作人员告诉笔者，"2015年全市户籍'农转非'只有1人，'非转农'却有超过400人之多"。即便近些年来，户籍"农转非"被大力提倡，"非转农"明令禁止。"准市民家庭"中已经参与户籍城市化的家庭成员甚至本身就出生并成长在城市的家庭成员托关系将户口落在目前户口还在农村的父母或爷爷奶奶的户头上。另外一个广为人知的现象是，一些考上大学的甚至读到博士的农门学子不愿意将户口迁到城市。这种户籍"倒流"的现象不仅发生在利益密集的城郊和城中村地区，在广泛的普通农业型村庄地区中，这种情况也并不少见。这些"准市民"将户籍"倒流"的突出动机是"等政策"。

不论是10年前还是今天，这些"准市民家庭"都清楚地算计，"将家里目前持有的这些农村资源永久性地转让出去值不了几个钱，到头也就两三万块钱，家里老房子是楼房、位置好点比如沿公路的，也只多了几万块钱，但他们家里不缺这点钱，也没有（用钱的）迫切性"①；"将户籍迁入城市的迫切性就更不存在了，就算是为了孩子读书，家里大部分人是城市户口就行了，没必要所有人都变成城市户口，但家里'今后没有人是农村户口了'这个问题很重要"②。在现有的制度结构下，家里"没有人是农村户口了"意味着他们将无法继续持有之前分给该户的各项农村资源，最糟糕的结果就是无偿退出。然而当下，"永远持有这些农村资源"又不需要这

---

① 这段话源自对加村村民的访谈。
② 同上。

些"准市民家庭"承担什么成本，况且农村的各项政策这么好——提倡"具体承包关系永久不变""有的地方一亩宅基地都可以卖十几万""土地流转给大户可以得到不少的租金"——"有着"这些资源等政策比"贱卖了"明智得多。

简而言之，以上种种对农户个体即将丧失地权的顾虑形塑着这些"准市民家庭"参与户籍城市化的意愿。呼应了前文所描述的农民户籍城市化意愿不强的第二套逻辑，即为已经实现城市化目标的群体主张个体权利的逻辑，当这一主张并没有发展为户籍"倒流"时，其对城市化和其他村民的负外部性作用都并不明显；当这种户籍"倒流"真正发生时，这种负外部性将会成为推进农民彻底城市化很难克服的障碍。

"准市民家庭"的第二类"逆城市化"现象比第一类走得远，为防止政策变得太快，一些"准市民家庭"出现了回村"种地"或者"要田"的"倒流"现象。笔者调查的只有58户农户的加村8组，有10户处于脱钩型半城市化状态，这10户中已经有2户出现了这种倒流，详见案例7-1和7-2。加村6组，只有8户处于脱钩型半城市化状态之下，其中有2户脱钩型半城市化状态下的农民家庭出现了"倒流"，详见案例7-3和7-4。

案例7-1 加村8组贺大力，现年65岁，是烟镇福利院的工作人员，现在已经退休，他老伴在烟镇福利院做饭。贺大力有两个儿子，都在政府部门工作，从没有在农村种过田。全家只有贺大力老伴的户口还在加村，贺大力的户口在农业税费时期就已经转到城里了，两个儿子的户口从出生的时候就落在城里。全家人现在都在城里生活，以后也不会再回农村了。然而，贺大力的老伴在加村有1.5亩承包地，还有老房子和房前屋后的自留地。2014年冬，贺大力的儿子回村，将给别人种的1.5亩承包地要回，将屋场、林场等全部推平，算是复垦了，复垦之后，贺大力一家居然整理出近15亩的土地。整理出来的这些地被贺大力的儿子全部用来种树，树种下之后，他们也很少回来管，有些地方的草长得比树还深。他们的一个邻居说："他们家根本就不是为了种树，可能因为是政府的人，知道了什么内幕，就赶紧回来把自己家的地占着，免得母亲哪天不行了，这些地都要不回来了。"

案例7-2 加村8组贺大寸，现年68岁，有一个儿子40多岁。贺大寸1998年就开始不种田了，去国有农场承包了别人的鱼塘养鱼，把承包地都撂了荒，后来地又被愿意种地的村民捡了去。贺大寸的儿子是个混混，早些年跟着一个房产开发商在工地上收保护费，有了钱之后就买挖掘机请人开，自己当老板，中间有一次因为抢生意，和别人打架，脑袋被人砍伤，获得了50万元的赔偿，幸好没有大碍。现在贺大寸的儿子在楚市已经有好几套房子了，十来年前就把父母接到城里享福去了。现在全家只有贺大寸夫妻的户口还在村里，在其他村民眼中他们以后也不会再回来。事情的转折发生在加村的农户开始领粮食直补，即2005年之后，他们就回来把1997年时分给自家的田都要回去了，共18亩，之所以能要回去是因为贺大寸的儿子是混混，村里的人都不想惹事，他回来找捡了他们田的农户把田要回去也就没人敢不给。虽然把田要回去了，但他们也没有自己耕种，而是交给贺大寸的弟弟耕种，但是粮食直补由贺大寸一家领。他把自己的屋场、林场都平了用来种树。

案例7-3 加村6组吴树全，现年73岁，儿子现年44岁，儿子年轻时在南京开货车认识了南京本地姑娘喜结良缘，将户口迁到南京并在南京落户。2008年吴树全的儿子把他和他老伴接到南京生活，给他们在小区里弄了一个小百货商店打发时间。现在只有两个老人的户口在农村，他们在村里还有7亩地和一块宅基地。据吴树全的邻居季云说，他们不差钱，不想把地便宜永久性地转让出去，"要占着地皮等政策（想等着好政策换个好价钱）"，于是在这些土地上种上了苗木，这样心里踏实。

案例7-4 加村6组吴树新，现年80岁，有三个儿子，老大在南京定居，在南京有车有房；老二是县城一所师专的教师，在县城有房有车，从没种过田；老三是公安大学毕业的，现在是楚市一个派出所的所长，在楚市有车有房。老三在楚市定居后，就把父母接到楚市生活，还给二老单独买了套房子，为了让二老住得舒心。二老进城生活都已经有近20年了。全家只有两个老人的户口在村里，户头上有2.5亩承包地，但是吴树新进城生活之前就不种田了，那时候还交费，不划算，田现在早被别人捡去种了。这一户的"逆流"与前三户相比倒显得有些被动。吴树新一家本不知道自己家在村里还有田，对他们来说这2亩多田要不要无所谓，但是，2015年加村开展土地确权工作时，发现这个田除了确权给吴树新或者村集体之外，确权给谁，别人都有意见，因为吴树新撂荒的这几块田现在种的人和之前种的人不一样甚至以前也不只一户种过，谁都想要，确权给谁都要扯皮；又不能确权给集体，集体不能留机动地。所以村里能想到的最好的办法就是确权给吴树新本人，新鲜的是，吴树新本人都不知道自己居然还能有地。虽然这2亩多地的承包经营权给了吴树新，但他并没有急于行使权利。这2亩多地在实践中的状况同之前并无差异。

以上四个案例共同体现出来的核心特征是："准市民家庭"正在朝着彻底城市化的反方向发展。不论是本没有承包地的"准市民家庭"重新获得或者致力于获得承包地的过程（如案例7-2和7-4）；还是有承包地但没有直接行使经营权的"准市民家庭"收回让渡出去的自己具有经营权的地（案例7-1和7-3）。这两种情况都意味着脱钩型半城市化状态下的农民家庭，从渐渐与农村的关联度越来越低直至实现彻底城市化的趋势走向了其反面。

这两类在"准市民家庭"中发生的"逆城市化"现象事实上只是暗流涌动的冰山一角，若不是政策明确禁止户籍"非转农"，将户籍迁回农村的现象会比现在多得多；若不是原来的承包地已经彻底成了别人家的——上了别人的"土地承包经营权证"，而集体也没有可以再分的土地，回来要田的农户会更多。段镇巷村就有4户"准市民家庭"为了重新获得农村土地联合上访长达3年之久，但至今无果，还有一些半城市化家庭有回村要地的想法，却只是问问，没有行动。这种"逆城市化"的倾向构成了脱钩型半城市化状态下农民家庭从"准市民家庭"顺利向彻底城市化转变最显著的障碍。

（二）托举型与减负型半城市化状态下农民家庭进城资源的人为稀缺化

托举型和减负型半城市化状态下的农民家庭向彻底城市化转变虽然同样存在着户籍城市化的意愿不强这个问题，但这并不是他们所面临的最紧迫的困难，因为这两种半城市化状态下的农民家庭对农村资源还存在着直接的经济依赖，因此，保持与农村的制度关联对他们实现彻底城市化而言还发挥着重要的功能，这也是前文描述的农民家庭户籍城市化参与意愿不强的第一套逻辑，即为实现城市化目标提供保障的逻辑。

这两种半城市化状态下的农民家庭最显著的特征是，他们获取城市收入的能力与其跻身"三重中间位置"的目标之间还不匹配，因此还需要农村资源进行直接或间接的补充。对于这两种半城市化状态下的大多数农民家庭而言，他们向彻底城市化转变面临的最大困难是城市化资本不足。导致这种不足的除了一些无法在短期内改变的结构性现实因素，如劳动力素质、工资和整体的经济发展水平与就业结构等之外，还有一些可以改变的结构性因素。从这些半城市化状态下的农民家庭获取农村收入的过程来看，这些因素集中表现为人为的致使农民家庭的有限资源进一步稀缺化；从他们获取城市收入的过程来看，这些因素集中表现为农民工劳动权利问题、工资拖欠问题等。学界和媒体及政府对"民工权"和"拖欠农民工工资"这类问题已经进行了广泛关注；相反，对于这些农民家庭在获取农村收入时的困难，大部分仅止步于小农的农业生产模式这一笼统的判断，而没有深入探究其细节，而这正是笔者力图挖掘的重要方面，也是笔者立足于农村的调查最容易挖掘的方面。

笔者认为，农民家庭进城资源的人为稀缺化过程主要发生在两个维度，一是农民家庭无法降低农业生产成本对进城资源的耗散，二是能够帮助农户实现收入增长的规模扩张正在遭遇威胁。

从第一个维度来看，人为增加农业生产成本而对农民家庭进城资源进行耗散的具体内容主要包括以下几个方面。

第一，集体权力的弱化造成村民集体行动能力的缺位，进而导致楚市的农业集体灌溉——灌溉是作为水稻主产区之一的楚市最重要的农业生产主题之一——瓦解在绝大部分农村中发生。笔者调查的这 4 个行政村无一例外。个体水利需要农民打井、挖堰、买潜水泵、买电线、买水管、买电，还得买水甚至抢水，并且这些设施都有使用寿命，有些需要年年更新，抽水排涝等不仅显著增加了农民进行农业生产需要投入的直接经济成本：段镇巷村的 9 组和该村的 6 组形成了鲜明对比，个体水利的 9 组每亩稻田每年需要投入的灌溉成本在 150 元以上，而实现了"一户一块地"的 6 组形成了同一水域片区自发组织灌溉的农田水利方式，每年每亩稻田只需要 50 元左右的灌溉成本；还增加了农民需要投入的时间成本。第二，对接小农的基层农业服务组织体系的瓦解，成为不断革新的农机、农技等公共服务进行推广的"最后一公里"困境，从而导致无法有效降低农民的生产成本，也无法降低农业生产所面临的病虫及其他自然灾害的风险。第三，集体土地所有权被"承包经营关系三十年不变"甚至"永久不变"的相关法律和政策架空，使得农户经营的农田细碎化的问题一直无法得到解决，正如前文所述，农地细碎化为农业生产带来了诸多不变，并在客观上增加了农民田间管理的困难和成本。

更让这些农民家庭无奈的是，不管是他们自己还是村集体似乎都拿致使自己进城资源人为稀缺化的任何一个因素都毫无办法，进城资源的人为稀缺化在村庄中渐渐被默认成农民生产生活的正常状态，以至于少有人来探究，或者即使看见了也只是认为这就是小农农业经营模式自带的弊病。农机、农技等公共服务的"最后一公里"困境就是典型表现，"整一个种植大户，比对接数百个小户容易得多"。农业灌溉和农业机械化也是如此，规模成本递减，这么简单的经济学原理不用去看也是如此，农民觉得灌溉成本高，肯定是因为其种植的规模太小。不论这些观点是否成立，小农农业在当前农民家庭的城市化实践中仍然发挥着不可替代的作用，这一点是不用否认的。

从第二个维度来看，对农户农业经营规模扩张构成威胁进而导致农民家庭进城资源出现人为稀缺化的力量主要有三股。

第一股力量来自脱钩型半城市化状态下的农民家庭近些年出现的"逆城市化"倾向，他们甚至开始收回原来给托举型和减负型半城市化状态下的农民家庭让渡出来的经营权，如案例 7 - 1。第二股力量来自实现经营规模扩张需要负担的虽然不算高但对于并不丰厚的农业产出而言往往也很重要的租金，这些租金往往被脱钩型半城市化状态下的农民家庭拿走，而事实上，他们在乎的并不是这些租金，而是在收租金的过程中对自己的承包地所享有的权利，并且这个租金在第三股力量的冲击下还有进一步增加的趋势。第三股力量来自农业产业化资本化，即工商资本在农村规模化地流转土地，这使托举型和减负型半城市化状态下的农民家庭可扩张的土地规模被大幅挤压，并且还面临着需要将自己的经营空间让渡出来的极大可能性。前两种力量将直接减少农民家庭从农村中获取收入的空间，后一种力量的作用还需再考察——"资本下乡"号称"让农民一方面能获得土地的租金收入，另一方面能获得流转其土地的农业企业的分红，最后还能将自己从土地上解放出来获得务工收入、不能外出务工的也能被反雇从而在地获得务工收入"使农民增收——真实性和可靠性之后才能进一步加以判断，笔者在后面会对这一问题进行阐述。

不过可以得出的结论是，在这三股力量的共同作用下，农地实践正在偏离"耕者有其田"及其维护的因各种原因的限制而没有抑或没能进入或者没有完全进入城市劳动力市场的农民提供获得和增加收入的方向。因为减负型和托举型半城市化状态下的农民家庭中留在农村的家庭成员没能进入城市劳动力市场具有很强的客观性，他们并非可以在务工和务农间自由选择的群体，这取决于两个方面的因素，即受制于年龄和技术水平，中老年劳动者在城市劳动力市场中已经没有竞争力，甚至已经被甩出了城市劳动力市场；此外，还受制于家庭致力于实现收入最大化和开支最小化而形成的生产生活安排，这部分因素集中体现在负担着带孙子或赡养老人等家庭责任的中年人身上。农地实践偏离"耕者有其田"对这部分农民家庭而言，意味着其家庭收入中的劳动所得及其增长空间被压缩。这些劳动所得及其增长空间对于那些对农村资源还存在依赖的半城市化农民家庭而言，不仅能满足家庭成员的生存需求，间接地减轻农民家庭进城的资源压力，还能为农民家庭成员进城提供必要的资金支持。既然劳动所得无法增加，甚至还在相对减少，那么一些学者提倡的增加农民的财产性收入真的能实现吗？让这么多农民都当"地主"来收"资本家"的租，或者通过变卖土地走出资本匮乏的境地，可能吗？

（三） 家庭发展秩序下老年人的养老危机

除脱钩型半城市化状态下的农民家庭之外，绝大多数以跻身"三重中间位置"为城市化目标且还在为之奋斗的农民家庭都存在着诸多困难，首先是进城资本匮乏，其次是在城市获取收入的能力同跻身"三重中间位置"所需的诉求不匹配，最后是农村底层社会遭遇各种社会资源匮乏的全面挤压，这三者相互交织，使农民家庭进入城市具有迫切性。在这种迫切性之下，农民家庭在实践中形成了促成代际流动的"家庭发展秩序"，即年轻人发展、中年人支撑和老年人自养，整个家庭的资源整体性地向年轻人倾斜。农民家庭在城市化过程中遭遇的资本匮乏压力使整个家庭陷入一种资源紧张的氛围中，家庭资源向年轻人倾斜的前提是，年轻人是整个家庭发展的重心所在，因此我们在调研中经常看到，中年人拼命劳动挣钱却把大部分钱用来给儿子在城里买房；年轻人也具有支配处于紧张状态的家庭资源的合法性。

然而，养老却不是农民家庭的发展性议题，因为养老对本就紧张的家庭资源产生的耗散在农民家庭追求发展的过程中不具备合法性。因此对所有从半城市化状态向彻底城市化转变过程中存在资源紧张的农民家庭来说，"家里的老年人怎么办？中年人老了以后怎么办？"都是非常敏感的话题，谈论它们也极容易挑起家庭矛盾，所以常常也是讨论农民家庭向彻底城市化迈进的过程中存在的困难时不可忽视的重要主题。

"老年人自养"在很大程度上缓解了家庭成员间的紧张感，成为农民家庭当前默认的一种养老秩序：农村中绝大部分老年人都在自养，且农村中的许多中年人对今后自己的老年生活也进行着"自养"的筹划。所谓"老年人自养"，从字面上来说就是老年人自己养活自己，老年人以自己尚且还有的一点劳动能力在农村养活自己不成问题，但是往深追究就会发现其中的问题，最根本的问题是"养老"不是"能养活自己"就行了，以往的家庭养老包括情感照料、生活照料、生存照料等全方位的关怀。在"老年人自养"的秩序下，老年人只能依靠自己解决生存照料的问题，在这个过程中夹杂着对老年生活的恐惧：恐惧自己不能动的时候该怎么办，更恐惧自己生病了怎么办。

"老年人自养"的另一层意思是老年人几乎从依赖家庭养老的模式中退出，并且这种退出在农民家庭跻身"三重中间位置"的过程中表现为整个家庭的无奈和老年人的自觉，笔者并不否认对老年人进行关怀的传统伦理秩序正在瓦解，只是这种瓦解往往使得老年人脱离家庭养老的模式变得更加不可逆。

老年人对家庭养老的脱离主要体现在三个方面。一是单独居住，"老年人独居"已经成为楚市农村中普遍的现象，老年人总说"不愿意与儿子、孙子一起住，大家习惯不同，老年人睡不着觉，身上又脏，怕孙子们嫌弃，还是自己住着自在"。更何况很多老年人的儿子、媳妇孙子并不在身边，他们或者常年在外打工，或者已经搬进城市生活了，老年人总说自己还能劳动，不需要家人天天守在身边。二是单独吃饭，老年人对此也有说辞，"你喜欢吃硬的，我喜欢吃软的，你习惯一日三餐，每餐准点，但是我习惯一天吃两顿，上午一顿，下午一顿"，但老年人单独吃饭需要以一定的生活自理能力为基础，一般当老年人丧失自主照料能力时，还是需要回归到家庭中养老。三是自己劳动进而从资源中脱离，农村的自留地、旱地、开荒地、堰塘、渠道，甚至是老人住的简易小屋，都可以成为老年人劳动的生产资料，捞鱼摸虾，种点绿豆棉花，再喂几只鸡鸭，生活总的来说也还过得去。

老年人对自己"老来加活"的生活状态并没有不满，问他们"您怎么不让儿子给点钱呀"，他们总说"儿子还有自己的儿子要管，儿子们也不容易，累死累活的，不想给他们增加负担，自己有手有脚，又不是不能动"。但老年人自己劳动的前提是有劳动能力，再就是老年人不能生病，一旦生病，老年人自己的劳动所得就远远不够用，当老年人生病和丧失劳动能力的时候，就产生了对家庭资源的需求。

只是，排除老年人在维系家庭养老的伦理秩序瓦解之后对"养儿防老"的不信任情绪，笔者在楚市许多村庄的调查与笔者在自己家庭的生活中的另一个非常显著的感受是，相比于老年人不信任家庭养老的心理，他们不愿意拖累子女、不愿意成为子女乃至整个家庭的负担是更为常见的心理，不少丧失生活自理能力的老年人常挂在嘴边的话是"我活得太久了，老不死，总不死，孩子们也跟着受累"。笔者曾撰写过一篇回乡记，提出了一个困扰笔者一整个春节假期的疑惑："到底是什么，让一个操劳一生、本该在晚年享福的老年人自卑到自觉多余"。很多学者认为原因是"孝文化"的瓦解，但笔者总觉得事实不止于此。老年人在退出家庭养老的过程中凸显出极强的自觉，甚至为家庭结束生命。2014 年 11 月笔者在楚市附近一个地级市的农村调查时得知，村里的一些老年人都在床底下备着一瓶"助壮素"，这是一种有着剧毒的农药，一元钱一瓶，一瓶致命，药物反应时间非常快，这个现实震惊了笔者和笔者所在的调研团队很久。在老年人看来，整个家庭已经在追求发展的过程中不堪重负了，对"家庭发展目标"有着深刻共识的老年人发自内心地不希望成为子女的负担、不希望给家庭发展"拖后腿"，他们几乎是把自己能做的都做了。

在追求城市化的过程中，农民家庭中老年人的养老状态可分为截然不同的两个阶段：一个阶段是没有大病且还有劳动能力的阶段，一个阶段是生了大病或者丧失了劳动能力的阶段。在第一个阶段，老年人自养的模式还可以维系，但到了第二个阶段，老年人养老危机就会凸显，最极端的表现是近些年频繁发生的老年人的非正常死亡。

在当前的经济社会发展水平和农村老龄人口压力的双重限制之下，作为接替传统家庭养老模式的社会养老模式难以在短期内实现快速、高水平的覆盖，国家为农村老年人建立的新型农村社会养老保险一个月发的几十到上百元的养老金也不足以消除老年人对养老的第二阶段的恐惧，他们一样怕生病、怕卧床不起。

老年人在家庭养老模式渐衰和社会养老模式新生不力的夹缝中，为了不给正在追求发展的家庭造成拖累，依靠自己生存着，他们有钱吃饭，没钱看病，他们过着自觉、自卑又脆弱的"自我养老"的生活。老年人自养及其背后正在发生的深刻的养老危机成为农民家庭从半城市化向彻底城市化转变的伦理负担和另一个重大困局。

二 推进彻底城市化的涉农政策目标与效果之间的错位及其生成机理

我国人口城市化水平不高，现代规模农业也一直难以获得发展所需的人地关系的客观基础。我国人口城市化水平不高的主要表现并不是第二、第三产业在整个国民经济中所占的比重低，而是大量农业转移人口虽然当前在城市就业，却没有在城市稳定地生活下来，即他们的城市化状态不稳定。另外一个现象是进城务工的劳动者自己虽然进入了城市并成为城市的常住人口，但是其家庭中的其他成员，比如他的父母、小孩，甚至他的妻子，仍然还留在农村。

在农民家庭城市化的完整实践之外，以上就是大多数人看到的中国当前人口城市化的真实状态。但是，就笔者以农民家庭为单位进行的调查研究来看，这个真实状态只是农民家庭城市化完整实践的很小的一部分，甚至只是附在其完整实践表面的现象，它们构成了"半城市化"这一概念生成的重要基础，然而半城市化背后更加丰富的内容、经验内涵、理论意涵、合理性、存在的问题等，却很少被从农民家庭的城市化动力、目标等立场出发进行深刻的解读。然而，在没有对这些进行深入研究之前，如何推进进城农民的"彻底城市化"或者"市民化"，已经成了当前政策研究最热门的主题之一。

我国进入快速城市化阶段以来，积极推进人口城市化的战略在许多中央政策和地方政府实践中均得到彰显。由于笔者调查视野的限制，这里仅选择几个极具代表性的推进人口彻底城市化的涉农政策，结合农民家庭的半城市化实践状态进行分析，重点要探究的问题是，究竟这些力图推进农民实现彻底城市化的各种政策是否真的实现了其政策目标？

（一） 耕者与非耕者："还权赋能"对彻底城市化的反作用力

"还权赋能"是始于成都的农村土地制度改革试验，该试验因其显著的私有化倾向迅速在全国获得了极高的知名度，也引来了以周其仁、华生和贺雪峰等学者为代表的各派著书立说，在学界展开了关于我国农村土地制度改革方向的激烈争论。笔者试图从农民家庭当前的半城市化状态这一客观现实出发，对"还权赋能"的农村土地政策进行再理解，并从半城市化的立场出发对这一改革主张的政策结果进行解读。

"还权赋能"的核心要义是使农民家庭对自己承包经营的农地和自己居住的房屋及宅基地拥有更大的权能，包括"还权"和"赋能"两个内容。具体来说，前者指的是让农民家庭对手中的各项农村资源享有更完整的产权；后者指的是只有拥有了更加完整的产权农民才能实现"资源变资产、资产变资本"，即通过产权流转或永久转让来增加农民家庭的财产性收入，并赋予农民自己从土地上解放自己的自由。

"还权赋能"的农地改革始于成都市城乡统筹的改革试验，成都市的城乡统筹始于 2003 年，"还权赋能"的提法始于 2008 年。汶川地震灾害后的城市重建、"举国之力"形势下汇聚的大量资源给当时的城市建设带来了显著的用地压力。"占补平衡"的耕地政策即被征占耕地的面积和质量要以同等面积和质量的新增耕地来平衡、"增减挂钩"的建设用地政策即城市增加的建设用地与农村减少的建设用地相挂钩。这两个土地政策赋予成都市化解用地压力极大的政策空间。成都市在当时采取的具体做法，一是在"占补平衡"的要求下进行国土整治，新增耕地，并尽可能新增高质量的耕地，这一做法并不能为城市新增超出国家规定的用地指标；二是在"增减挂钩"的要求下进行农村住宅整治，也称为"村庄整治"，让分散居住的农户集中居住，也称为"迁村腾地"，即减少农村建设用地的实用面积，并将腾出的农村建设用地复垦，这一做法能额外增加城市的增量建设用地指标，但是"迁村腾地"意味着需要在农村大拆大建，需要耗费极大的成本。这两个具体实践都需要巨大的资源来撬动，国土整治的成本约为2.5万元每亩，村庄迁村腾地的成本远高于此，甚至是这个成本的数十倍之多。政府自然是拿不出这么多钱来，于是通过让资本购买农村腾出的指标获取"证书"后才能参与城市新增建设用地的"招拍挂"——通过"地票交易"让需要用地的工商资本先购买用地指标——这一办法获取村庄整治的资本，因此才会存在"购买指标"这类城市建设用地扩张的土地实践。有学者称之为"让农民分享快速城市化进程中的土地增值收益"（周其仁，2013：168）。

在农民进城并致力于跻身"三重中间位置"的城市化实践中，其面临的最大的现实困难是资本匮乏，造成资本匮乏的症结在于农民家庭的收入水平低下，对这一问题的解释有两种不同的观点，一是与市民家庭相比，农民家庭的劳动力素质偏低；二是与市民家庭相比，农民家庭缺乏财产性收入。在第一种解释的进路下，农民家庭解决资本匮乏这一困难的出路是数十年甚至上百年的教育大计，提高劳动力素质，但与此同时，也需要国家具有相匹配的经济发展水平和产业经济格局，以提供就业机会，如此才能与数量庞大的具备高素质的劳动力相匹配。在第二种解释的进路下，找到农民家庭缺乏财产性收入的根源是解决农民家庭进城资本匮乏的关键，不少学者认为，农民家庭拥有的资源很多，比如耕地、宅基地、住房、林地、水面等，只是这些耕地和水面等资源除了每年产出微薄的收入之外，没办法为农民家庭进城创造更多的资本；更不消说宅基地和住房除了被居住使用之外，压根就不会为农民家庭带来任何财富。

"为什么农民家庭拥有的资源不能变换为资本"是困扰许多学者和提倡改革的政策研究者的一个大问题。最早提出"还权赋能"这一改革主张的是成都市有着多年房管工作经验的干部周鸿德，在多年的房管工作中，他认为城市市民的房屋可以抵押贷款，而农民家庭的房屋却不可以，这是不公平的，应该让农民也可以用自家的房屋办理抵押贷款，这样才能使农民将其所拥有的资源变换为资本，但前提是要让农民对其房屋拥有像城市居民对其住房同等的权利并持有相对完整的产权证书（周其仁，2013：172—174）。这一主张拓宽了制度经济学对我国农民家庭如何将资源变资本的想象，也使制度经济学找到了为何农民家庭拥有丰富的资源却仍陷于资本匮乏的关键，即制度没有赋予拥有这些资源的农民家庭以明确和完整的产权，因而农民家庭所拥有的这些资源无法进入市场中流通，进而无法实现其合理的市场价值，这限制了其拥有者获取财产性收入的能力。

还有学者指出，现行的土地制度对农民实现彻底城市化来说，最大的障碍在于没有承认农民可以在集体所有制的土地中"自由进退"的原则（文贯中，2014：71—74）。"改革现行土地制度的路径，其要点是真正承认自由进退的原则，即允许希望退出土地集体所有制的农民带着包产到户下所分的那份土地退出，并保证其对土地的拥有、出租、转让、抵押、收益，乃至买卖的权利。同时，在资源的基础上允许其他农民继续保留现行的土地集体所有制。"（文贯中，2014：71—72）然而，在现行的土地制度下，"即使退回土地，因土地所有权属于集体，农户并不能得到补偿，所以绝大部分外出打工者并无积极性向村里交还土地"（文贯中，2014：91—92）。农民不交还土地，意味着他们必须保有作为村集体经济组织成员的身份，说白了就是把户籍继续留在村里维持着作为本村村民的制度身份，这限制着进城务工甚至是进城居住的农民实现彻底城市化，也限制着留村种地的纯农户成长为种田大户，即使成为大户"也随时可能逆转"，进而限制着他们创造进城所需的财富。

成都市"还权赋能"的农村土地制度改革在很大程度上与"自由进退"的土地制度主张相吻合，在本质上它们都主张扩大农民家庭对土地的私权，虚化当前的土地制度赋予村集体的所有权。它们都试图通过建立城乡统一的土地要素市场，一方面，让进城务工的农民通过将手里掌握的农村资源变资本，解决进城立足的资本匮乏难题，推进农民的彻底城市化；另一方面，在推进农民彻底城市化的同时，同步推进农村土地要素在市场规则的引导下实现流转与整合，即实现由过密化农业向高劳动生产率的效率农业转变。两个方面相辅相成，没有后者，前者无从谈起；没有前者，后者也难以实现。

因此，建立一个城乡统一的土地要素市场，将农民家庭从产权不清的土地中解脱、让他们能够在健全的土地要素市场中实现资源变现，增加他们进城的资本，走出一条"人往城走、地随人转、钱从地出"的推进农民实现彻底城市化的路子，这是"还权赋能"的农村土地制度改革最重要的政策目标之一。然而，这一政策所面对的却是一个政策对象存在显著异质性，以及与政策环境不甚相符的客观现实，将这一政策的实践过程本身与不同的政策对象群体相结合进行分析时可以发现，该政策或许仅仅只是迎合了部分农民的政策主张，而对于大多数半城市化状态下的农民家庭而言，这"并非好事"，且该政策在具体执行过程中确实遭遇了环境的冷遇，以致搁浅。因此，在对"还权赋能"的政策后果进行描述的同时，笔者将分别对"还权赋能"的政策环境和政策对象进行分析。

"还权赋能"面对的最真实的政策环境是当前我国发展中国家的社会经济发展阶段以及农村人口基数过大与全国人均收入水平过低的基本国情。在这种政策环境下，想让占全国人口大多数的农民都依赖土地的流通价值的尝试遭到了冷遇。

笔者曾在鄂东一个地级市的改革办公室实习两个月，该市是全省力推的农村综合改革试验点之一，其中最重要的改革就是"还权赋能"并为此建立农村产权交易平台。该平台总共交易 10 多例之后，因 2015 年城乡建设用地挂钩的指标交易陷入困境，整个交易政策被暂停，该平台最终形同虚设。指标交易被暂停的原因是，社会资本普遍觉得 16 万元一亩的指标交易费用过高，而市场行情不好，因此没有再增加购地成本的必要，然而在 16万以下进行交易又很难担负迁村腾地、让农民集中居住或者进城买房和宅基地复垦等一系列环节所需的成本。然而农村和农民的热情却较高，不用自己掏钱就可以住进新农村，这种机会不要白不要，即便不住新农村，也能通过村集体的指标交易分得属于自己的权利收益，这与学界和政策部门一直以来倡导的"让农民通过出售农村宅基地、住房及流转承包地来获得进城购房费用"的建议（贺雪峰，2014a：68）相吻合。基层迁村腾地一片火热，然而腾出的指标就是没有人来买，指标卖不出去，资金就没办法回笼，负责向农民和农村提供抵押贷款和项目建设贷款的银行纷纷退出，基层迁村腾地的资金来源出现了问题，指标交易只能暂停。试图给予农民极大的资源变现能力以推进农民向彻底城市化转变的"还权赋能"在这个地级市的试验中的确失败了。

重庆市鼓励农民用"三件衣服换五件衣服"，从本质上来讲是在"还权赋能"的进路下让农民拥有在土地中"自由进退"的"自由退出"。让农民自由退出的实现方式是"有偿退出"，即"用土地换户籍"，"农民若放弃农村承包地、宅基地和房屋产权，就可以获得城市户籍的五项保障，从而获得与重庆市民一样的待遇"，然而"很少有农民参与其中"（贺雪峰，2014a：67），即政策对象的参与积极性不高。在农民的理性算计中，"五件衣服"对农民家庭的保障程度不如"三件衣服"靠得住。

被冷落的"还权赋能"还面对着具有显著异质性的政策对象，这使得"还权赋能"的农村土地改革政策不仅没有切实推动农民实现彻底城市化，反而起到了反作用力。农村耕地权力最根本的有两个，一是包括自由进退权在内的土地所有权，二是以农业生产资料为核心内容的承包经营权；农村建设用地权力最根本的也有两个，一是以强调自由买卖为核心的所有权，二是以生活资料为核心内容的使用权。

当前的农民群体至少可以被区分为两个特征迥异的群体：一是耕者，二是非耕者。对应到半城市化状态中，耕者对应的是对农村资源还存在直接依赖的托举型和减负型半城市化状态下的农民家庭；非耕者对应的是当前及今后将不再对农村资源存在直接依赖的脱钩型半城市化状态下的农民家庭。对农村各项资源还存在着预防性依赖的后路型半城市化状态下的农民家庭是可能成为耕者的非耕者，因为他们随时可能出现部分家庭成员退回农村这一转向。这两种不同类型的农民群体对土地的权利主张存在着质的差别，尤其在相对于城郊村和城中村以及各类明星村等村庄而言不具备任何区位优势和政策优势的占绝大多数的普通农业型村庄中。笔者所调查的楚市的这 4 个行政村就是这类普通的农业型村庄，这种质的差别体现得尤其鲜明。

具体说来，耕者主张的是耕地的承包经营权及其完整性和集体建设用地的使用权；而非耕者主张的是对耕地和集体建设用地的所有权。所以才会有"准市民家庭"越来越显著的"逆城市化"冲动，"还权赋能"主张私权，事实上是"准市民家庭"出现"逆城市化"倾向的政策温床。因为，对这些非耕者群体而言，农村各项资源作为农业生产和生活资料的效用价值是不值一提的，然而，在各种"还权赋能"政策的鼓动下，他们只会越来越不想放弃农村的"一亩三分地"。"有着"又没有什么损失，倘若以后政策更好，"没有了"才真的是损失，所以说什么他们也要保住对农村各项资源的权利，这些权利最好能私有化，其坚决地保留着与农村的制度关联，甚至不惜代价与农村恢复经济关联。由此，这些距离彻底城市化已经非常近的农民家庭，原本应该在家庭及其成员的生命周期的联合作用下自然实现向彻底城市化转变，却为了等待政策契机，人为拉长了这个过程，而使得这个转变变得更困难。

对耕者而言，"还权赋能"是造成其进城资源人为稀缺化的重要政策导向，在实际耕作过程中，耕者对集体行动和种植规模扩张的空间及其成本存在特殊要求，即越整齐划一越好的共同诉求和越低越好的租金及向村庄内部释放的土地资源。而非耕者以其对土地依然享有的权利却在其中搅局，比如租金需求的出现及其上涨趋势、土地的非粮化占有、在集体行动中的消极参与等。这种搅局使作为耕者的农民家庭走向了彻底城市化的反方向，只是对耕者的反作用力在"资本下乡"的政策实践过程中体现得更为突出。

（二） 农业与农民："资本下乡"对彻底城市化的反作用力

2000 年，时任监利县下辖乡党委书记的李昌平上书总理，说"农民真苦、农村真穷、农业真危险"，自此"三农"问题每年都是中央一号文件着重讨论的核心问题，给农民减负、增加农民收入一直是最重要的目标之一，为此，自上而下开展了很多颠覆性的改革和尝试，其中取消农业税费的改革就被农民称为是"千年等一回、种田不收税"的好政策。然而，取消农业税费的改革并不能从根本上改变"农村真穷"的面貌，于是"以工业反哺农业""以城市反哺农村"的政策主张应运而生，即将城市工商业在长期的发展中积累的人力物力财力和科学技术引入农村，这被概括为"资本下乡"，以提高农业生产效率、增加农民收入。

"土地流转"和"规模经营"与"资本下乡"相对应的具体实践，其中"土地流转"必须面对存在强异质性的小农家庭。这里的异质性主要是指土地对于农民家庭不同的效用价值，在不同效用价值下，农民家庭对土地租金的要求存在差异。具体来说，托举型半城市化状态下的农民家庭对流转租金的要求最高，且存在刚性，因为只有达到相对高价时，农民才会同意将土地流转出去；脱钩型半城市化状态下的农民家庭对流转租金的要求最低，且富有弹性。"规模经营"又必须面对土地细碎化的难题，土地细碎化与异质化的小农家庭相互交织，给"资本下乡"进入农村进行"规模经营"设置了较高的"土地流转"的价格门槛。本来在土地使用方式受到严格限制和管理的法律架构中，这个门槛很可能成为工商资本下乡经营农业的绝对屏障，因为在高土地流转价格下进入农业必然意味着亏本，然而政府的介入使事情发生了变化，即资本经营农业的模式正在各地推广、盛行。引起这种变化的主要有两个因素，一是政府以项目资金扶持，消除工商资本面对高租金时存在的犹豫；二是工商资本获得规模土地的经营权后，通过土地使用方式的"非粮化"甚至"非农化"提高投资的利润率，使自己在支付了高流转租金之后还能确保收益。下面，笔者分别举几个案例对这两种情况进行分析，看看它们背后到底发生了什么？它们对推进农民实现彻底城市化产生什么样的影响？

2014年年底，烟镇加村承包了精养鱼塘养鱼的村民们伤透了心，到腊月二十九了，鱼塘的水都放得差不多了，鱼都用网子围起来了，就等着鱼贩子来买，可就是没有人买，好不容易联系到了人，人家又拼命地压价，笔者亲历卖鱼现场，养鱼的人给鱼贩子说着好话，递烟端茶。再不卖出去，鱼就要再养一年，那就太大了，更不好卖，并且今年的投资收不回来，还欠着卖鱼饲料的老板数十万的债，年关都在催债，养鱼的农民要靠卖鱼弄点钱才好过年。笔者的一个深度访谈对象是从 1997 年开始养鱼的，直到 2011 年，基本上一直有很好的市场行情，稳赚不赔，有鱼塘的农户在所在村庄的家庭经济条件至少在中上水平，比有些外出务工的农民家庭的收入还要高。但 2011 年以来，鱼的市场行情开始走下坡路，过去没有和鱼贩子建立好交情——好的交情往往能保证养鱼户在行情不好的时候还能获得相对其他养鱼户来说的好价钱——的养鱼户在 2011 年就开始出现亏损，养鱼户们以为这或许只是短期的市场波动，紧接着 2012 年情况相同，2013 年也这样勉强过去，到了 2014 年，已经到了养鱼户无法承受的地步，因为鱼贩子能开出的鱼价与同他们关系最要好的养鱼户都无法接受了。2015 年春节过后，养鱼户们纷纷犹豫，最终决定放弃继续养鱼。正打算把鱼塘的水排干之后种水稻的时候，政府送来佳音。一个华中农业大学的硕士想回乡创业，养殖南美白对虾，这是一种海鲜，然而这里的精养鱼塘，过去都是养四大家鱼，是淡水产品，这意味着这个硕士要投入巨大的资金去改变水质。地方政府在加村宣传说，"你们反正养鱼也不挣钱，就把鱼塘租给这个人，又可以拿租金，还可以给这个老板打工，获得双份收入，比自己养鱼赚钱要可靠得多"。闻此，养鱼户纷纷打听租金和工钱，养鱼户算后觉得也还不错，一年至少可以有 5 万元的收入，还是比种稻谷划算，就答应了。这位硕士创业者流转了 40 多万平方米的精养鱼塘，一次性支付了 40 多万元的租金，并雇用了 20 个原来的养鱼农民，让他们每人负责 1 万平方米的水面，为了监督这些农民，以免他们磨洋工，安装了几十个摄像头。然而，2015 年 5 月才开始，到 2015 年 9 月底，就宣告破产了，因为，虽然南美白对虾有市场，但无法在当地的淡水环境下饲养，虾子长不大，也就不好卖。硕士创业者投入的好几百万元资金打水漂了，政府投入的几十万项目资金也没了踪影。留给这些养鱼户的除了需要重新还原的水质、土质，还有不知来年该怎么办的迷茫。

段镇巷村 2015 年在政府的推进下接了一个培育新型农业经营主体的中心工作，即一个城里的老板曾某来巷村流转耕地种植优质稻谷，本来计划流转 1000 亩，结果只流转到 600 多亩。主要是因为一些还在种田的老人不愿意转包土地，因为转包了他们就不知道去干什么。这个老板以一平方米/元钱一年的租金从农户的手中获得了这 600 多亩地的经营权，全部搞机械化种植，但是因为曾某并不亲自从事田间劳作，所以必须雇工。2016 年他就亏损了，他种的优质稻谷的产量低，虽然价格高一点，但是与农户种的普通水稻比起来在单位收入上差别不大。即便农户不计算自己的劳动报酬——往往他们也无须计算自己的劳动报酬，因为他们本就是劳动力市场中的极端弱势群体，甚至是被劳动力市场甩出的群体——每亩年纯收入也只在 1000 元左右，这个农业产出的收入显然难以承担 600 多元的地租和需要支付给雇工的工资。巷村的会计蔡某说："今年（2016 年）还算好的，毕竟第一年，曾某还有政府给的政策资金奖补、说不定还可以用项目'勾兑'，但明年、后年就难说了，十个老板九个跑，这个也不会例外。"2017年 1 月 20 日，随州市某村的公告墙上张贴了一个公告，其核心内容是一个下乡搞农业的老板跑了路，理由是"年年亏损"。

2014 年 12 月，笔者在武汉市下辖的一个区做了 20 多天的调查，走访了十几家大规模流转土地的都市农业公司，其中规模最小的有 1000 亩土地，规模最大的达 4000 多亩，主要经营方式是将采摘农业与观光农业结合，利用省城的区位优势将第一产业附加上第三产业的价值，通过这种方式提高农产品的附加值来获得利润。但是这些农业企业没有一家完整地利用了如此大规模的土地，但他们为什么要流转这么大规模的土地？答案是他们需要用规模来争取地上附着物——建筑物——面积，规模越大，在固定的比例下，可以在流转来的土地上建设旅游观光设施或者农家乐设施的用地面积就越大。"除非旅游业能发展得好，否则剩下的这些被限制了只能用来发展农业的土地，你种得越多，亏得越大。"但是设施建成后，旅游业的效益迟迟不见起色，"雷同的太多了，虽然品种不同，你搞的是郁金香、我搞的是草莓、他搞的是葡萄，还有人搞的是洪山菜薹弄农家乐，但是真的没什么前景，接连亏损好几年了，政府每年都动员干部买'爱心水果、爱心蔬菜'①"。农民也心有疑问："这些老板怎么把我们的土地流转去了都荒着了？"这些农业企业对土地利用最多的只有 500 亩的面积，其余的都没有超过这个数，大量的土地都闲置了，农地的"非粮化""非农化"甚至直接闲置荒废的倾向非常明显。

在没有工商资本进入的时候，农户扩大经营规模虽然也需要支付一定的成本，但至少所有非耕者让渡出来的土地的经营权都还能在耕者之间遵照熟人社会的各种内在规则进行再分配，在各种条件限制下，为耕者提供了确保其获得收入的必要空间，这些耕者没有其他途径得到收入，而又承担着为整个家庭的发展性目标积聚资源或者至少是不减少资源的压力。在前文，笔者将之描述为靠近"耕者有其田"的农地实践。笔者接下来力图通过"资本下乡"情境下形成的以资本驱动的规模化农业经营模式和靠近"耕者有其田"的农地实践下的以老人农业和中农农业②为主要形式——虽然其内核仍然是小农农业，但并不能轻视一些中年农民正在扩张其经营规模，从而能实现适度规模经营的现实——的农业经营模式之间的比较，来鉴别到底哪一种农业经营模式与推进农民实现彻底城市化的目标更加吻合。重点比较以下三个方面：首先，两种经营模式对非耕者而言分别意味着什么；其次，两种经营模式对耕者而言分别意味着什么；最后，对两种经营模式的生产效率进行比较。

从农业经营的效率来看，上述的三个案例事实上都没有从经验上证明规模农业所具有的理论上的高效率。相反，老人农业和中农农业的精耕细作与不计劳动成本，反而可以带来农田的高产，小农在农业机械化的过程中也展现了其对农业机械极强的适应性。另外，因为从事农业的老人和中年人大部分没办法进入城市劳动力市场，因而他们从事农业生产的活动及

---

① 老板们积压的农产品卖不出去，就只能烂掉，这种事情上了新闻、见了报纸对谁都不好，就动员政府内部的人低价购买，能销售一些是一些，农业局的干部秦某说："这不是爱心蔬菜、爱心水果是什么？"

② 这里的老人农业和中农农业从本质上来说是以农业经营者的年龄为基础进行的区分，中农农业暗含着适度规模经营的意味。

其背后付出的艰辛劳动，都不能简单地以农业劳动力除以农地规模计算劳动生产率的方式来考量生产效率，进而据此做出小农农业无效率或者低效率的判断。

笔者力图在"资本下乡"实践中追问的另一个核心问题是，它是要解决农业低效率的问题，还是要解决农民增收的问题，即是农业问题还是农民问题？很显然在这种现实背景下，"资本下乡"经营农业是无效率的，这种"无效率"并非体现在生产环节，而是体现在资本的投资回报环节中，即高成本、低回报，甚至亏本。对于后一个问题，即"资本下乡"能否解决农民增收的问题还需要进一步考察。此外，既然解决农民问题的核心在于推动农民实现彻底城市化，需要考察的问题就可以转化为，"资本下乡"能否在增加农民收入的同时推动农民实现彻底城市化？

对非耕者而言，他们并不直接行使对农地所享有的经营权，并且他们在从半城市化向彻底城市化转变的过程中对自己所拥有的农村资源并不存在直接的经济依赖，因为他们，即脱钩型半城市化状态下的农民家庭，获取城市收入的能力已经与其跻身"三重中间位置"的城市化目标相匹配了。但他们并不排斥从土地经营权的让渡中获取收入，在"耕者有其田"的农地实践模式下，这些收入非常有限，具体来说，就是耕者向非耕者支付的每亩200元左右的年租。但在"资本下乡"的农业经营模式下，这些收入就会翻倍增长，具体来说，就是工商资本向非耕者支付的每亩600元到1000元的年租。"资本下乡"的农业经营模式对非耕者来说意味着其享有的农地承包权发生了显著增值，换言之，即其财产性收入得到显著增长。反过来看，农村各项资源对非耕者而言带来的增值将会使非耕者更加坚定地继续持有对农村各项资源所拥有的权利，而不是放弃它们而转向彻底城市化。

对耕者而言，由于各种原因无法进入城市劳动力市场，他们是直接行使农地承包经营权的耕者，因为获取城市收入的能力与他们跻身"三重中间位置"的城市化目标在当下阶段还不匹配，由此，在从半城市化向彻底城市化转变的过程中，他们是对农村资源存在直接经济依赖的农民家庭。

在"耕者有其田"的农业经营模式下，耕者除了能从自己享有承包权的那部分耕地中获取收入之外，还能——至少这样的机会就是留给耕者的——从非耕者不直接经营的土地中获取收入，这样的机会大多落入了托举型半城市化状态下的农民家庭这类耕者囊中。然而在"资本下乡"的农业经营模式下，耕者的利益明显是相对受损的，这表现为，耕者将失去非耕者让渡出来的农地的经营权及其可能产生的收入，而耕者失去的这些收益大部分重新回到了非耕者的手中。留给耕者的选择有两个：一是继续经营属于自己的那部分土地，但因为规模太小，这对减负型半城市化状态下的农民家庭可能不会带来太大的影响，然而对托举型半城市化状态下的农民家庭而言，他们就必须另谋增加家庭收入的路子，这个路子可以是发展农业兼业；二是放弃经营属于自己的那部分土地，流转给工商资本，自己外出务工或者给下乡经营农业的资本家打工，因为受制于自身劳动力的素质，他们往往选择后者。不管做何选择，托举型半城市化状态下的农民家庭都很难再获得他们在"耕者有其田"的农业经营模式下所能获得的收入，由此，支撑他们跻身"三重中间位置"的家庭经济资源将出现缩减，这显然不利于他们实现向彻底城市化的转变。

"资本下乡"带来的各种资源事实上并没有为真正需要它们的耕者增加收入，而是增加了并不依赖这些资源的非耕者的收入，而大多数非耕者在农村社会结构中明显属于强势阶层。"资本下乡"对彻底城市化的反作用力就体现在这些细微而又容易被隐藏的过程之中，它不仅损伤了农业的生产效率，而且对大部分真正作为耕者的农民不利，甚至可以说它造成的意外后果是"强者愈强，弱者愈弱"。

综上，与"还权赋能"如出一辙的地方在于，"资本下乡"的政策也在使农民家庭的半城市化实践向着彻底城市化的反方向用力。

三　推进彻底城市化的政策建议

当前许多旨在推进农民实现彻底城市化的政策没有真正抓住农民家庭

在进城过程中遭遇的核心困难和他们维持半城市化状态的深刻意涵，因而很多政策只是隔靴搔痒；还有一些政策虽然抓到了问题的关键，却因为操之过急或者对农民群体进行一刀切而使得政策执行的后果与其目标发生了显著错位甚至两相背离。在这一节，笔者力图结合农民家庭在城市化过程中的具体政策诉求，从半城市化状态下的农民家庭向彻底城市化转变的过程中存在的梗阻问题出发，并结合一些农村中正在开展的自下而上的实践提出有针对性的政策建议。

（一） 半城市化格局下的时势分析与城市化政策的基本导向梳理

半城市化格局的形成有其实践和理论上的深刻合理性。各种涉农政策和推进城市化的政策制定都需要立足于这个客观的时势，概括起来就是：农民家庭广泛地参与了以在城市立足下来为目标的城市化实践；但是在整体性资源匮乏的压力之下，半城市化的状态将长期存在，也就是说，绝大部分农民家庭仍然需要以农村为支撑点，仍依赖以土地为核心的农村资源。不过，随着城市化和工业化的不断稳步高质量推进，这些农民家庭也将逐步实现整体性移居城市并在城市体面生活下去的目标，即这些农民家庭虽然还生活在农村，但其未来生活安排是指向城市的。我们的城市化政策应该顺应这个时势，而不是与其背道而驰。

当前推进农民彻底城市化的政策话语概括起来主要有两大类：一是"以工哺农"，用国家转移支付和城市工商资本注入等资源输入办法以增加农民家庭的经济收入，其代表是新农村建设、美丽乡村建设和"资本下乡"；二是"还权于民"，即通过制度变革和新的制度供给赋予农民更大的权力，其代表是户籍制度改革和土地制度改革。

当前的城市化政策在这两种话语逻辑下形成了四种政策导向。一是要通过资源下乡，把农村建设得比城市更好的政策导向；二是要通过"资本下乡"、规模经营，在农村消灭小农的农业发展政策；三是不断强调户籍制度改革，着急让农民家庭参与户籍城市化的实践，尽快彻底又稳定地提升户籍人口城市化率的政策导向;四是不对农民加以区别,单纯强调增加农民权利的政策导向。

但是,当前的政策没有把握好两个至关重要的问题,以至于这些政策和资源不仅没有发挥应有的作用,还出现了不少吊诡的悖论和巨大的资源浪费。这两个问题分别是:当前普遍存在且客观上被需要的半城市化格局下,一些市场化和城乡一体化的改革措施是否顺应了时势,怎样才能顺应时势;当前农民分化现象已经非常明显,我们的政策应该增加的是哪一部分农民的收入。

具体到上述四个政策导向来说,这两个问题所产生的影响非常大。首先,要把农村建设得比城市更好的政策导向,没有尊重当前人口往城市流动这个时势,最典型的政策就是近几年各地盛行的旅游乡村建设,以及通过大拆大建和高大上的硬件设施配置推进的新农村建设。要把农村建设得比城市更好,让农村宜居,把人口留在农村;而各方面资源向城市倾斜,农村面临全方位的资源匮乏,农村人口渴望进入城市定居生活:后者作为客观现实,使前者的政策前景变得非常渺茫,试验失败以及资源闲置和浪费的现象在当前的乡建试验中很常见,河镇梅村新农村建设失败的案例就是一个代表。这种政策导向是非常危险的,我国的城市和城市化发展都还不足,哪里来的资源让农村比城市更有吸引力?

案例7-1 河镇梅村的新农村建设为什么是失败的?

2014年6月笔者在河镇的梅村驻村调查,梅村的村支部书记是县级市的人大代表、省劳动模范,完全称得上是楚市的明星村支书。这一切荣誉得来源于这位书记于2006年年底到2007年的一个大胆尝试。

河镇是一个典型的农业大镇,没有什么特色,在全市属于比较贫困的乡镇,梅村更是如此。梅村劳动力外流特别严重,梅村作为一个28户的自然湾,在20世纪90年代末外出务工潮刚刚兴起的时候,就只剩了10户在村里种田;2005年完善二轮延包的时候,出去的18户也只有8户回来要了田,不靠公路,也没有什么特殊资源的梅村除了贫困也没什么特色了。2006 年，梅村书记决心建新农村，他说，"农民资产要想增加，只能通过社会把农民资产纳入市场才可以"，"村民有抵押贷款的需求，比如养鱼的要买鱼饲料，很可能就要上 10 万的钱，拿不出钱来就需要贷款。但是，农村的房屋、土地都不值钱，只能贷到相当于抵押物价值一半的款"。他也间接透露，当时在全市领先建设新农村最重要的契机是"迁村腾地"的政策信号。

梅村共有农户 158 户，新农村共建成独栋房屋 60 栋，截至笔者驻村调查的时候，交钱购买新农村房屋的只有 55 户，真正入住的约 50 户。梅村的新农村建设共耗费 445 万元，村民只需要花 5 万元即可获得一套新农村的房屋，通过村内自筹获得了 110 万元资金，其余的钱来自各级政府部门的项目配套，比如交通部门配套项目资金到道路建设中、民政部门配套项目资金到活动室的建设中、组织部门配套项目资金到村委办公场所的建设中、文体局配套项目资金到新农村篮球场等活动场所的建设中，等等，房屋建设和宅基地复垦等需要的大部头资金源于梅村的书记也不太明白的其他来源，总之"七还八还的，到 2014 年只欠银行 10 万块钱了，银行和政府也没催着还款"。梅村的新农村建设还有以下几点需要交代的。

首先，村民参与的积极性很低，不少购买了新农村住房的农户后来非常后悔，有好几户村民都觉得当时的 5 万元钱白花了。2007 年的时候楚市的房子还没有涨价，10 万多元就可以在楚市全款买一套房子。更多的村民选择去城市买房，他们认为就算是乡镇上的房子也比村里的强。"农村的房子建得再漂亮也是农村的，儿子不要，说什么也不要，买了新农村的房子之后还是得给儿子再到城里买，买了新农村的房子只能自己住，这有什么必要？我以前的房子也是楼房，还挺好的，即便不是楼房，住得也还是舒服的"。

其次，新农村只纳入了全村不到三分之一的农户，占地 42 亩，但只有一个自然湾原住房全部被拆除，腾出农村建设用地 150 亩，外包给邻村的一个有大型机械的农民，但因复垦出来的土壤肥力极差，复垦后好几年都没办法直接耕种，截至笔者调查时，该承包户也只是用这块地在种花生，但看上去像是一片荒地，不长作物。其余一些入住新农村的农户的原住房还没有拆，他们一方面希望政府能给补偿，另一方面，因为新农村不能饲养鸡鸭猪等，这些农户刚好利用原住宅作猪圈，用尚且完好的楼房养猪这等新鲜事笔者也是第一次见到。不管怎样，腾出并复垦的150亩土地基本上构成了梅村建设新农村最重要的资金来源。

再次，新农村不成规模，相应的公共服务与"旧农村"并无区别，最显著的表现有两点，即乡村教育依然空白、乡村医疗依然乏力。梅村从农业税费取消之后，就没有了村小，村里的学龄儿童要到乡镇的小学和幼儿园去读书，不少农户觉得乡镇的教育水平太差，直接把孩子送到县城甚至市里去读书。梅村的村医原本不是村里的人，他的妻子是梅村嫁过去的但是户口一直留在梅村没动，原来住的地方太破了，用来接诊也有些寒碜，借着梅村建新农村的机会，就搬过来成了梅村的赤脚医生，但这个医生白天都不在村里，只有晚上才回来，因为他在镇上还有一个小诊所，白天一般都在镇上接诊。其他没有搬进新农村的农户的公共品供给陷入了无人管的境地，他们不愿意搬进新农村，一方面为了省钱，另一方面主要还是觉得进城买一套房子更好，且不少农户已经在城里买了房子，但还是因为生产生活等各方面安排存在的需要在村里生活，他们一般有部分家庭成员还在村里生活，每逢下雨天，他们进出家门都会变得十分困难，税费时期修的晴雨路到现在已经又快变成土路了，向村里反映也不起作用，"上面"眼睛都盯着新农村，没人关心"旧农村"。

总之，河镇梅村的新农村建设面临着继续建设的资金匮乏、农民家庭进城的意愿高于进新农村的意愿等现实困境，且从已完成的新农村建设的效果来看，旧房和新房都存在着巨大的资源浪费，从更多的农民家庭将进入城市的这个未来趋势来看，这种浪费就更为明显。

消灭小农的政策导向也没有尊重当前参与城市化的大部分农民家庭仍然需要土地资源为支撑的现实需要，这个政策导向的后果已经在前文进行论述。

着急让农民参与户籍城市化的政策导向，对少部分准市民家庭，即脱钩型半城市化状态下的农民家庭而言是顺应了时势；但是，对大部分客观上仍然需要维持半城市化状态的农民家庭而言，这却是逆势而为的政策，因为保留着农村户籍是他们从制度上保障其家庭继续与农村保持经济关联的关键，在当前的制度下更是如此。

最后，不对农民加以区别就单纯强调要增加农民权利的政策导向，即把所有农民都视为弱势群体，立足于此形成的政策思路也很危险。且不论是城中村、城郊村还是普通农业型村庄，这样的一刀切其实也造成了损害大部分农民权利而少部分强势阶层得利的意外后果。

并且，第四个政策导向和第三个政策导向还存在着悖论，即本来是想让准市民家庭尽快完成户籍城市化的，结果不断强调"还权赋能"、增加农民权利，既然农民身份这么被重视了，那便没必要着急参与户籍城市化的实践之中。

总之，由于政策导向与半城市化格局下时势之间的错位，当前的城市化政策产生了一系列与政策目标相错位的后果。

那么，顺应当前半城市化格局的时势，我国的城市化政策应该产生什么样的政策导向呢？当前"以工哺农"和"增加农民权利"确有其突出的必要性，我们的城市化政策也只能在顺应当前时势的基础上沿着这两个维度发力。本书接下来需要做的就是在上文梳理的三个时势之中，结合政策话语，探索出推进城市化的正确政策导向。

本书认为，在当前的半城市化格局下，"以工哺农"的政策话语可以延展出以下两个政策导向。首先，应该在顺应当前"农村无前途"的经济形势下对被客观需要着的小农经济进行兜底保障，防止"谷贱伤农"，这是"以工哺农"可以操作的第一个政策方向，而不是各种逆势而为的"逼农致富"。其次，应该顺应当前人口大量外流而在农村中生活的主要群体老龄化的现实，对半城市化格局下形成的客观家庭发展秩序进行深刻认识，切实考察他们的困难，立足于现有的资源和提供福利保障的能力，为这部分农村人口提供可推广且更具现实意义的福利和文化供给，将乡村建设的基调定在一个更接地气——在维持乡村社会基本秩序和基本公共服务的基础上，尽可能缓解乡村社会在向城市社会转变的过程中承受的阵痛——的水平上。

同样，"增加农民权利"的政策话语也可以延展出一个政策导向。一定要清楚界定"谁是农民？谁是弱势农民？"这两个问题，只有弄清了这两个问题，才能知道当前的政策应该增加的是谁的权利，进而才能了解到这部分群体需要的权利到底是什么。简而言之，只有回答了这两个问题，才能回答"我们需要增加什么农民的什么权利？"这个问题。立足于本书对不同具体半城市化状态下的农民家庭在经济结构中所处的具体位置以及各自的地权实践进行的分析，笔者认为，当前的城市化政策应该充分考虑作为耕者的、半城市化状态下的农民家庭当前的权利主张，并用一种发展变化的眼光来顾全耕者的权利主张，最能起到这种作用的是强调集体土地所有权和耕者对土地的承包经营权，而不是强调非耕者对土地的各种权利，应该淡化甚至取消对非耕者的土地权利的伸张，如此才能避免类似"还权赋能"对推进城市化产生的反作用力。

下文将结合笔者所调查的楚市4个行政村自上而下的实践，试着提出两个更加具体的政策建议。一是通过有限的"以工哺农"的资金来重塑老年人的防老机制；二是通过土地制度改革来完善对集体所有权和耕者的承包经营权的保障。

（二）资源驱动与助人自助：家庭发展秩序下农村防老机制的重塑

老年人对家庭养老模式的脱离及其不可逆性，以及为数量庞大的老年人提供高水平的社会养老保障在当前的国家经济社会现实的限制下不切实际，那么是否能以较低的并且是政府和社会能够负担的成本，依托于一个家庭之外的组织在"养儿防老"之外重塑一个新的养老机制？在提出关于当前农村老年人养老危机的政策供给建议之前，笔者还有一个个案想在此分享。

2014年9月底10月初，笔者在加村和临近的贝村进行了为期10天的驻村调查，当时调查的主题是农村老年人的养老问题，选择加村和贝村进行调查的原因是这两个村里有许多其他村庄所没有的老年人协会。这两个村的老年人协会都成立于2004年，运转至今已经有10多年的历史了。这两个老年人协会，每年分别只有5000到10000元不等的运转经费，这些经费均源自一个从加村走出去现在成为一名大学教授的乡贤。当初创立老年人协会。意外的是，老年人协会竟给这两个村的老年人带来了不少的生活福利。老年人协会有自己的组织架构、硬件载体和运转办法。从组织架构来看，有1个会长、2个副会长再加7个理事会成员，老年人协会的管理者主要就是这10个人，重要的是，这10个人都是村内相对德高望重的老年人，比如老教师、老文艺骨干、老干部等。他们乐于成为老年人协会中各种活动的积极分子，不计报酬，一方面因为老年人协会付不起报酬，另一方面他们参与老年人协会本就不是一个市场行为。从硬件来看，老年人协会有一个简单且不会使农村老年人局促不安的老年人活动中心，即活动中心有给老人们打发时间的象棋、扑克、麻将、影碟、报纸图书、腰鼓、锣鼓、不大的跳舞的广场等。从运转来看，老年人协会只在农闲期间组织起来，老年人活动中心也只在农闲的时候敞开大门，因为"老来加活"，老年人农忙期间也没时间。农闲期间，所有老年人都可以去老年人活动中心玩，这里有三个常规性活动，一是每年重阳节的时候，老年人协会会办一场"联欢会"，各种各样的老年人自导自演的节目会在这个联欢会中呈现给全村的人，老年人协会还会用为数不多的经费尽可能地为每一个到场的老年人发一份小礼品，对老年人表示慰问；二是每逢本村的老年人70岁、80岁等大寿之日，老年人协会自发组建的腰鼓队会以老年人协会的名义登门庆贺，并为其送上虽不贵重却有纪念意义的礼品；三是每逢本村的老年人过世时，会以老年人协会的名义为逝者送一个花圈，表示哀悼。老年人协会还想对老年人给予更多的关爱和帮助，但资源受限，且随着物价上涨，之前开展的许多活动现在都没有办法继续。但总体来说，这两个老年人协会已经给村里的老年人贫乏的晚年生活中增添了许多情感、物质上的福利。

笔者认为，加村与贝村的老年人协会能以极少的资源撬动老年人的养老生活福利供给的核心有两个，首先是资源驱动，其次是助人自助，二者缺一不可。两个村庄的老年人协会从本质上来讲是一个"资源注入"为老年人提供一个先组织起来再活动起来的血液，而熟人社会是老年人协会的社会基础，以熟人社会中的老年人群体相互之间的共同生活记忆和处境等微妙的社会关系和社会情感为纽带勾连的助人自助的组织。这个特定的组织是老年人协会低成本高效率运转的社会基础，若用力得当、资源适度，这个组织或许还能改善老年人的晚年生活、缓解甚至消除他们对未来病老生活的恐惧。比如，老年人组织起来对村内卧床不起的老年人进行定期照料甚至集中照料，组织起来对村内生病的老年人进行慰问，对长期不来老年人协会玩耍的老年人和经常来但突然不怎么来的老年人表示关心，等等。这些都是老年人协会能做的事情。从低龄老人到高龄老人，从健康的老人到多病的老人，一个村里总有这样一个梯队，低龄老人心里清楚，高龄老人的今天或许就是自己的明天，这种共同存在的对未来生活的想象，是老年人协会开展群体内富有公益性质的互助活动之重要前提。

近些年，老年人协会建设越来越得到各级政府的重视，加村与贝村也开始作为试点，吸引了政府和社会人士的资金赞助，面向老年人开展的内置金融服务，如让老年人不仅有钱吃饭也有钱看一些常见病，还有互助帮扶，如让老年人不再畏惧卧床不起等以前存在需要却没有足够的经济条件去做的事情，现在也越来越有眉目。但是，就笔者这几年在浙江、山东、湖北、广东、河南等省份的一些村庄的调查来看，在经济发达的地区，如浙江和广东，这类社会组织的建设相对来说更加完善，在相对雄厚的财力支持下政府也能给民政部门拨付更多的专项资金去做这个事情，但是在中西部的农村这种社会组织还很少见，只是星星之火，相对于中西部农村老年人存在的普遍的养老危机和社会保障水平受限的双重困局下存在的对"第三条道路"的强烈需求来说，这点星星之火还是需要政府想办法以力所能及的适度资源予以驱动。

解决了老年人养老危机之后的农民城市化将不再将农村社会内部置于异常悲壮的图景之中——比如老年人的悲惨生活甚至是老年人自杀，反过来说，农村将能以相对祥和平稳的社会生态来应对农民家庭在致力于跻身"三重中间位置"的城市化过程中承受的裂变与压力。

（三）强调公权：从耕者的政策诉求出发在制度上确立"耕者有其田"的秩序

公权还是私权，是有关农地制度走向存在的核心争论。在主张私权的思路下开展的"还权赋能"和"资本下乡"的政策实践证明它们并没有达到推进农民实现彻底城市化的政策目标，而是走向了其反面。而强调公权指的是强化村集体的土地所有权，并赋予村集体更切实的行使土地权力的路径，比如允许村集体根据自己制定的村规民约调整土地，解决耕者在耕作过程中因诸多人为因素导致的进城资源稀缺化问题；再比如，规定本村村民能够优先享受本村土地的流程，尤其是非耕者让渡出来的土地，消除当前土地自发流转过程中出现的租金上涨的态势，规定只有耕者能无偿享有土地的经营权。同时因为村集体拥有调整土地的权力，目前是非耕者然而日后有可能重新作为耕者的农民只要回村耕地，他们还是能够重新获得土地的经营权。

其实，强调私权是作为非耕者的农民的政策主张，因为它能明显产生增加非耕者收入预期的效果；而强调公权则是作为耕者的农民的政策主张，因为它能明确地为处于相对弱势地位的农民提供存在着增长希望的收入保障。

事实上，强调公权确立"耕者有其田"的制度秩序，还是一种有利于推动农民家庭实现彻底城市化的制度安排。首先，对于脱钩型半城市化状态下的农民家庭而言，若是能实现"耕者有其田"，对回村耕种土地完全不存在需求的他们只能放弃农村土地的经营权；若是政策不再鼓励农村各项资源存在太大价值——许多政策实践其实证明了大部分农村的各项资源本就不具有太大价值，在适当的城市户籍政策的引导下，脱钩型半城市化农民家庭向彻底城市化转变就是一个自然而然的过程。其次，对于作为耕者的半城市化状态下的农民家庭而言，若是能实现"耕者有其田"并强调公权，将能以村集体"统"的能力并结合家庭经营的效率，减轻耕者在耕作过程中的辛劳程度，减少他们在生产过程中的人为资源耗散，还能将农业有限的收差保留在相对弱势的耕者群体中进行分配，增强耕者及其家庭实现彻底城市化的信心。

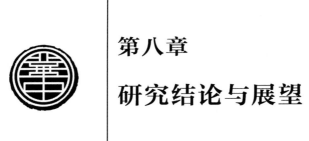

第八章

研究结论与展望

　　促使笔者一头扎进农民城市化问题这个研究领域的原因非常简单。2015年9月笔者在段镇巷村驻村调查的时候听到一个农户讲述的迫于儿子结婚、进城买房等发展性目标而找同村另一户要田种的故事，即本书中张松和罗新两个作为耕者的农民家庭之间的故事。这个故事使笔者将在这次驻村调查之前的农民进城买房、农民送学龄儿童进城接受教育、农民就近城市化、农民家庭内部的代际分工与家庭资源分配等方面的经验放在农民城市化的问题中串联起来。在这个过程中，笔者还产生了与学界既有的对农民城市化问题研究不一样的判断和想法，由此开启了笔者在这个领域里刨根究底的强烈研究欲望。

　　笔者与学界既有的对农民城市化问题不一样的判断和想法主要有以下四点。

　　首先，农民家庭在小农农业中的劳动所得与其家庭成员进城务工所得对家庭实现城市化目标而言具有同等重要性，且二者在具体的家庭人口结构的语境下都是不可替代的，因此不能单单在"农民进城务工—农民工应该留在城市"这种单一进路下研究农民城市化问题。这促使笔者以农民家庭为分析单位，在一个城乡互动的过程中对农民家庭城市化的完整实践进行梳理，这个城乡互动过程其实还可以进一步具体化为城乡之间存在的资本，包括劳动力资本和直接的经济资本的流动过程。

　　其次，正是因为小农农业对众多农民家庭在实现城市化过程中所具有的不可替代的重要性，半城市化就不能只是被理解为我国体制性城乡二元结构之下形成的人口城市化的畸形状态，更不能只是被理解为是对最大化城市集聚经济效益的城市化的不利形态。若从以人为本出发，半城市化应该被视为农民家庭客观需要的城市化状态。因此，笔者可以在既有的从制度视角出发或者是从城市视野出发对半城市化状态进行的批判性研究的基础上，从农民家庭作为行动单位的城市化实践及其诉求和目标出发，将研究视角切换到阶层分析中去，探究农民家庭半城市化实践所具有的深刻的理论意涵。此外，通过对这一问题的考察，笔者还发现，不同农民家庭对小农农业或者农村各项资源的依赖程度存在差异，即便同时处于半城市化状态之下，他们与农村相关联的方式也存在区别，即半城市化可以区分具有显著差别的具体类型，这值得通过个案收集去做一个类型学上的判断和分析。

再次，处在半城市化状态中的农民家庭虽然为了实现城市化目标历尽艰辛，这个目标是家庭中年轻人的城市化目标，在具体实践中也确实可见"城市化是年轻人的城市化"，但又是"单靠年轻人自己难以实现的城市化，他们必须以自己的整个家庭为支撑"。在这个过程中，发展的希望、前进的目标清晰可见，所以他们并不像媒体和一些学者所说的那么苦情，笔者以为这是为了发展而承受的阵痛，农民并不绝望，他们充满希望。不仅在家庭层面，在进一步的分析和打开视野的过程中，笔者发现了半城市化具有深刻的发展性意涵，这些发现自然不是一味地进行批判所能获得的。这促使笔者从已有研究中脱离出来，在将半城市化视为农民家庭的客观需要之后，进一步发现了其内里蕴藏的深刻的发展性意义。

最后，对农民家庭的城市化研究不能紧盯着户籍、土地及农民工的劳动权利即市民权不放，除了市民本身的所指不明之外，其他的几个方面每一个都是比农民城市化这个问题复杂得多的更加系统庞大的研究领域，其实真正着眼到农民家庭的城市化实践过程时，可以发现，进城务工、进城买房定居、进城养老和户籍城市化等城市化参与行为具有非常重要的节点意义，尤其是进城买房定居，它基本上对农民家庭能够进入的城市类型进行了限定，了解这一点对进一步研究农民城市化问题具有重要意义。循此，笔者对就近城市化的存在及其合理性以及它与半城市化之间的一体两面性获得了系统性的理解，这些都对笔者就农民城市化展开系统的研究和分析有非常大的助益。

以下笔者将分别从三个维度对本书的研究进行一个简要的总结并对后

续研究做展望。首先，本书从阶层分析的角度对农民家庭的半城市化实践进行分析，剖析农民家庭城市化的动力、目标、实现路径及其在当前的社会阶层结构图式下所具有的阶层实践意涵。其次，根据对半城市化所具有的发展性意涵的把握，进一步指出半城市化本身及其发展性意涵赖以存在和实现的制度结构，以及不同类型的半城市化状态下的农民家庭从半城市化向彻底城市化转变过程中存在的问题。最后，本研究对有关从半城市化向彻底城市化转变的政策分析的把握和阐述具有局限，这表现为一方面讨论的政策存在局限性，另一方面讨论的深度也存在欠缺，虽然笔者所选择的政策是笔者认为当前政策界和学界对农民彻底城市化问题存在的误解中最具代表性的两个，但这并没有遮蔽本研究的局限性，当然这个局限也是笔者未来对这一领域进行深入研究的方向。

一 跻身"三重中间位置"：农民家庭半城市化实践的阶层分析

困扰笔者的第一个问题是，如何在农民家庭陈述的诸多进城理由下将其城市化的动力进行抽象提炼。农民进城务工并非出于生存动力，这是楚市几个普通农业型村庄给笔者最直观的感受，也是我国农民工与马克思笔下的工人阶级最根本的区别。农民进城务工是为了增加家庭的收入，他们也必须这么做，换言之，在农村社会经济机会匮乏的当前，进城务工是农民为了满足生存需求之外的其他物质和精神需求的唯一道路。农民进城买房也并非因为居无定所，他们有故乡，故乡有房子，但是故乡的房子不能满足他们除了遮风避雨有个家之外的其他需求，包括面子、婚姻、更好的教育条件或者仅仅只是对长期居住在城市的那种光鲜生活的向往。农民城市化不仅是农民从第一产业到第二、第三产业的转移，更是农民及其家庭整个社会经济生活全方位进入城市的过程，因此认识农民城市化不能仅从劳动力转移的维度出发，也应该把握农民社会生活安排城市化的节奏和动力。通过以上分析和讨论，本书发现，农民城市化的动力在于争取更加丰富的社会资源，而恰好这些社会资源均向城市倾斜，定居在这些社会资源丰富的地方——城市——能让农民家庭过上优于在农村社会的生活。

困扰笔者的第二个问题是，既然知道了农民家庭参与城市化实践的动力所在，农民城市化就应该会有一个相对具体的目标，在农民的话语体系中，他们要实现的城市化是"至少能够在城市立足"的城市化，那么怎样才算是"能够在城市立足"？如何将这句话所具有的经验维度进行操作化？如何从学理上把握"立足"的城市化意涵？通过对农民家庭城市化具体实践过程中具有节点意义的事件进行考察，笔者发现了两个隐藏起来的农民城市化的具体目标。一个隐藏于农民家庭成员非同步的城市化参与节奏和对进城买房这件事情的执着之中，笔者通过对这两个内容的细致考察发现，"立足"描述的是一种以城市"中间阶层"为底线的生活状态，换言之，是与获取城市收入的能力能够匹配所在城市的普通市民家庭生活水平，否则农民家庭不完整的城市化就是常态。另一个隐藏于农民家庭普遍存在的户籍城市化意愿不强的城市化参与特征之中，农民家庭户籍城市化意愿不强存在两套逻辑，即能力与目标已经匹配的"准市民家庭"主张个体权利的逻辑以及能力与目标还不匹配的农民家庭为自身城市化目标的实现提供制度保障的逻辑。将农民户籍城市化意愿不强的第一套逻辑与农民家庭成员城市化不同步与对买房的执着综合起来时，结合农民家庭城市化实践的具体内容，农民家庭追求"立足"的城市化就可以表述为：农民家庭致力于实现的是以获得特定城市的中间阶层生活状态为底线的城市化，当农民家庭进城务工的收入与支撑这个目标所要求的资源之间不匹配时，农民家庭成员的城市化参与是不完整的，这种不完整的显著后果是农民家庭成员社会经济生活的拆分和户籍城市化意愿不强，在某种程度上说，不积极参与户籍城市化是农民家庭为实现城市化目标给自己预留的制度保障。这种不匹配形塑了"年轻人发展、中年人支撑、老年人自养"这一家庭发展秩序以促成弱势阶层实现向上的社会流动目标。

其实，在对以上两个问题进行分析和讨论时，至少有两个东西是呼之欲出的，第一个是农民家庭的半城市化实践及其合理性，以及与半城市化的存在是一体两面的就近城市化实践及其合理性；第二个是如何从理论上理解存在现实合理性的、意涵丰富的农民家庭的半城市化实践。第一个的重点在于对经验的梳理和对不同现象之间的逻辑相关性进行剖析。第二个的重点在于，从阶层分析理论上对农民家庭的城市化目标和半城市化实践进行提炼。

半城市化从本质上来说是农民家庭在参与城市化的同时保持着与农村关联的状态，这种关联主要表现在两个维度，一是经济维度，即家庭经济收入中还有来自农村的收入；二是制度维度，即家庭成员中还有人保留着农民这一制度身份，前者是后者的充分非必要条件。是否保留经济维度的关联取决于农民家庭在城市获取收入的能力与其城市化目标所需资源之间是否匹配，不匹配或者匹配不稳定是保持经济关联的直接原因，也是农民家庭选择维持半城市化状态的主要原因。由此，笔者进一步以半城市化状态下的农民家庭与农村直接继续保持关联的具体维度及在经济维度上体现出来的显著差异性，将农民家庭的半城市化状态分为四个类型，分别是托举型半城市化、减负型半城市化、后路型半城市化和脱钩型半城市化。结合分化的村庄经济社会结构进行分析时，笔者发现，脱钩型半城市化状态下的农民家庭（或称"准市民家庭"）是村庄社会阶层结构中富裕阶层的成员，这一发现是对第七章关于非耕者的政策诉求和政策供给进行分析的基础；后路型半城市化状态下的农民家庭的具体阶层位置是中间或中上阶层的非农户；托举型和减负型半城市化状态下的农民家庭前者是一类兼业户、后者是二类兼业户，但具体层级所属存在着不确定性，唯一清晰的是只有极少数属于富裕阶层。后三类半城市化状态下的农民家庭从数量上来看是村庄中的绝大多数，他们在能力和文化双重缓冲的能力带中更理性并且也广泛实践着的选择是就近的城市化，即就近在家乡附近的中小城市定居的城市化，现象上最突出的表现是就近在家乡附近中小城市买房。只是令人困惑的是，许多家庭在中小城市买房的资源源于在大城市的务工所得，并且买了房之后也并不意味着他们进入大城市务工的终止。在这一现象的冲击下，城乡之间的互动变得更加频繁，至少在城市和农村之间分裂了城市这个并非整体却被视为整体的对象，形成了一个"乡村—中小城市—大城市"的资本流动过程。

所有这些经验中存在合理性的农民家庭的城市化实践只有在理论上也获得了合理性之后才能让人感觉更加深刻和清晰，因此，用这些经验启发理论思考、挖掘农民家庭城市化实践行为背后的理论命题，甚至理论创新是非常重要的工作。将农民家庭的城市化目标和半城市化实践放置到阶层分化和阶层流动的研究思路中进行系统的分析之后，把农民家庭的城市化实践等同为跻身"三重中间位置"的阶层实践是本书的一个重要的理论创新。

本书对农民家庭的城市化所做的阶层分析存在着两个基本转向，首先是从总体性社会分层结构向区域性社会分层结构转向，其次是从属性式的阶层划分方法向层级式的阶层划分方法的转向。结合农民家庭从农村进入城市在购房上面对的门槛，笔者将农民的城市化所面对的整体社会划分为极少有农民家庭可以进去买房定居的核心发达城市、半边缘中小城市和边缘农村三个区域社会，然后根据距离农民家庭所生活的村庄的时空距离将半边缘中小城市分为临近城市和偏远城市，最后再根据层级式划分的办法对每个区域社会内部进行具体分层。分析发现，农民家庭致力于达到的在城市有中间阶层的生活水平在这个区域性社会阶层结构图式中所处的位置具有"三重中间位置"的特性。因此，本书将农民家庭的城市化等同为农民家庭从农村社会出发跻身"三重中间位置"的阶层实践。

以此为基础，本书对农民家庭的半城市化所具有的阶层实践意涵进行解析发现，农民家庭的半城市化状态使农民家庭兼具双重阶层属性，即"三重中间位置"和"农村有产者"的阶层属性；并分析了农民家庭在阶层实践过程中的阶层规避，即通过维持半城市化状态保留自身农村有产者的阶层身份，是避免沦为城市贫弱无产者的阶层实践。在当前的国家经济发展水平和社会福利供给能力的限制下，这是农民家庭在快速变迁的社会中保障其个体安全的重要阶层实践，并且其意义远不止于此。

二 发展型半城市化的内涵、制度 结构和梗阻问题

在对半城市化进行深入研究的过程中，笔者发现它不是以往研究所认为的畸形城市化状态，而是一个有着多重发展性意涵的城市化状态。农民家庭跻身"三重中间位置"的半城市化实践具有非常丰富的发展性意涵。从家庭视阈来看，农民家庭在这个过程中获得了相对于在农村社会而言要优越得多的生活机会，并且还在这个过程中实现了农民家庭的微观经济社会结构从低社会阶层位置上的整合向在"三重中间位置"上的再整合的发展或者说发展的前景。从村庄视阈来看，农民家庭的半城市化促成了一个有序的"农民城市化—农业去过密化"之间的良性循环，它以四类半城市化状态下农民家庭不同的地权实践样态为实践。从城市视阈来看，农民家庭的半城市化实践说明我国农民的城市化具有可逆性，这种可逆性是城市两极分化获得弹性进而生成"去城市两极分化"机制的基础。最后，从整体视阈来看，农民高质量的城市化不断发生、社会中间阶层规模扩大、在快速变迁过程中因下层有产者对农民家庭个体安全的保障从而维系着整体社会的稳定。

显然，半城市化状态并不是天然就存在的，而是依赖于形塑它的制度结构。笔者从正式制度和非正式制度两个不同的制度视角切入，分别在家庭层面、熟人社会层面和国家层面发现了构成发展型半城市化赖以生成的制度结构，并以"保护型二元制度结构"对其进行总结，这一总结阐明了各个层面的制度要素中存在的"二元性"。从家庭层面来看，这种"二元性"集中表现为"传统与现代"的二元分野。其中，"现代"的部分表现为，农民家庭参与城市化进程之中，追求由现代性赋予的文化目标的行为本身；"传统"的部分则表现为，城市化的主体并不是单个农民，自然也不会是单个农民工，甚至不是通过接受高等教育走出村庄的以个体形式呈现的文化精英，而是这些个体背后的整个家庭。所谓"传统"的东西正是将

农民家庭的每一个成员凝结起来形成合力共同致力于实现现代性赋予的文化目标所必要的，没有这个"传统"，家庭发展秩序不会自发产生，而"现代"的部分也将更加难以实现。"传统与现代"的整合使农民家庭中的每个成员贡献力量并形成合力，从而产生一种家庭发展秩序，致力于其整个家庭或至少是部分家庭成员——往往是家庭中的年轻人——跻身"三重中间位置"。从熟人社会层面来看，这种"二元性"集中表现为"市场与社会"的二元性。其中，"市场"的核心表现为经济理性，即追求经济价值最大化；"社会"的核心表现为社会理性，指的是农民家庭在追求经济价值最大化的同时因其生活在特定的社会生活场域——并且这个场域还具有"熟人社会"的特质——之中而受到该场域之中的各种规则的约束，"关系地权"和"道义秩序"是其所受约束的两个主要方面。这种"二元整合"，一方面通过社会资本撬动社会资源为农民家庭实现定居城市的城市化目标增加资源支撑；另一方面，在农民家庭为实现定居城市的城市化目标过程中，家庭微观经济社会结构的拆分在相当长时间中持续，熟人社会的"社会性"会为这些农民家庭生产可以称之为"温情"和"意义"的东西。最后，从国家层面来看，这种"二元性"的表现有两个，一是"城市与农村"的二元性，二是"核心发达城市和半边缘中小城市"的二元性。集中体现前者的是城乡二元的土地制度和与之密切相关的户籍制度；集中体现后者的是我国的城市发展战略。"城市与农村"的二元分野通过"耕者有其田"的农地实践将有限的农业生产资料保留和整合到对农地效用价值存在强依赖的农民家庭之中，为他们增加跻身"三重中间位置"所需的资本，还通过为农民家庭在进城定居安家的过程中保留他们在城市和农村之间往返的自由而在真正意义上增加农民家庭的迁徙自由。"核心发达城市和半边缘中小城市"的二元分野，客观来看核心发达城市的发展是经济理性的表现和结果，也是政策选择的表现和结果，但对于许多农民家庭而言它更是获取阶层流动所需资源的经济体；半边缘中小城市的发展一方面是区域均衡发展的内在要求，另一方面也为农民家庭实现定居城市的城市化目标提供了更具有现实可行性意义的物理载体和价值实体。

但是，因为半城市化状态只有能顺利向彻底城市化状态转变时，本书所讨论的其所具有的发展性意涵才能具有更真切的现实和理论合理性。本书发现，不同半城市化状态下的农民家庭向彻底城市化状态转变所面临的具体问题存在差异：脱钩型半城市化状态下的农民家庭出现了户籍倒流、回村要地或占地等"逆城市化"现象；托举型半城市化状态下的农民家庭与其他半城市化状态下的农民家庭一样还面临着进城资源匮乏的难题。对农民群体内部存在的差异的把握将助力于推进农民实现彻底城市化的政策分析。

三　对从半城市化向彻底城市化转变进行政策分析的研究展望

笔者在第七章中选择了"还权赋能"和"资本下乡"两个备受关注的推进农民彻底城市化的政策进行讨论，发现它们的政策后果与原计划的政策目标发生了偏离。换言之，这两个政策都对农民家庭实现彻底城市化起到了反作用力。

政策部门应该对此予以高度重视，在对异质性的农民群体及各自的政策诉求进行把握之后，再考虑应该采取怎样的政策措施。当前，农民家庭在实现城市化的目标中非常明确的政策诉求有两个，一是农民家庭中老年人在自养模式下逐渐凸显的养老危机及其对政府和社会组织介入的诉求；二是作为对农村资源还存在显著依赖的耕者对强化土地"公权"和达到"耕者有其田"的制度秩序的政策诉求。

但是，有关推进农民实现彻底城市化的政策是与农民的半城市化实践本身同等重要的另一个非常系统的问题域，本书的研究在这个领域里存在着明显的局限。这也是笔者今后对农民城市化问题做进一步探究需要使力的核心方向之一。

参考文献

中文文献

[1] "工业化与城市化协调发展研究"课题组，2002，《工业化与城市化关系的经济学分析》，《中国社会科学》第 2 期。

[2] 白南生、李靖、陈晨，2007，《子女外出务工、转移收入与农村老人农业劳动供给——基于安徽省劳动力输出集中地三个村的研究》，《中国农村经济》第 10 期。

[3] 白南生、李靖，2008，《城市化与中国农村劳动力流动问题研究》，《中国人口科学》第 4 期。

[4] 北京大学国家发展研究院综合课题组、周其仁，2010，《还权赋能——成都土地制度改革探索的调查研究》，《国际经济评论》第 2 期。

[5] 彼特·布劳，1991，《不平等与异质性》，王春光、谢盛赞译，北京：中国社会科学出版社。

[6] 布尔迪厄，1997，《文化资本与社会炼金术》，包亚明译，上海：上海人民出版社。

[7] 布尔迪厄，1998，《实践与反思——反思社会学导引》，李猛、李康译，北京：中央编译局出版社。

[8] 布莱恩·贝利，2010，《比较城市化》，顾朝林等译，北京：商务印书馆。

[9] 蔡昉，2001，《劳动力迁移的两个过程及其制度障碍》，《社会学研究》第 4 期。

[10] 蔡昉，2010，《刘易斯拐点与公共政策方向的转变——关于中国社会保护的若干特征性事实》，《中国社会科学》第 6 期。

[11] 蔡昉、王美艳，2005，《"民工荒"现象的经济学分析——珠江三角洲调查研究》，《广东社会科学》第 2 期。

[12] 陈文琼、刘建平，2016，《婚姻市场、农业剩余与光棍分布——一个理解农村光棍问题的中观机制》，《人口与经济》第6期。

[13] 仇保兴，2003，《集群结构与我国城市化的协调发展》，《城市规划》第6期。

[14] 道格·桑德斯，2014，《落脚城市：最后的人类大迁徙与我们的未来》，上海：上海译文出版社。

[15] 邓大松、胡宏伟，2007，《流动、剥夺、排斥与融合：社会融合与保障权获得》，《中国人口科学》第6期。

[16] 狄金华，2011，《被困的治理——一个华中乡镇中的复合治理（1980－2009）》，华中科技大学，博士学位论文。

[17] 费孝通，1983，《要从根本上懂得社会——费孝通教授在江苏公安专科学校一次座谈会上的讲话》，《社会》第5期。

[18] 高勇，2009，《社会藩篱的流动——对结构变迁背景下代际流动的考察》，《社会学研究》第6期。

[19] 高圣平、刘守英，2008，《〈物权法〉视野下的〈土地管理法〉修改》，《中国土地科学》第7期。

[20] 桂华，2014，《礼与生命价值——家庭生活中的道德、宗教与法律》，北京：商务印书馆。

[21] 桂华、余练，2010，《婚姻市场要价：理解农村婚姻交换现象的一个框架》，《青年研究》第3期。

[22] 韩其恒、李俊青，2011，《二元经济下的中国城乡收入差距的动态演化研究》，《金融研究》第8期。

[23] 贺雪峰，2015，《"老人农业"：留守村中的"半耕模式"》，《国家治理》第30期。

[24] 贺雪峰，2010，《地权的逻辑：中国农村土地制度向何处去?》，北京：中国政法大学出版社。

[25] 贺雪峰，2014a，《城市化的中国道路》，北京：东方出版社。

[26] 贺雪峰，2014c，《农村"光棍"问题需引起重视》，《决策》第10期。

[27] 贺雪峰，2014b，《中坚农民的崛起》，《人文杂志》第 7 期。

[28] 贺雪峰，2004，《乡村研究的国情意识》，武汉：湖北人民出版社。

[29] 贺雪峰，2011，《取消农业税后农村的阶层及其分析》，《社会科学》第 3 期。

[30] 贺雪峰、董磊明，2009，《农民外出务工的逻辑与中国的城市化道路》，《中国农村观察》第 2 期。

[31] 赫尔南多·德·索托，2005，《资本的秘密》，王晓东译，南京：江苏人民出版社。

[32] 侯麟科，2010，《农村劳动力大规模流转背景下的中国农村社会分层分析》，《中国农村观察》第 1 期。

[33] 胡秋阳，2012，《农民工市民化对地方经济的影响——基于浙江 CGE 模型的模拟分析》，《管理世界》第 3 期。

[34] 胡小武，2011，《人口"就近城镇化"：人口迁移新方向》，《西北人口》第 1 期

[35] 华生，2013，《城市化转型与土地陷阱》，北京：东方出版社。

[36] 黄锟，2009，《深化户籍制度改革与农民工城市化》，《城市发展研究》第 2 期。

[37] 黄宗智，2012，《中国过去和现在的基本经济单位：家庭还是个人?》，《人民论坛·学术前沿》第 1 期。

[38] 矶村英一，1989，《矶村英一都市论文集》，东京：有斐阁。

[39] 吉登斯，1998，《社会的构成》，北京：生活·读书·新知三联书店。

[40] 贾若祥、刘毅，2002，《中国半城市化问题初探》，《城市发展研究》第 2 期。

[41] 简新华、黄锟，2010，《中国城镇化水平和速度的实证分析与前景预测》，《经济研究》第 3 期。

[42] 蒋省三、刘守英、李青，2007，《土地制度改革与国民经济增长》，《管理世界》第 9 期。

[43] 蒋省三、刘守英，2003，《土地资本化与农村工业化——广东佛山市

南海经济调查》,《管理世界》第 11 期。

[44] 莱特·米尔斯,2016,《白领:美国的中产阶级》,周晓虹译,江苏:南京大学出版社。

[45] 李春玲,2002,《当代中国社会阶层的经济分化》,《江苏社会科学》第 4 期。

[46] 李凤兰、杜云素,2009,《透视农村大龄青年择偶难问题》,《华中农业大学学报》(社会科学版) 第 1 期。

[47] 李浩,2013,《城镇化率首次超过 50% 的国际现象观察——兼论中国城镇化发展现状及思考》,《城市规划学刊》第 1 期。

[48] 李路路、秦广强等,2016,《当代中国的阶层结构分析》,北京:中国人民大学出版社。

[49] 李楠,2010,《农村外出劳动力留城与返乡意愿影响因素分析》,《中国人口科学》第 6 期。

[50] 李强,2005,《"丁字型"社会结构与结构紧张》,《社会学研究》第 2 期。

[51] 李强,2014,《城镇化与城乡统筹》,中国环保网,http://www. china-environment. com。

[52] 李强,2008,《从"整体型社会聚合体"到"碎片化"的利益群体——改革开放 30 年与我国社会群体特征的变化》,《新视野》第 5 期。

[53] 李强,2011,《社会分层十讲》,北京:社会科学文献出版社。

[54] 李强,2003,《社会分层与社会发展》,《中国特色社会主义研究》第 1 期。

[55] 李煜,2009,《代际流动的模式:理论理想类型与中国现实》,《社会》第 6 期。

[56] 李致江,2010,《对我国光棍与光棍村出现原因的解析与对策研究》,《法制与社会》第 11 期。

[57] 梁漱溟,2005,《中国文化要义》,上海:上海人民出版社。

[58] 刘成斌、周兵,2015,《中国农民工购房选择研究》,《中国人口科学》第 6 期。

[59] 刘传江，2006，《中国农民工市民化研究》，《理论月刊》第 10 期。

[60] 刘传江、程建林，2008，《第二代农民工市民化：现状分析与进程测度》，《人口研究》第 5 期。

[61] 刘传江、程建林，2009，《双重"户籍墙"对农民工市民化的影响》，《经济学家》第 10 期。

[62] 刘传江、徐建玲，2007，《第二代农民工及其市民化研究》，《中国人口·资源与环境》第 1 期。

[63] 刘守英，2008，《集体土地资本化与农村城市化——北京郑各庄村调查》，《北京大学学报》（哲学社会科学版）第 6 期。

[64] 刘燕舞，2015，《婚姻中的贱农主义与城市拜物教——从农村光棍的社会风险谈起》，《社会建设》第 6 期。

[65] 刘燕舞，2011，《农村光棍的类型研究——一种人口社会学的分析》，《中国农业大学学报》（社会科学版）第 3 期。

[66] 卢作孚，1934，《中国的建设问题与人的训练》，北京：生活书店出版社。

[67] 陆学艺，2003，《当代中国社会阶层的分化与流动》，《江苏社会科学》第 4 期。

[68] 陆学艺，2002，《当代中国社会十大阶层分析》，《学习与实践》第 3 期。

[69] 陆学艺、张厚义，1990，《农民的分化、问题及其对策》，《农业经济问题》第 1 期。

[70] 《马克思恩格斯选集》（第二卷），1972，中央编译局编译，人民出版社。

[71] 潘明清、高文亮，2014，《我国城镇化对居民消费影响效应的检验与分析》，《宏观经济研究》第 1 期。

[72] 潘维，2009，《农地"流转集中"到谁的手里?》，《天涯》第 1 期。

[73] 秦晖，2008，《城市化：容忍贫民窟与贫民权利》，《中国市场》第 24 期。

[74] 秦晖，2012，《城市新贫民的居住权问题——如何看待"棚户区""违章建筑""城中村"和"廉租房"》，《社会科学论坛》第 1 期。

[75] 邵宇、王鹏、陈刚，2013，《重塑中国：新型城镇化、深度城市化和新四化》，《金融发展评论》第 1 期。

[76] 石人炳，2006，《青年人口迁出对农村婚姻的影响》，《人口学刊》第 1 期。

[77] 孙立平，2002，《资源重新积聚背景下的底层社会形成》，《战略与管理》第 1 期。

[78] 孙文凯、白重恩、谢沛初，2011，《户籍制度改革对中国农村劳动力流动的影响》，《经济研究》第 1 期。

[79] 檀学文，2012，《稳定城市化——一个人口迁移角度的城市化质量概念》，《中国农村观察》第 1 期。

[80] 陶然、徐志刚，2005，《城市化、农地制度与迁移人口社会保障》，《经济研究》第 12 期。

[81] 陶自祥，2011，《代内剥削：农村光棍现象的一个分析框架——基于渝北 S 村长子打光棍的调查》，《青年研究》第 5 期。

[82] 涂尔干，2000，《社会分工论》，渠东译，北京：生活·读书·新知三联书店。

[83] 涂尔干，2001，《职业伦理与公民道德》，上海：上海人民出版社。

[84] 王春光，2006，《农村流动人口的"半城市化"问题研究》，《社会学研究》第 5 期。

[85] 王春光，2001，《新生代农村流动人口的社会认同与城乡融合的关系》，《社会学研究》第 3 期。

[86] 王佃利、刘宝军、楼苏萍，2011，《新生代农民工的城市融入——框架建构与调研分析》，《中国行政管理》第 2 期。

[87] 王海娟，2015，《人的城市化：内涵界定、路径选择与制度基础——基于农民城市化过程的分析框架》，《人口与经济》第 4 期。

[88] 王铭铭，1997，《小地方与大社会——中国社会的社区观察》，《社会

学研究》第 1 期。

[89] 王铭铭，2003，《走在乡土上——历史人类学札记》，北京：中国人民大学出版社。

[90] 王宁，2002，《代表性还是典型性》，《社会学研究》第 5 期。

[91] 王小鲁，2002，《城市化与经济增长》，《经济社会体制比较》第 1 期。

[92] 王小章，2009，《从"生存"到"承认"：公民权视野下的农民工问题》，《社会学研究》第 1 期。

[93] 王晓丽，2013，《中国人口城镇化质量研究——基于市民化角度》，南开大学博士学位论文。

[94] 韦伯，2004，《支配社会学》，康乐、简惠美译，桂林：广西师范大学出版社。

[95] 魏万青，2015，《从职业发展到家庭完整性：基于稳定城市化分析视角的农民工入户意愿研究》，《社会》第 5 期。

[96] 温铁军、温厉，2007，《中国的"城镇化"与发展中国家城市化的教训》，《中国软科学》第 7 期。

[97] 文贯中，2008，《市场畸形发育、社会冲突与现行的土地制度》，《经济社会体制比较》第 2 期。

[98] 文贯中，2014，《吾民无地：城市化、土地制度与户籍制度的内在逻辑》，北京：东方出版社。

[99] 文军，2004，《农民市民化：从农民到市民的角色转型》，《华东师范大学学报》（哲学社会科学版）第 3 期。

[100] 吴飞，2009，《浮生取义：对华北某县自杀现象的文化解读》，北京：中国人民大学出版社。

[101] 吴维平、王汉生，2002，《寄居大都市：京沪两地流动人口住房现状分析》，《社会学研究》第 3 期。

[102] 吴毅，2007，《何以个案，为何叙述——对经典农村研究方法质疑的反思》，《探索与争鸣》第 4 期。

[103] 吴友仁，1983，《中国城镇化道路讨论会在宁召开》，《经济地理》第

1 期。

[104] 夏怡然，2010，《农民工定居地选择意愿及其影响因素分析——基于温州的调查》，《中国农村经济》第 3 期。

[105] 夏怡然、陆铭，2015，《城市间的"孟母三迁"——公共服务影响劳动力流向的经验研究》，《管理世界》第 10 期。

[106] 夏柱智，2015，《半工半耕——城市化背景下的农民阶层与分化研究》，华中科技大学博士学位论文。

[107] 熊波、石人炳，2007，《农民工定居城市意愿影响因素——基于武汉市的实证分析》，《南方人口》第 2 期。

[108] 杨华，2008，《农村婚姻市场中的结构性因素——基于湖南水村"光棍汉"的调查》，《江西师范大学学报》（哲学社会科学版），第 2 期。

[109] 杨华、欧阳静，2013，《阶层分化、代际剥削与农村老年人自杀——对近年中部地区农村老年人自杀现象的分析》，《管理世界》第 5 期。

[110] 杨敏，2007，《作为国家治理单元的社区——对城市社区建设运动过程中居民社区参与和社区认知的个案研究》，《社会学研究》第 4 期。

[111] 姚俊，2009，《农民工定居城市意愿调查——基于苏南三市的实证分析》，《城市问题》第 9 期。

[112] 虞小强、陈宗兴、霍学喜，2011，《城镇化进程中农村教育的困境与选择》，《现代教育管理》第 6 期。

[113] 张路雄，2012，《耕者有其田》，北京：中国政法大学出版社。

[114] 章铮，2006，《进城定居还是回乡发展？——农民工迁移决策的生命周期分析》，《中国农村经济》第 7 期。

[115] 赵晔琴，2007，《农民工：日常生活中的身份建构与空间型构》，《社会》第 6 期。

[116] 赵增彦，2010，《当前经济欠发达农村乡风文明建设存在的突出问题与对策建议》，《前沿》第 13 期。

[117] 郑杭生，2002，《关于我国城市社会阶层划分的几个问题》，《江苏社会科学》第 2 期。

[118] 中国人口与发展研究中心课题组，2012，《中国人口城镇化战略研究》，《人口研究》第 3 期。

[119] 周建国，2009，《从"半城市化"到城市化：农民工城市化路径选择探究》，《江西社会科学》第 11 期。

[120] 周其仁，2013，《城乡中国》（上），北京：中信出版社。

[121] 周其仁，2014，《城乡中国》（下），北京：中信出版社。

[122] 周一星，1982，《城市化与国民生产总值关系的探讨》，《人口与经济》第 1 期。

[123] 朱宇，2014，《户籍制度改革与流动人口在流入地居留意愿及其制约机制》，《南方人口》第 3 期。

[124] 滋贺秀三，2003，《中国家族法原理》，张建国、李力译，北京：商务印书馆。

外文文献

[1] Anthony Giddens, 1975, *Social Stratification: Class, Race, and Gender in Sociological Perspective*, Boulder: Westview Press: pp. 107.

[2] Au and Henderson, 2006, How Migration Restrictions Limit Agglomeration and Productivity in China, *Journal of Development Economics*, Vol80 (2): 350 – 388.

[3] Button K. J., 1976, *Urban Economics Theory and Policy*, New York: The American Press LTD: 13—29.

[4] Cannon, T. and Jenkins A., 1990, *The Geography of Contemporary China*, London: Routledge.

[5] Cole B., 1975, Polarity and Polarization, In K. Dugmore (ed), The Migration and Distribution of Socio-Economic Groups in Greater London, *GLC Research Memorandun*: 443: 68 – 80.

[6] Dahrendorf, 1959, *Class and Class Conflict in Industrial Society*, Stanford University Press, Stanford, California: 185 – 191.

[7] De Veries J. , 1984, *European Urbanization 1500 – 1800*, Cambridge MA: Harvard University Press.

[8] Eldridge, H. T. , 1956, The Process of Urbanization, in J. J. Spengler and O. D. Duncan, *Demographic Analysis*, Glencoe: 54.

[9] Eversley D. , 1972, Rising Costs and Static Incomes: Some Economic Consequences of Regional Planning in London, *Urban Studies*, 9 (3): 347 – 68.

[10] Frank Parkin, 1971, *Class, Inequality and Political Order: Social Stratification and Communist Societies*, London: MacGibbon & Kee Ltd.

[11] Frank Parkin, 1979, *Maxism and Class Theory: A Bourgeois Critique*, New York: Columbia University Press. : 44 – 70.

[12] Friedmann J. , 1966, *Regional Development Policy: A Case Study of Venezuela*, Cambridge MA: MIT Press.

[13] Friedmann Wolff, 1982, World City Formation: An Agenda for Research and Action, *International Journal of Urban and Regional Research*, 6 (3): 309 – 343.

[14] Giddens, Anthony, 1975, *The Class Structure of the Advanced Societies*, New York: Harper & Row Publishers.

[15] Gilbert A. and J. , 1982, *Gugler, Cities, Poverty and Development: Urbanization in the Third World*, London: Oxford University Press.

[16] Grierson D. , 2007, Health Problems Associated with the Built Environment in Areas of Rapid Urbanization and Poverty, *The International Journal of Interdisciplinary Social Sciences*, Volume 2 (Issue 3): 391 – 396.

[17] Hackenberg, R. A. , 1980, New Patterns of Urbanization in Southeast Asia, an Assessment, *Population and Development Review* 6 (3): 391 – 419.

[18] Hamnett and Cross, 1998a, Social Polarization and Inequality in London: the Earnings Evidence 1978 – 1995, *Environment and planning*, 16: 659 – 680; Hamnett and Cross, 1998b, Social Change, Social Polarization and Income Inequality in London, *Geo journal*, 46 (1): 39 – 50.

[19] Hamnett C. , 1976, Social Change and Social Segregation in London, *Urban Stadies*, 13: 261 – 271.

[20] Harris M. , 1973, *Some Aspects of Social Polarization In D. Donnison and D. Eversley (eds), London: Urban Patterns, Problems, and Policies*, London: Heinemann.

[21] Herrmann Michael and Khan, Haider, 2008, Rapid Urbanization, Employment Crisis and Poverty in African LDCs: A New Development Strategy and Aid Policy, *Mpra Paper*, July: 1 – 36.

[22] Immanuel Wallerstein, 1983, Rethinking the Concepts of Class and Status—Group in a World—Systems Perspective, *Review*, Vol. 6, pp. 283 – 304.

[23] Immanuel Wallerstein, 1991, The Construction of Peoplehood: Racism, Nationalism, Ethnicity, In E. Balibar and I. Wallerstein edited, *Race, Nation, Class*, London: Verso.

[24] James Simmie, 2000, Planning, *Power, and Conflict, Handbook of Urban Studies*, London: SAGE Publications: 385 – 402.

[25] Jones G. W. , 1991, Urbanization Issues in the Asian-Pacific Region, *Asian-Pacific Economic Literature*, 5 (2): 5 – 33.

[26] Kesteloot, 1994, Three Levels of Socio-Spatial Polarization in Brussels, *Built Environment*, 20 (3): 204 – 217.

[27] Kirkby R. , 1985, *Urbanization in China: Town and Country in a Developing Economy* 1949 – 2000*AD*, New York: Columbia University Press.

[28] Lewis W. A. , 1954, Economic Growth with Unlimited Supplies of Labor, *The Manchester School*, 22: 139 – 191.

[29] Lewis W. A. , 1958, Unlimited Labor: Further Notes, *The Manchester School* (26): 1 – 32.

[30] McGee, T. G. , 1991, The Emergence of Desakota Regions in Asia, Expanding a Hypothesis, in N. Ginsburg, B. Koppel and T. G. McGee (eds), *The Extended Metropolis: Settlement Transition in Asia*, Honolulu: Univer-

sity of Hawaii Press: 3 – 55.

[31] Peter Saunders, 2000, *Urban Ecology*, *Handbook of Urban Studies*, London: SAGE Publications: 36 – 52.

[32] Ravallion, Shaohua Chen, and Prem Sangraula, 2007, New Evidence on the Urbanization of Global Poverty, Policy Reseach Working Paper No. 4199 (Washington: World Bank): http://econ. Worldbank. Org/docsearch.

[33] Ravendtein E. G. , 1885, The Laws of Migration, *Journal of the Statistical of London* (48): 167 – 235.

[34] Renaund B. , 1981, *National Urbanization Policy in Development Countries*, London: Oxford University Press: 17 – 18.

[35] Robert Lynd and Helen Lynd, 1929, *Middletown*, *New York*: *Harcourt*, Brace and Co.

[36] Rondinelli D. A. , 1983, *Secondary Cities in Developed Countries*: *Policies for Diffusing Urbanization*, Beverly Hills: Sage.

[37] Saskia Sassen, 1991, *Global City*: *New York*, *London*, *and Tokyo*, Princeton HJ: Princeton University Press.

[38] Satterthwaite D. , 1995, Viewpoint-the Under-Estimation of Urban Poverty and of Its Health Consequences, *Third World Planning Review*: 17.

[39] See Dahrendorf. R. , 1959, *Cladd and Class Conflict in Industrial Society*, Stanford: Stanford University Press, pp: 41 – 57.

[40] Talcott Parsons, 1954, *Essays in Sociological Theory*, Glencoe Illinois: The Free Press: 69 – 84.

[41] Todaro M. P. , 1969, Migration. A Model of Migration and Urban Unemployment in Less Developed Countries, *The American Economic Review* (59): 138 – 148.

[42] Tsai H. H. , 1987, *Population Decentralization policies*: *The Experience of Taiwan*, *in R. J. Fushs*, *G. W. Jones and E. M. Pernia* (*eds*), Urbanization and Urban Policies in Pacific Asia, Boulder: Westview Press: 214 – 229.

[43] Wacquant Loic, 1995, The Comparative Structure and Experience of Urban Exclusion: Race, Classs and Space in Chicago and Paris, In K. McFate et al. (Eds), Poverty, Inequality and the Future of Social Policy, *New York: Russell Sage Foundation*: 543 – 570.

[44] Weber Alfred, 1909, *Ueber den Standort der Industrien*, Paris: Georg Pick, 88 – 124.

[45] Weber M. , 1994a, Class, Status, Party, in *Social Stratification*, edited by David B. Grusky, Boulder: Westview Press Inc, pp: 113 – 122.

[46] Weber M. , 1994b, Status Groups and Classes, in *Social Stratification*, edited by David B. Grusky, Boulder: Westview Press Inc, pp. 122 – 126 & pp. 250.

[46] Wirth L. , 1938, Urbanization as a Way of Life, *American Journal of Sociology* (44): 1 – 24.

[47] Yang D. and Deng H. , 1998, Urbanization, Agriculture and Industrialization in China, 1952 – 1991, *Urban Studies*, Vol35.

后　记

后　记

本书是在我的博士论文的基础上修订而成的，一路以来，有些许感慨，更有很多想感谢的人。

我并不想说写作博士学位论文的过程让我痛苦，因为，我并不想去夸大原本我追求因而也该我承受的艰辛。事实上，自3岁以来的学生生涯，最是这三年，让我收获了前所未有的幸福，我找到了一份自己钟爱的事业，明确了自己人生的方向。其中博士学位论文的诞生过程，更是幸福的过程，是痛并快乐的过程。我是一个愚钝之人，求学路上诸多坎坷，三生有幸遇见好老师、好学友，还有两个坚定地支持着我的家庭，没有他们的引导、陪伴和支持，就没有今天的我。

愚钝的我最初进入博士生阶段时，有些自卑且有点茫然无措。幸运的是我的博士生导师刘建平教授是一个极其睿智的老师，他因材施教，循序渐进地引导我慢慢走上研究之路，并把我空空如也的自信心血槽逐渐添满。所以，刘老师是我首先想感谢的人。三年多以来，刘老师对我的帮助无数，指导我写作学术论文，纠正我在写作中存在的各种陋习，没有刘老师的指导，博士生阶段，我在学术文章的写作和发表上就不会有现在的成绩。刘老师会倾听我对一些学术问题的观点和具体的想法，很多时候，刘老师给我提供的是一个平等交流的氛围，在我自由表达之后又有针对性地给了我启发，这让我的思考变得大胆、独立和成熟。有了进步后，刘老师会不吝言辞地肯定和鼓励我。所以，读博士这三年，有事做、有方向、有我敬仰的刘老师为我鼓掌，我没有理由不幸福。

我的学术启蒙老师是我第二个要感谢的人，他是武汉大学社会学系系主任贺雪峰教授。正是因为有贺老师的引荐，我才能有幸成为刘老师的门生。贺老师的启蒙和培养，让我坚定地做出攻读博士学位的决定，也让我对做学术研究产生了浓厚兴趣。贺老师是极具人格魅力的人，贺老师对学术、对经验、对社会科学坚定的使命感，以及他激情、严谨、生动又不失幽默的表达方式，让人不由自主地信服、佩服，甚至崇拜。正因为怀着这种心情，我才能心无杂念地在硕士生期间专心读经典文本，这为我博士生阶段的研究打下了扎实的基础。正因为有刘老师和贺老师对经验调查在重要性上的共识，我才能在博士生期间义无反顾地呼啸着走向田野，没有对田野和经验中各种养分的汲取，我断不能写出这本还算接地气的书。

我的硕士生导师是我要感谢的第三个人，他是武汉大学中国乡村治理研究中心的吕德文教授，吕老师是一个温和却立场坚定的人，也是一个对学术极端痴迷的人，此外，吕老师还是一个与世无争的人。吕老师不曾让我帮他做过任何事情，他把属于我的所有的时间都留给我自己，让我专心读书。吕老师是我在硕士生阶段所写的那几十万字的杂乱的读书笔记的最认真的读者。有人读、有人懂，有交流、有共鸣，我就这样地成长着。

感谢华中科技大学公共管理学院的徐晓林教授、张毅教授和蒋秋艳老师，感谢他们对我的宽容、鼓励、指导和帮助。尤其要感谢徐晓林教授对我的帮助、肯定和鼓励，这对学生而言是莫大的荣幸和激励。

感谢华中科技大学公共管理学院的徐晓林教授、钟书华教授、栾丽霞教授，感谢三位老师在我博士论文开题答辩时对我的肯定，以及提出的许多极具启发性的意见和建议，这对我在后期开展博士论文田野调查和写作意义重大。

感谢清华大学中国农村研究院的资助。

除了感谢好老师之外，我还想用些笔墨感谢我的好学友。

刘门的李云新师兄、杨磊师兄、赵炟师弟、褚明浩师弟、李娜师妹和昌诚师弟，你们的陪伴，让我觉得求学之路不曾孤单。我尤其想感谢我的师兄杨磊博士，他现在是中南财经政法大学公共管理学院的老师。读博期间，他倾听并解答了我无数的困惑，并把自己学习和写作的经验教训毫无保留地告诉我，使我从中获益良多，每次同师兄的交流都极为畅快。杨磊师兄和刘门诸位师兄弟姐妹见证了我的博士论文从一个问题到成形的博士

后　记

论文的全过程。

　华中乡土派的大家庭的诸位于我而言，像战友，更像兄弟姐妹。刘燕舞、杨华、桂华、王德福、耿羽等师兄见证了我成长。刘燕舞师兄在加拿大访学期间还关注着我的成长，看见我写出了或者发表了新的文章，认真读了之后同我交流；桂华师兄是我将近一个学期的球友，其间，他毫无保留地把自己思考的一些学术问题同我交流，总能给我带来意外的收获，让我在一些问题的思考上豁然开朗；杨华师兄非常热心负责，打印出我为了获得他的指导发给他的文章，给我提出了很多一针见血的意见；王德福师兄在我状态极差的时候告诉我，包括他自己在内的许多人都怀疑过自己是不是做学术的料；耿羽师兄是个幽默风趣又有才华的人，感谢耿羽师兄对我在许多方面的提点，这让我终身受益。所有的这些，都是我学生生涯最宝贵的往事，每每忆起，心生感激。欧阳静、余练、谢小芹、王海娟和高万芹等师姐，让我深刻感受到巾帼不让须眉这句话，鼓舞着作为女博士的我，我近乎忘记了自己的性别。我还要谢谢我最亲密的战友，就是陪伴我六年之久的张雪霖、杜鹏、李永萍、葛佳、郑涛、冯川、王子豪和辛巧巧，与他们的交往，使我收获了比家人还要懂我的、既纯洁又深刻的亲密关系。还有杜姣、仇叶、郑晓园、吴海龙、王秋月、雷望红等师弟师妹，在博士论文写作初期，他们是我很多不成熟的想法的倾听者，他们更是以前、当下和今后一起奋斗的战友。

　感谢在田野中对我的调查给予无私帮助的政府官员和农民朋友，他们激活了我写作的灵感，让我可以做有血有肉、有情有义、有理有据的研究，这将是我今生为之奋斗的事业。

　感谢社会科学文献出版社的任晓霞编辑，她极为细致负责，又无比的亲切，对书稿的修订工作贡献极大。

　最后，我要感谢的我的家人和与我有着10多年深厚情谊的朋友。感谢我的父母无怨无悔培养了我这么多年，你们在我心里永远伟大；感谢我的公婆，忍受着没办法早日抱上孙子的折磨，他们在日常生活中给我关怀，支持我专注于自己的学术；谢谢段佳和王乔，一路走来，你们对我的"谜之信任"，"助长"了我无所畏惧的勇气。

感谢我的丈夫，贾晓锋同志，他是我所有的、不论多拙劣的文章的第一个读者，这么些年，他想尽了办法，拼命弄明白我想表达的东西之后，有针对性地鼓励我、肯定我，帮我校对，谢谢他对我所有的包容和支持，我们互为后方，后方稳固，前线的人才能专注。

图书在版编目（CIP）数据

半城市化：农民进城策略研究／陈文琼著． -- 北
京：社会科学文献出版社，2018.11
（华中村治研究丛书）
ISBN 978 - 7 - 5201 - 3332 - 6

Ⅰ.①半… Ⅱ.①陈… Ⅲ.①农民 - 城市化 - 研究 -
中国 Ⅳ.①D422.64

中国版本图书馆 CIP 数据核字（2018）第 193459 号

· 华中村治研究丛书 ·

半城市化：农民进城策略研究

著　　者／陈文琼

出 版 人／谢寿光
项目统筹／任晓霞
责任编辑／任晓霞

出　　版／社会科学文献出版社 · 社会学出版中心（010）59367159
　　　　　　地址：北京市北三环中路甲 29 号院华龙大厦　邮编：100029
　　　　　　网址：www. ssap. com. cn
发　　行／市场营销中心（010）59367081　59367083
印　　装／三河市龙林印务有限公司

规　　格／开 本：787mm × 1092mm　1/16
　　　　　　印 张：17.5　字 数：244 千字
版　　次／2018 年 11 月第 1 版　2018 年 11 月第 1 次印刷
书　　号／ISBN 978 - 7 - 5201 - 3332 - 6
定　　价／75.00 元